PRESS

C. A. PRESS

VIVE LA VIDA DE TUS SUEÑOS

Martín Llorens es un premiado autor y renombrado experto con una gran trayectoria profesional inspirando a la comunidad latina con las herramientas necesarias para vestir con éxito, mejorar su autoestima y vivir la vida de sus sueños.

Nacido en España en un pequeño pueblo en el Mediterráneo, Martín llegó a los Estados Unidos tras finalizar sus estudios y maestría en Publicidad y Relaciones Públicas en la Universidad Complutense de Madrid. Como joven profesional, Martín conquistó el mundo de las relaciones públicas trabajando para las agencias más importantes del país y terminó creando su propia empresa nacional de marketing, Conexión.

Debido a su labor como vocero de compañías de moda de renombre nacional, pasó a convertirse en el experto de moda del programa "Despierta América" en Univision con segmentos semanales de moda y belleza. Al poco tiempo lanzó con gran éxito su propio programa nacional de radio, "Hola Martín" en la Radiocadena Univision enfocándose en ayudarle a su público a encontrar el balance entre la belleza interna y la belleza externa. Gracias a su participación en otros reconocidos shows como "Sábado Gigante" y "Nuestra Belleza Latina"; su programa semanal de "Estilo Máximo" en el portal internacional en español Terra.com; y sus consejos diarios de moda, belleza y motivación en www.holamartin.com; Martín se ha convertido en el experto a consultar sobre los temas de imagen y estilo de vida para la comunidad hispana.

En la actualidad su popular programa de televisión "Hola Martín, Estilo de Vida" se retransmite diariamente en más de 16 países incluyendo los Estados Unidos en Utilísima, el canal internacional de Fox. En su nuevo y más reciente programa, "Tu Vida Más Simple", también transmitido internacionalmente por el canal Utilísima, Martín ofrece a la gente consejos prácticos y útiles para ahorrar tiempo y dinero para así poder disfrutar de las cosas importantes de la vida.

Martín hizo su debut como autor con *Descubre tu estilo: Tu guía para vestir mejor*. En este aclamado libro, Martín enseña a la mujer latina el arte de vestir de acuerdo a su tipo de cuerpo y estilo personal sin importar la edad y la talla que se tenga.

Para más información acerca de Martín, visita:
www.HolaMartin.com

VIVE LA VIDA DE TUS SUEÑOS

TU GUÍA AL ÉXITO Y LA FELICIDAD

cuerpo   mente   espíritu   felicidad

MARTÍN LLORENS

PRESS
C. A. PRESS
Penguin Group (USA)

C. A. PRESS
Published by the Penguin Group
Penguin Group (USA) Inc., 375 Hudson Street, New York, New York 10014, U.S.A.
Penguin Group (Canada), 90 Eglinton Avenue East, Suite 700, Toronto, Ontario, Canada M4P 2Y3
(a division of Pearson Penguin Canada Inc.)
Penguin Books Ltd, 80 Strand, London WC2R 0RL, England
Penguin Ireland, 25 St Stephen's Green, Dublin 2, Ireland (a division of Penguin Books Ltd)
Penguin Group (Australia), 250 Camberwell Road, Camberwell, Victoria 3124, Australia
(a division of Pearson Australia Group Pty Ltd)
Penguin Books India Pvt Ltd, 11 Community Centre, Panchsheel Park,
New Delhi – 110 017, India
Penguin Group (NZ), 67 Apollo Drive, Rosedale, Auckland 0632, New Zealand
(a division of Pearson New Zealand Ltd)
Penguin Books (South Africa) (Pty) Ltd, 24 Sturdee Avenue, Rosebank,
Johannesburg 2196, South Africa

Penguin Books Ltd, Registered Offices:
80 Strand, London WC2R 0RL, England

First published in 2012 by C. A. Press, a member of Penguin Group (USA) Inc.

10 9 8 7 6 5 4 3

LIBRARY OF CONGRESS CATALOGING-IN-PUBLICATION DATA
Llorens, Martín.
Vive la vida de tus sueños : tu guía al éxito y la felicidad / Martín Llorens.
p.   cm.
ISBN 978-0-9836450-9-2
1. Well-being. 2. Happiness. 3. Success. I. Title.
BF575.H27L62 2012
158—dc23   2012029155

Printed in the United States of America

ÍNDICE

TERCER DESTINO: EL ESPÍRITU

VIVE LA VIDA DE TUS SUEÑOS

Desde muy pequeños a todos nos han contado muchos cuentos con hermosos finales, con sus héroes y villanos, príncipes y princesas, castillos y dragones. Todos hemos soñado con esas bellas historias en las cuales siempre hay un final feliz, y los buenos terminan ganando a los malos. Cuando somos niños todo es posible, el cielo es el límite y soñamos con conquistar todas las estrellas del universo. Pregúntale a cualquier niño pequeño qué desearía ser cuando sea mayor, y seguro que te contará una gran historia llena de imaginación y aventuras, tesoros, magia y sobretodo, mucha diversión. No importa qué niño sea, siempre podrás ver un brillo especial en sus ojitos, una enorme sonrisa de oreja a oreja, y una gran felicidad en su rostro. Todo lo que se imagina está a su alcance.

Desafortunadamente, cuando nos hacemos mayores perdemos esa ilusión de soñar y aventurarnos hacia lo desconocido, y ante las primeras dificultades de la vida terminamos convenciéndonos que los cuentos son solo cuentos, y que el final feliz solo es una fantasía más. Los miedos, las frustraciones, las inseguridades y las experiencias de otras personas cercanas a nosotros ante su imposibilidad de vivir la vida de sus sueños, terminan por convertirse también en nuestros propios miedos e inseguridades y al igual que ellos, terminamos por conformarnos con lo que la vida decida traernos. Con el paso de los años, empezamos a vivir como si nuestro hogar y todo nuestro mundo estuviera metido dentro de una gran caja, creyéndonos que todo lo que necesitamos está entre esas cuatro paredes, y por mucho que deseemos estar en otro lugar, no podemos hacer nada para salir de la caja donde nos ha tocado vivir. En pocas palabras, terminamos viviendo la vida que se espera de nosotros, solo reaccionado a las situaciones que la vida nos presenta. Y cuando nos llegan los primeros problemas, nos damos cuenta de que todo lo que nos habían dicho y advertido que nos iba a pasar era verdad, y nosotros mismos terminamos por sellar la tapa sobre la caja, y la cerramos completamente de una vez y por todas. Al conformarnos con vivir en nuestro propio mundo, de un golpe también decimos adiós a todos nuestros sueños. Desde nuestro pequeño universo podemos ver cómo otras personas han sido más afortunadas que nosotros, pero creemos que la principal razón se debe a que les ha tocado la suerte de vivir en otro lugar donde las cajas son diferentes a las nuestras. Al fin y al cabo, también hay otras personas en situaciones peores que nosotros, y por lo tanto, tenemos que estar felices con lo que tenemos.

Aunque todo esto parezca una fantasía, la verdad es que la gran mayoría de las personas se siente más cómoda dentro de sus cajas que aventurándose a lo desconocido. Ha llegado el momento de perder el miedo, tener valor y destapar tu caja para que puedas sorprenderte de toda la luz y oportunidades que tienes a tu alcance: si lo deseas, tú también puedes vivir la vida de tus sueños y tener un final feliz. La vida no contiene promesas, sino posibilidades para que tú elijas cómo vivir. No importa la edad que tengas o en que parte del mundo estés viviendo, todos tenemos un niño en nuestro interior esperando a jugar y a volver a soñar con grandes historias. No tengas miedo y diviértete. Lánzate a la aventura y déjate llevar de su mano, aunque sea por unos instantes, para recuperar la felicidad que una vez sentiste de pequeño. Pero esta vez, en lugar de jugar con la imaginación, juguemos con la realidad para que puedas descubrir no solo que los cuentos sí se pueden hacer realidad, sino que también tú puedes encontrar el propósito de tu vida.

En tus manos tienes una guía de cómo escribir la más bella historia que jamás se haya escrito: la historia de tu vida. Para ayudarte a conseguir tu final feliz, te voy a dar tres llaves que abrirán el cerrojo de la caja en la que estás tú mismo encerrado, y así, despertar a un mundo de posibilidades. Estas tres llaves son la llave del cuerpo, la llave de la mente y la llave de tu espíritu. Pero presta mucha atención porque para poder abrir la combinación del cerrojo necesitas usar las tres llaves al mismo tiempo; de lo contrario, la tapa no se podrá abrir. Solo tú puedes decidir si quieres usar las llaves, y si las usas o no correctamente para salir de la caja. Si te sientes feliz donde estás, perfecto, te felicito y te deseo lo mejor; pero si quieres vivir la vida de tus sueños, sígueme, y yo te ayudaré a descubrir cómo hacerla realidad.

Si le cuentas a un niño la historia de un personaje al cual se le han dado tres poderes mágicos, el del instinto para sobrevivir y enfrentarse a todos los males del mundo, el del intelecto para pensar y ganar las batallas contra el mal, y el de la intuición para descubrir los mayores tesoros del universo, el niño te diría que ese personaje es un superhéroe. Yo te diré que esa persona eres tú. Ha llegado el momento que has estado esperando pero que nunca tuviste cuando eras pequeño porque tenías que regresar a hacer lo deberes, cenar con tus papás o irte a la cama. Ahora ya no hay nada ni nadie que te impida convertirte en el gran protagonista de tu historia. Simplemente, tienes que dar el primer paso con valor y seguridad, tomar las tres llaves en tus manos, y abrir la combinación. Yo ya descubrí el poder de estas tres llaves, un maravilloso tesoro y el secreto para hacer mis sueños realidad. Si me lo permites, será un honor convertirme en tu guía personal durante este fascinante viaje hacia tu interior para que tú también puedas vivir la vida de tus sueños y brillar como el diamante que ya eres.

Martín

INTRODUCCIÓN
EL VIAJE DE TU VIDA

Ha llegado la hora de tomar control y responsabilidad de la historia de tu vida, sin excusas, miedos o inseguridades. Por el simple hecho de nacer, tú ya te mereces alcanzar la felicidad. Y la búsqueda de esa felicidad tiene que ser el verdadero propósito de toda tu vida. Tú, al igual que yo y cualquier persona a tu alrededor, tienes todo lo que se necesita para lograr todo lo que te propongas. ¿No me crees? No te preocupes. Dame un poco de tu tiempo y te lo voy a demostrar. Una de las principales razones por las que muchas veces nos sentimos perdidos y frustrados en la vida es porque tomamos el camino incorrecto al tratar de hacer realidad nuestras metas y nos dejamos guiar por la experiencia de otras personas, por señales externas, y por lo que es más fácil y rápido. Además ante las primeras dificultades o la sensación de fracaso preferimos abandonar nuestras metas y quedarnos donde estamos.

Te voy a contar una historia. Había una vez un pobre mendigo sentado sobre una caja de madera, siempre en el mismo lugar. Un día se le acercó un viejecito muy mayor y le preguntó:

—¿Cuánto tiempo llevas sentado sobre esa caja?

El mendigo le respondió:

—Casi toda su vida, ya ni me acuerdo dónde ni cuándo la encontré.

El viejecito, que deseaba entablar conversación con alguien, se quedó mirándole y le preguntó con curiosidad:

—¿Qué hay dentro de la caja sobre la que estás sentado?

El mendigo le respondió despectivamente:

—Nada, es una simple caja de madera para poder sentarme, qué no ves que es una caja y nada más.

El viejecito sin molestarse le dijo:

—Seguro que algo hay, las cajas no están vacías y yo puedo ver muchos papeles.

El mendigo, ya cansado y un poco impaciente le respondió:

—Eso es, nada, simplemente papeles y más papeles.

El viejo se quedó un tiempo más frente al mendigo y al cabo de unos minutos volvió a insistir:

—¿Pero de verdad que no tienes curiosidad de al menos ver qué dicen los papeles, quizás hay algo importante?

—¿Y por qué lo voy hacer? —respondió cansado de tantas preguntas el mendigo.

—Pues simplemente, porque no tienes nada mejor que hacer —le respondió el anciano.

Finalmente, el mendigo, cansado de tanta plática y deseando que el anciano se fuera a otro lugar a molestar, se levantó malhumorado de la caja, la abrió y se encontró con muchos papeles, un cuaderno y una bolsa llena de monedas de oro. Todos los papeles que había dentro de la caja nunca le dejaron ver al mendigo que en el fondo había algo más detrás de todos ellos. Las monedas de oro estaban relucientes y brillaban con una gran luz dorada. Con todas esas monedas el mendigo tenía todo lo que necesitaba para poder vivir por el resto de su vida. Abrió el cuaderno y se encontró con las instrucciones de un gran mapa que enseñaban cómo llegar a la mina de oro de donde vinieron esas monedas.

La lección de esta divertida historia es que cada uno de nosotros está sentado sobre el mayor tesoro que podamos imaginar, pero para encontrarlo, en lugar de buscar los tesoros fuera de nosotros, vamos a tener que tomar otro camino y buscar en nuestro interior. No es un camino fácil, pero yo te ayudaré a encontrarlo. Sin embargo, antes de siquiera empezar solo necesito pedirte dos cosas: una mente completamente abierta y la ilusión de volver a soñar. Si tu mente está cerrada va a ser muy difícil que la información que vas a leer en este libro tenga algún impacto positivo o negativo en tu vida. Pero si tu mente está bien abierta, tu corazón también lo estará y de ese modo, alguna palabra, algún pensamiento, alguna experiencia personal que te voy a contar, conectará con algo muy profundo en tu interior y hablará el mismo lenguaje que tu niño interior. Solo así encontrarás lo que necesitas y entonces tu vida se transformará al instante.

Vive la vida de tus sueños tuvo sus orígenes hace mucho tiempo. Desde que era bien pequeñito siempre tuve una ilusión, una fantasía, de poder viajar por todo el mundo, conociendo culturas y haciendo muchos amigos para contar buenas historias. Esa fue "la intención" que de niño proyecté, y que hoy en día reconozco cómo la chispa que desencadenó todas las experiencias y aventuras que me han llevado hasta el día de hoy. Treinta y ocho años han tenido que pasar para encontrar el guión y los protagonistas principales de este libro, la historia de cómo un sueño se hizo realidad gracias a las aventuras que viví en tres destinos diferentes. Gracias a un maravilloso viaje de autodescubrimiento primero por mi cuerpo, después por mi mente y finalmente por mi espíritu, tienes este libro en tus manos.

En la búsqueda del éxito, el bienestar y la felicidad es muy fácil encontrar muchos callejones sin salidas, grandes obstáculos que nos impiden avanzar y sorpresas que no esperábamos ver. Juntos vamos a ver de nuevo cada uno de estos caminos que no nos han llevado a ninguna parte, para aprender y no volver a desviarnos de nuestro destino final. ¿Quieres una vida mejor? Ahora ha llegado el momento de hacer realidad tus sueños, pero para conseguirlo vas a tener que tomar serias decisiones y actuar consecuentemente. Si te comprometes a hacer algo, lo vas a tener que hacer. Aquí no vale decir que sí y luego no cumplir tus promesas. Pero no te preocupes que no te voy a obligar a hacer nada de lo que tú primero no quieras hacer voluntariamente. Tú siempre tienes la última palabra y la última decisión de cómo vivirás tu vida. Pero ya que tienes este libro en tus manos, sospecho que estás dispuesto a hacer un cambio importante en tu vida y a comprometerte a alcanzar las metas que establezcamos juntos. Felicidades. Eso, ya es un gran paso. De mi parte te aseguro que tan solo en unos días podrás empezar a experimentar los primeros resultados.

En este libro te mostraré cómo prestando atención a las cosas más pequeñas, no temiéndole al cambio y dando siempre pasos firmes, podrás transformar tu vida para hacer tus sueños realidad. Descubrirás una filosofía de vida llamada bienestar, que te llevará día a día a conocer más cosas que no sabías de ti mismo y del mundo que te rodea, aprenderás a encontrar un balance y equilibrio entre tres partes fundamentales de tu ser: tu cuerpo, tu mente y tu espíritu. El bienestar, al contrario que otras metas, no es un objetivo concreto que puedes alcanzar y quitar de tu lista de metas. Es una filosofía de vida que tiene que mantener para poder ser feliz y alcanzar todos tus deseos. Quizás ahora tengas una excelente salud y un cuerpazo, pero necesitas más motivación para conseguir el trabajo de tus sueños. También puede ser que seas una persona muy exitosa en el trabajo, pero te sientes vacío por dentro. Al igual que un buen capitán de barco, dependiendo de donde estés en estos momentos, tienes que conocer cuáles son los puntos fuertes y débiles de tu nave antes de iniciar el viaje. Para llegar muy lejos y conquistar todos los destinos a los que quieres llegar, primero tienes que ser completamente honesto contigo mismo, pues de lo contrario el barco se hundirá a mitad del camino. La verdad será uno de los requisitos más importantes en tu lectura de este libro: solo si eres honesto contigo mismo lograremos llegar a nuestro destino final; tu felicidad.

Recuerda, la verdad te hará libre y sentir siempre mejor. Es muy importante ser lo más sincero posible contigo mismo, con el fin de saber a cuál de las tres áreas —cuerpo, mente o espíritu— tienes que prestarle más atención para encontrar el equilibrio en tu vida. Siempre vas a tener que prestar atención a las tres partes por igual si quieres evitar sorpresas o desequilibrios. Pero si sabes, por ejemplo, que tu mayor dificultad es mantener tu peso, o tiendes a ver las cosas desde un punto de vista negativo, entonces ya sabes donde tienes que enfocar tu atención para no perder el equilibrio y dejar que se abra una gran grieta en tu barco. El cuerpo, la mente y el espíritu son las tres raíces principales sobre las que se sostiene toda tu vida. Aunque las ramas y el tronco de un árbol se desquebrajen después de una fuerte tormenta, el árbol podrá regresar a florecer si las raíces son fuertes y están bien arraigadas en la tierra. Pero si el árbol no tiene las raíces fuertes, este mismo terminará cayéndose. En la vida es inevitable sentir fuertes tormentas, pero para vencer todos los obstáculos y dificultades que encontrarás en tu camino tienes que tener una base sólida y conocer tu verdadero potencial.

La vida es una verdadera aventura, donde tú eres el capitán y diriges tu barco hacia el destino que tú mismo has elegido. Eres tú quien lo decide. Es tu viaje, es tu vida. La única recomendación que te doy para alcanzar tu destino es tomar siempre el timón con fuerza, cuidar el barco lo mejor que puedas, usar tu corazón como tu brújula, y no temerle al viento que a veces viene en tu contra. Puedes soñar todo lo que quieras e imaginarte los lugares más hermosos que te gustaría visitar, pero para llegar a ellos tienes que sacar las velas y ponerte a navegar. No tienes otra opción. De lo contrario, has tirado las anclas y estarás siempre en el mismo lugar, contemplando el mismo paisaje de siempre, y perdiendo la oportunidad de vivir grandes aventuras. Te aseguro que ahí afuera hay un maravilloso mundo esperando a que tú lo descubras.

Antes que nada, lo más importante es tener una muy buena relación contigo mismo. Parece fácil de conseguir pero en realidad la gran mayoría de nosotros no tiene una relación tan sincera como pudiéramos creer. Casi todo el tiempo nos estamos mintiendo a nosotros mismos para tapar nuestros errores y justificar con excusas todo lo que no conseguimos. Tener una buena relación con sí mismo significa tener una relación sincera, sin excusas, mentiras y dramas, y asumir la responsabilidad de cada uno de nuestros pensamientos, palabras y acciones. Cada palabra, cada decisión, cada acción, cada causa siempre tiene un efecto. Si somos sinceros con nosotros mismos no solo podremos ser más sinceros con los demás, sino que sentiremos un nivel de paz y tranquilidad con el mundo que nos permitirá enfocarnos realmente en lo que queremos lograr en nuestras vidas. En lugar de estar gastando nuestra energía en justificar o esconder nuestras acciones, podemos enfocar nuestra preciosa energía en construir una vida mejor, más fuerte, más saludable, más enfocada.

Hoy empieza tu viaje y este libro es tu manual de entrenamiento. A lo largo del libro verás de vez en cuando el siguiente símbolo:

Este símbolo te servirá de recordatorio para tomar un momento de descanso durante la lectura, y así poner en orden tus pensamientos y emociones con el fin de sacar tus propias conclusiones y aplicar lo que has aprendido.

Como ya mencioné no solo leas con la mente, enfocándote en las palabras literalmente. Trata de encontrar el significado detrás de las partes del libro que despierten en ti un rayo de luz. Las partes que conecten contigo a un nivel más profundo, los pasajes que te hagan pensar. En esos momentos es importante dejar el libro a un lado, y, si quieres con los ojos cerrados y enfocándote en una respiración tranquila y rítmica, profundizar en el conocimiento que has leído para encontrar tu propia verdad.

Lo importante es que uses tu sentido común y despiertes tu consciencia para sacar tus propias conclusiones. Fíjate si algo conecta dentro de ti y anótalo también en un cuaderno o diario para poder repasarlo más tarde. Te recomiendo que tengas un diario personal a tu lado mientras leas el libro, y también que visites www.holamartin.com para descargar el *Libro de ejercicios de Vive la vida de tus sueños* si deseas profundizar en los temas que estás leyendo.

La gran mayoría de las personas esperan que las cosas cambien externamente para entonces ponerse a actuar, y lamentablemente terminan reaccionando cuando ya es demasiado tarde. Conseguir el éxito, la felicidad y la salud en tu vida no es resultado del toquecito de una varita mágica de una hada madrina, sino resultado de las decisiones y acciones que tomes cada día de tu vida. No cometas la equivocación de tener que esperar a caer muy enfermo o perder a alguien cercano en tu vida, para reconocer el verdadero valor que la salud o el amor tiene en tu vida.

¿Cuál es la manera más fácil para estar en forma y bajar de peso? ¿Por qué no me atrevo a crear mi propia empresa? ¿Cómo hago para encontrar al amor de vida? ¿Cuál es el propósito de mi vida? ¿Qué tengo que hacer para conseguir una casa más grande y bonita? ¿Por qué no logro lo que me propongo? ¿Cómo puede quitarme esta tristeza que tengo encima? ¿Qué debo hacer para verme mejor y más joven? Estas son preguntas que todos nos planteamos en algún momento u otro durante la vida. Las respuestas que he encontrado en mi camino las voy a compartir aquí contigo. Dicen que el maestro aparece cuando el alumno está preparado. Ha llegado tu gran momento y te felicito por emprender este camino tan importante. Muy pronto tú serás fuente de inspiración y maestro para muchas personas. Felicidades.

Nuestro primer destino en esta gran aventura que acabamos de empezar juntos, nos va a llevar primero al descubrimiento y conocimiento del cuerpo, el vehículo que nos permite disfrutar del viaje de la vida y sin el cual no llegaríamos a ningún lado. El cuerpo es el barco que nos permite recorrer el mundo y disfrutar de la maravillosa experiencia de estar vivos. ¿Te has parado a pensar en la perfección de tu cuerpo? Sin tu hacer absolutamente nada, tu cuerpo está en constante funcionamiento. Por instinto natural tu cuerpo respira, el corazón late, la sangre circula, la comida es digerida, puedes sentir, puedes moverte. Nosotros solo tenemos la responsabilidad de hacer unas simples cositas todos los días para que realmente el cuerpo pueda hacer su función eficazmente, todo lo que por naturaleza sabe hacer para permitirnos vivir. Nuestra pequeña contribución al cuerpo es alimentarlo lo mejor que podamos y cuidarlo bien para mantenerlo en buen estado. No existe en el mundo una máquina más avanzada que el cuerpo humano, pero desgraciadamente no la valoramos lo suficiente hasta que empieza a fallar. Para que esto no te suceda a ti, en la primera sección del libro descubrirás todo lo que tienes que hacer diariamente para mantener tu cuerpo en la mejor forma posible por dentro y por fuera. Aprenderás cómo bajar de peso fácilmente, cómo prevenir enfermedades, qué ejercicios son los mejores para tu cuerpo según tu edad, cuáles son las mejores posturas para dormir, cómo cuidar tu cabello, los pasos para hacer la lista de la compra, los secretos del maquillaje y hasta cómo lavarte los dientes. Pero sobre todo, descubrirás como a través de una buena salud podrás usar mejor tu mente para pensar con una mayor claridad, y así conquistar todas tus metas, sin importar lo difíciles o descabelladas que sean.

En la segunda parte de nuestro viaje, profundizaremos en los misterios de la mente y cómo se puede convertir en tu mejor o peor aliada en la búsqueda de tus sueños. Mientras que el cuerpo nos permite tener una forma externa y poder vivir la experiencia de la vida en esta tierra, la mente es la que decide cómo vivimos. Es como un barco y un timón. El barco representa el cuerpo y el timón, la mente, mueve el barco hacia el destino deseado. En la segunda sección del libro encontrarás las claves de cómo optimizar el uso de tu mente para acercarte a todas tus metas, en lugar de alejarte de ellas.

Una de las cosas que no dejan de sorprenderme en la vida es el gran potencial que la mente tiene para alcanzar lo que se proponga. A través de técnicas de visualización y métodos de meditación podrás concretar cuáles son tus metas y en base a eso podrás aplicar la fórmula para crear tu propio un plan de vida, paso por paso, para así hacer tus sueños realidad. Por último, descubrirás cómo utilizar tu mente no solo para tomar las mejores decisiones, sino para llevarlas a cabo de principio al final. De nada sirve tomar decisiones si después no las cumplimos. Puedes conseguir todo lo que te propongas en la vida, siempre y cuando tengas el valor de soñarlo primero, el poder de utilizar tu inteligencia para hacer un plan realista, y la fuerza de voluntad para llevarlo a cabo.

Finalmente, y tras superar con éxito los destinos anteriores, llegaremos a nuestra última parte del viaje para conocer el espíritu; un lugar al que también puedes llamar alma, ser o energía. A través del espíritu descubriremos la conexión que existe entre todas las cosas y todo lo que hacemos para finalmente hallar las respuestas a todas tus preguntas. Mientras que el instinto es el lenguaje del cuerpo que nos permite funcionar en todo momento y el intelecto es el lenguaje de la mente para poder pensar y analizar, en esta última parte del libro, aprenderás a escuchar el lenguaje de tu espíritu, la intuición, que te guiará como tu mejor brújula a tomar siempre el camino correcto. Será en esta sección donde compartiré mis últimos descubrimientos personales y ejercicios de cómo conectar tu espíritu y descubrir la fuente inagotable de sabiduría y amor que reside en tu interior. En los últimos capítulos del libro descubrirás la importancia que el momento presente tiene en tu vida, a manejar la energía de tus chakras y desarrollar las sietes leyes del amor para alcanzar todos tus sueños. Esta fuente de energía te permitirá no solo encontrar tu camino, sino también tener la fuerza de voluntad y motivación para alcanzar con éxito todo lo que te propongas en la vida.

Nuestra guía de ruta y las coordenadas de nuestro viaje en búsqueda del gran tesoro de la vida: Cuerpo, mente y espíritu. El primer paso siempre es el más difícil de tomar. Pero una vez ya has decidido tomar control de tu vida, te darás cuenta qué el segundo y tercer paso es más fácil, y pronto te pondrás a caminar felizmente hacia donde te propongas y disfrutar del paisaje al mismo tiempo. ¡¡¡Eso es vida!!!

Vamos a hacer un ejercicio juntos. Cierra los ojos. (Bueno, mejor será que primero leas este párrafo y cuando termines de leerlo, cierres los ojos). Colócate en una posición cómoda. Puedes hacer este ejercicio tumbado o sentado con los pies en el suelo y la espalda bien recta. Respira profundamente por la nariz contando hasta tres muy despacio y con la boca cerrada. Mantén el aire por un segundo solamente dentro de ti y luego suéltalo de nuevo por la nariz tres veces. Haz este ejercicio diez veces hasta que te sientas mucho más relajado. Siente como el aire entra y sale de tu cuerpo lentamente como el ruido de las olas del mar al llegar a la orilla. Déjate llevar por el sonido del aire y la sensación de paz y tranquilidad. Sigue enfocado en tu respiración y no dejes que la mente te moleste. Si te llega un pensamiento, dile "hola", "gracias" y "adiós", y sigue poniendo todas tus fuerzas para concentrarte en el simple acto de respirar, de dejar entrar y salir el aire de tu cuerpo. Es muy normal tener muchos pensamientos, buenos y malos, cuando tratas de respirar profundamente y meditar porque tu mente siempre está en continuo parloteo. Con un poco de práctica todos los días, podrás dominar esta técnica. Mientras te enfoques en tu respiración, tu mente no podrá pensar. Con los ojos cerrados, imagínate cómo sería tu vida si pudieras hacer realidad el deseo que más quieres o un sueño que tengas en estos momentos y te gustaría lograr. ¿Conseguir un nuevo trabajo? ¿Encontrar al gran amor de tu vida? ¿Bajar de peso? ¿Viajar? ¿Abrir tu propio negocio? Visualízalo con todo lujo de detalles. ¿Cómo imaginas que sería tu vida si consiguieras hacer realidad ese sueño? ¿Qué tipo de persona eres si tu sueño es realidad? ¿Cuáles son los beneficios que ha aportado a tu vida haberlo conseguido? ¿Qué cosas han cambiado? ¿Cómo te hace sentir? Con la mente completamente tranquila y sintiendo una energía de paz y amor en tu interior, cuando tú lo consideres necesario, decreta cuáles son tus sueños. Cuando hayas terminado, sonríe interiormente como señal de que compromiso contigo mismo de que los vas a llevar a cabo.

Para poder conseguir estos grandes deseos, primero lo tienes que decretar con fuerza y seguridad. Grita si es necesario lo que realmente deseas. El universo es abundante y está listo para traer a tu vida todo lo que tu corazón quiere en estos momentos. Comprométete a poner y dar todo de tu parte para brillar como la estrella que ya eres. Antes de abrir los ojos, agradece en silencio este momento.

¡¡¡Felicidades!!! Oficialmente ya has levantado anclas y el barco se está poniendo a navegar. Destino: la vida de tus sueños. Acabas de dar un gran paso para transformar tu vida.

Todo lo que seas capaz de imaginar con todo lujo de detalles, soñarlo con el corazón, sentirlo en cada poro de tu piel, emocionarte, lo puedes conseguir si realmente te lo deseas. No te digo que vaya a ser fácil el proceso, pero tengo la fe absoluta que sí lo puedes conseguir si te lo propones. En el peor de los casos, lo peor que te puede pasar es que encuentres algo incluso mejor y más maravilloso de lo que hubieras soñado. En esta historia, la historia de tu vida, tú eres a la vez el escritor y el protagonista.

Haz este sencillo ejercicio todas las mañanas y todas las noches por unos minutos. Agradece todas las cosas hermosas que tienes en tu vida, y decreta ser feliz y hacer tus sueños realidad. Para transformar tu vida, primero lo tienes que desear de corazón y compartirlo con el universo para que te envíe las enseñanzas y oportunidades que necesitas para acercarte a tus metas. Muy pronto en los próximos capítulos descubrirás el gran poder que la intención y la ley de la atracción tienen en tu vida.

Vivir es como montar a caballo. Algunos deciden aprender a cabalgar para disfrutar de la sensación de libertad, mientras que la gran mayoría prefieren ir montados en sus caballos y viajar en grupo. Dependiendo de la gente que tengas a tu alrededor, estas personas se dirigirán hacia bueno o malos destinos, o simplemente harán círculos. ¿En qué grupo estás tú? No pasa nada por ir cabalgando en grupo, pero cuando uno se transforma en jinete, en lugar de un simple pasajero a caballo dejándose guiar por otros, descubre el poder que tiene de dirigir su vida hacia el lugar que desea ir. Si hay algo que no quieres tener en tu vida, solo tú puedes cambiarlo, nadie más. ¿Cómo lo haces? La respuesta es la más simple del mundo: enamórate de ti mismo. No hay nada que el amor no pueda vencer. Cuando estás completamente enamorado todo es posible. Por ello quiero que te enamores locamente de ti mismo.

Mucha gente confunde este tipo de amor con egoísmo, y prefieren abandonar su propia felicidad a cambio de la felicidad de otras personas, convirtiéndose en víctimas de las circunstancias. No pongas en pausa tu vida, en nombre de lo que tú crees que es lo mejor para otras personas o lo que los demás esperan de ti. Tú tienes todo el derecho de ser feliz, al igual que ellos. Por mucho que te resulte difícil escucharlo, la felicidad de las personas a las que más quieres en el mundo —ya sean tus hijos, tu pareja, tus padres— está en sus propias manos y no en las tuyas. De la misma manera, tu propia felicidad, está solo en tus manos. Te aseguro que si tú no puedes hacerte feliz a ti mismo, mucho menos podrás hacer feliz a los demás. La mejor manera para ayudar a la gente a la que amas a ser feliz es primero siéndolo tú mismo. Cuando llegue el momento en el que tú mismo decidas hacerte ser responsable por tu propio bienestar y felicidad es el momento en que toda tu vida empezará a transformarse para mejor.

Antes de iniciar este gran viaje ha llegado el momento de hacer un compromiso personal contigo mismo. Haz una promesa íntima, personal, de corazón, con la única persona que en realidad importa. Tú. La promesa no se la tienes que dar a tus padres, doctores, maestros, jefes o amigos. La promesa, para que de verdad cuente, tiene que ser privada y muy personal. Pase lo que pase, llueva, truene o caigan relámpagos, y te aseguro que vas a encontrar fuertes tormentas en tu vida, no te vas a rendir nunca en la búsqueda de tu felicidad y tu bienestar.

Nunca es tarde para empezar. No importa lo que hayas hecho ayer, la semana pasada o hace unos años, si has tenido grandes o pequeños fracasos, si has cometido muchas equivocaciones o has tomado malas decisiones en tu vida. Lo único que importa es lo que vas a hacer ahora. Tu presente es lo único que tienes de verdad y cada día es una nueva oportunidad para poner todo de tu parte y buscar tu felicidad. A continuación te voy a dar las reglas básicas que tienes que tener antes de partir hacia nuestro primer destino:

1. Para vivir la vida de tus sueños tienes que aceptar que cada día de tu vida es un verdadero regalo. Tu trabajo diario, a partir de hoy, va a ser recibir ese regalo todas las mañanas,

como si los tres Reyes Magos te hubieran visitado por la noche, con ilusión y con ganas de disfrutar todo el día de las grandes sorpresas que vas a recibir, como el de un niño abriendo sus regalos. Acepta que tú eres la única persona responsable de tus propias decisiones y acciones.

2. Solo tú tienes el poder de elegir qué camino tomar. Cada decisión que tomes durante el día, por muy pequeña que sea, va a tener un efecto, bueno o malo, en tu vida. Tus pensamientos, tus emociones, tus deseos más profundos, son solo tuyos. Muy pronto te darás cuenta de que es el poder más mágico que los seres humanos tenemos en la búsqueda de los sueños. Gracias al poder de elección somos la única especie del planeta que ha podido conquistar las estrellas y llegar a la luna. Tú tienes el poder de elegir qué quieres hacer en todo momento y cuál es el curso de la vida que deseas tomar. Tú tienes el control de tu vida.

3. Vas a necesitar estar muy enfocado y dar lo mejor de ti para llegar a cada uno de los destinos que tenemos por delante. Los sueños son posibles, pero eso no significa que el camino para alcanzarlos sea fácil. Para alcanzar con éxito las metas que te propongas vas a tener que tener mucha disciplina, crear muy buenos hábitos, y tener claro hacia dónde quieres ir. ¿Qué tiene en común una persona que ha estudiado cuatro años para ser abogado, una persona que está entrenando para correr una maratón y una persona dando un concierto frente a miles de personas? Mucha disciplina.

El bienestar es un proceso de continuo despertar y toma de decisiones para mejorar y crecer en la vida, pero se compone de tres áreas principales: cuerpo, mente y espíritu. Todo lo que pienses, sientas o hagas, incluyendo tus propias palabras, tienen un gran impacto en tu vida y tu destino final. Tener un estilo de vida basado en el bienestar es una libre elección, una decisión individual que solo tú puedes lograr para alcanzar tu propia felicidad.

Ahora sí estamos listos para el gran viaje. No tengo ninguna duda de que vamos a lograr nuestro propósito juntos. Recuerda que una vez descubras tu potencial, el cielo y las estrellas se van a convertir en tu límite. Prepárate para volar y descubrir que sí se puede. Si tu cuerpo físico es capaz de regenerar y crear nuevas células en cada milésima de segundo y tu mente tiene una capacidad infinita de almacenar información, te aseguro que tu espíritu y tu niño interior tienen toda la ilusión del mundo de demostrarte todo lo que eres capaz de hacer con tu cuerpo y con tu mente. Las limitaciones ya no son parte de tu pensamiento, ni siquiera de tu vocabulario. De ahora en adelante, cada limitación, debilidad y problema se va ha trasformar en un trampolín para acercarnos más rápido a todos y cada uno de nuestros destinos.

Antes de emprender el viaje, y por si no lo sabías, quiero que sepas que eres una persona muy especial, única e irrepetible, con increíbles cualidades y un tremendo potencial. Eres un ser que se merece solo lo mejor, y lograr la felicidad y los sueños que busca. Yo creo en ti. Para mí es un verdadero honor que confíes en mí para este viaje, y que juntos podamos caminar de la mano para tomar estos primeros pasos que transformarán el resto de tu vida. De mi parte, te prometo darte siempre todo mi corazón y solo la verdad.

Creo que ya estás listo para partir. Pero he dejado lo más importante para el final. Es muy importante que no olvides que de nada sirve viajar si no disfrutas cada segundo al máximo. ¿Para qué quieres visitar el mundo si no lo vas a disfrutar? Para eso mejor te quédate donde estás. La vida es para gozarla. Ya sea bailando en una sala de fiestas o en una clase de Zumba, jugando al fútbol con los amigos, disfrutando de unas clases de cocina, viendo una película divertida o simplemente tumbado leyendo un buen libro, tienes que dedicar tiempo a disfrutar lo que la vida te regale en cada momento. No importa cómo decidas pasar un buen rato, simplemente hazlo. Siente la bendición de poder ser feliz. Puedes mejorar tu salud, tu carrera, tu relación, pero no pierdas nunca las ganas de vivir y convertirte por unos minutos al día en un gran niño. No dejes que la vida se vuelve muy seria y aburrida. Recuerda que no solo estás apostando por tu bienestar, sino también tu felicidad. Busca todos los días hacer algo que te guste, ya sea divertido o relajante. Quiérete, relájate, mímate, consiéntete. Tú te lo mereces todo y más. Ya verás como te vas a sentir mejor, y tendrás más energía para retomar con fuerza el timón de tu vida.

Recuerda, la vida es más simple de lo que parece. Nosotros somos quienes la complicamos. Todo va a pasar, como debe pasar, justo en el preciso momento. Déjate llevar y abre todos tus sentidos.

VIVE LA VIDA
DE TUS SUEÑOS

PRIMER DESTINO

EL CUERPO

CAPÍTULO 1
SALUD ES VIDA

Nuestro primer destino en el viaje de la vida nos lleva a descubrir uno de los mayores tesoros que podamos encontrar: la salud. Todo el mundo habla de la importancia de tener una buena salud física, pero muy pocos entienden el verdadero significado de lo que eso implica y cuáles son las mejores decisiones para proteger, cuidar y fortalecer nuestros cuerpos. Lamentablemente, la gran mayoría de las personas solo le presta atención a su salud cuando de repente nota su ausencia, la echa de menos, o, peor aún, cuando ya es demasiado tarde. Aunque todos hemos vivido en carne propia lo que significa estar enfermos o quizás conozcamos a alguien que ha sufrido una grave enfermedad, todavía seguimos sin querer ver que la salud es lo más importante que tenemos en la vida. Puedes soñar con conquistar todas las estrellas del universo, pero sin una buena salud, no llegarás ni a levantar un paso.

El gran problema para la mayoría de la gente es que la salud no es gratis. Para poder alcanzarla necesitamos poner mucho esfuerzo de nuestra parte y también buscar tiempo en nuestras apretadas agendas.

Muchas veces preferimos ponerla al final de nuestra lista de prioridades. Hoy en día estamos acostumbrados a que todo sea fácil, rápido y bueno y por lo tanto olvidamos que para tener buena salud hay que trabajar por ella. Los griegos ya conocían el secreto de "mente sana, cuerpo sano", incluso nuestros abuelitos sabían lo importante que era tener un estilo de vida sano y cómo aprovechar los recursos de la naturaleza para curar enfermedades, alimentarse correctamente y embellecerse. Lamentablemente, con el ritmo rápido de la vida moderna nos hemos olvidado del tesoro más preciado que tenemos para vivir: la salud.

Mi propósito es que esta sección te ayuden a tener una epifanía —un clic mental, un "aaahhh", una revelación, un despertar, una iluminación o como lo prefieras llamar— para así cambiar tu estilo de vida y tomar las mejores decisiones por tu salud. Al fin y al cabo, el único beneficiado o perjudicado cuando de cuidar tu cuerpo se trata, eres tú mismo. No es fácil aceptar el reto de cuidar la salud, pero te aseguro con la mano en el corazón, que cada segundo que tomes preocupándote por el bienestar de tu cuerpo representa una de las mejores inversiones que puedes hacer en tu vida. No importa todo el dinero del mundo que consigas tener, toda la fama y el reconocimiento, nada tiene sentido si no tienes la salud para disfrutarlo. Y si no me quieres creer, solo tienes que recordar lo difícil que fue comer cuando tuviste un dolor de muelas, caminar cuando te doblaste el tobillo o simplemente pensar con un fuerte dolor de cabeza. Sólo nos acordamos de lo bien que estamos y de la importancia de la salud cuando caemos enfermos o no podemos hacer con eficacia lo que normalmente hacemos.

La salud física no tiene precio, pero su valor es incalculable cuando añades el impacto que tiene sobre tu mente y tu espíritu. Al tener salud piensas mejor, ves las cosas con mayor claridad, tienes una mejor actitud, y por supuesto, más energías para hacer todo lo que te propongas. Además, y si te sirve de motivación para cuidarte un poquito más, cuanto más sano estés, más joven y bello te verás.

La única medicina que existe en el mundo y que tiene resultados garantizados para combatir hasta las más terribles enfermedades se llama prevención. Según el diccionario, prevención es la preparación y disposición que se hace anticipadamente para evitar un riesgo mayor. Cuanto mejor sea tu salud, menores serán los efectos del paso del tiempo sobre tu cuerpo, y menos enfermedades tendrás.

Sorprendentemente, lo que tenemos que hacer de nuestra parte para mantener la salud física es mínimo comparado con el esfuerzo y el servicio que el propio cuerpo hace todos los días para mantenerte con vida. El mecanismo natural con el que nacemos se encarga de hacer todo el trabajo. Para que tu cuerpo funcione como todo un Ferrari, lo único que nos pide a cambio son tres cosas: combustible, un mantenimiento diario de 30 a 45 minutos, y un poco de limpieza.

Quizás el ejercicio que tendríamos que hacer ahora es ver en qué tipo de auto nos gustaría convertirnos, teniendo en cuenta que todos nacemos con el potencial de tener el mejor coche de todos. Si tuvieras que escoger una marca de coches, ¿cuál serías en estos momentos? De verdad, no me digas el tipo de coche que te gustaría tener, sino el que realmente eres hoy en día. Eres una ¿camioneta?, ¿un descapotable?, ¿un deportivo?, ¿un coche nuevo?, ¿un coche viejo? Ahora, imagínate que eres capaz de visualizar el mejor coche de todos, nuevecito de paquete, con todos los últimos adelantos y el mejor motor del mundo. ¿Cuál sería? ¿Cómo te sentirías subido en ese auto? ¿Dónde serías capaz de llegar? Cierra los ojos y visualízalo por unos minutos. Te aseguro que tú puedes ser ese auto, sin excusas, ni justificaciones que valgan. Personalmente he visto a decenas de personas perder diez, treinta, sesenta y ochenta kilos, y ver con mis propios ojos, cómo su cuerpo pasaba de ser un auto chatarra que estaba a punto de quedarse en el camino, para convertirse en el coche del año. Y te aseguro, que sus vidas se transformaron al instante. Si ellos lo pudieron lograr, tú también puedes hacerlo.

En tus manos está el poder de tomar acción y prevenir antes que lamentar. Tu salud está bajo tu control. De acuerdo a las decisiones que tomes en cada aspecto de tu vida, tendrás unos resultados u otros. Quizás en otras partes de tu vida tú no tengas todo el control, pero en lo que respecta a tu salud, te aseguro que tu tienes la última palabra; desde el número de horas que te quedas sentado sin moverte frente al televisor, a la horas que pasar durmiendo en la noche, todas son decisiones tuyas que afectan positiva o negativamente tu salud. Es muy importante que entiendas estas palabras, pues tienes que asumir que solo tú tienes el poder de dar el primer paso y convertirte en una persona saludable, la persona que por naturaleza siempre estuviste destinada a ser. Aunque tengas una enfermedad hereditaria o aunque hayas nacido con una deformación física, tu responsabilidad es hacer todo lo que está en tu poder para mantenerte fuerte y saludable.

No importa tu genética, las costumbres de tu familia, o tu comportamiento en el pasado, muy pronto te voy a demostrar como sí puedes transformar tu vida y darle un giro de 360 grados si primero te lo propones, y luego llevas a la práctica los consejos que te voy a dar. Para poder ser lo más objetivo posible en este tema tan importante de la salud, la doctora holística —y mi amiga— María Delgado me está ayudando a clarificar algunos de los mitos y suposiciones falsas que la gente tiene con respecto a la alimentación y su cuerpo, para que de una vez por todas, terminemos con nuestras dudas y excusas.

Todo lo que hagas durante el día, incluso por la noche cuando duermes, afecta tu salud. ¿Sabías que si no duermes profundamente una media de siete horas por las noches puedes consumir hasta 900 calorías más al día, sin que tú mismo te des cuenta? Fíjate en el efecto que tus horas de sueño por la noche tienen en tu salud. Al dormir pocas horas, tu cuerpo no descansa lo suficiente y termina produciendo más hormonas de las que necesitas, causando a su vez una permanente sensación de hambre. Además tienes menos energías para hacer ejercicio y terminas quedándote quieto todo el día. Poco a poco, esto se convierte en una bola de nieve que va creciendo. Cuanto más cansado estás, más comes. Cuanto más comes, menos duermes. Cuanto menos duermes, menos energías tienes... y así sucesivamente sin parar. El gran problema es que nunca estás quemando todas las calorías que cada día vas metiendo en tu cuerpo y si no vacías la alcancía, tarde o temprano, esta se va a reventar.

Tener una buena salud es el compromiso más difícil y de mayor esfuerzo que tendrás que tomar en toda tu vida, y no solo eso, es un compromiso que tienes que hacer cada día y por el resto de tu vida. Si siempre estás en el mismo lugar y haciendo las mismas cosas todos los días, no vas a llegar a ningún lado. La gente que me pregunta cómo alcanzar una meta, siempre le contesto "haz algo que no has intentando hacer hasta ahora". Para mejorar en la vida, tendrás que adoptar nuevos caminos para no cometer los mismos errores.

Cuando de temas de salud se trata, es importante saber distinguir entre un hábito bueno y un hábito malo. El hábito bueno, como dice la palabra, son todas aquellas actividades que haces regularmente todos los días, y normalmente a las mismas horas. Por ejemplo, ducharte por las mañanas, desayunar o lavarte los dientes. Los tres son muy buenos hábitos. Los hábitos malos son aquellos que obviamente perjudican de alguna manera tu vida o tu salud. El más popular de todos es fumar, pero también tenemos el exceso de alcohol y las drogas, por mencionar algunos.

En este punto, un buen ejercicio es sentarte y hacer una lista de qué hábitos buenos o malos crees que tienes en tu vida. Y antes de que empieces a autocastigarte, recuerda que todos los tenemos. Uno de mis malos hábitos es comer chocolate por las noches. Tengo una verdadera adicción que empecé desde niño. Pero también tengo un buen hábito como lo es ir a mis clases de Zumba tres veces a la semana. Ahí tienes un ejemplo de un mal hábito y uno bueno. Yo ya hice este mismo ejercicio y me le conozco cada uno de ellos. ¿Cuáles son tus buenos y malos hábitos?

Para que un acto en tu vida, ya sea bueno o malo, se convierta en hábito lo tienes que estar repitiendo regularmente. Por dicho motivo, es imposible cambiar un hábito malo, si primero no te comprometes a hacer la misma actividad por varias semanas. Las investigaciones dicen que es necesario repetir un mismo acto por 21 días seguidos para que éste se convierta en un hábito. Repite la misma actividad por 21 días, y tendrás más probabilidades de seguirla haciendo. Adelante, proponte cambiar o adoptar un nuevo hábito, y haz tu mismo la prueba.

¿Quieres sentirte diez años más joven, lucir mejor con la ropa que te pones y estar orgulloso de ti? Te voy a dar la fórmula en los próximos capítulos para que tu mismo conviertas cada recomendación en un buen hábito. Te garantizo los resultados, pero prepárate para sudar.

Si ya me conoces de la televisión o mi anterior libro, ya sabes que me encanta hablar de la imagen, la moda y la belleza. Miles de mujeres y hombres me preguntan diariamente cuál es el mejor secreto para lucir más jovenes, hermosos y atractivos; y cuál es el camino más rápido para tener una auténtica transformación de belleza. La respuesta es siempre la misma. La verdadera belleza, el secreto de la fuente de la juventud, viene de adentro. Por mucho que te muestre cómo vestir de acuerdo a tu tipo de cuerpo, que ponga a tu disposición los mejores diseñadores, te diga todos los secretos de belleza, o te presente a los mejores estilistas, nunca podrás sentirte a feliz contigo mismo hasta que no descubras el poder que tiene la salud.

Cuanto mejor y más saludable se sienta tu cuerpo, más hermoso y atractivo te verás externamente. Salud es sinónimo de belleza y para ser una persona atractiva físicamente, primero tienes que ser una persona saludable. Todos los hábitos que son malsanos como fumar, beber alcohol o consumir comida procesada, hacen que tu cuerpo se vea antiestético. Eres lo que comes. Si la motivación de no tener enfermedades no ha sido suficiente para tener una buena salud, espero que la motivación para verte más joven y atractivo consiga vencer cualquier duda que tenías.

Los primeros cambios que vas a notar cuando empiezas a ocuparte seriamente de tu salud, van a ser cambios externos. Tu cuerpo se va a transformar positivamente y la ropa te va a empezar a quedar mejor. La gente va a notar en ti un nuevo cambio no solo por tu cuerpo físico, sino también por tu porte y seguridad. Al cabo de unas semanas de mantener buenos hábitos alimenticios y haciendo ejercicio regular te darás cuenta de que la mayor transformación y los mayores beneficios empiezas a sentirlo por dentro, sientes un nuevo bienestar interno que se transmite al exterior a través de una renovada autoestima, un brillo de felicidad en tus ojos y una hermosa sonrisa. Y cuando llegues a ese punto, te ha tocado la gran lotería. Esa tiene que ser tu meta personal. Cuando consigas experimentar esa sensación de bienestar, te será muy difícil renunciar a ella.

Las prioridades son las prioridades y por encima de mi trabajo, los quehaceres del hogar, las relaciones con mi familia, mi pareja y mis amigos, a la hora de planificar la agenda de cada día, mi primera prioridad es siempre mi salud, pues sin ella me resultaría muy difícil alcanzar mis sueños, y al mismo tiempo disfrutar de mi trabajo, el hogar, la familia y los amigos. Parece una contradicción, pero si no te ocupas de tu salud será muy difícil disfrutar de las cosas que realmente tienes y deseas.

La diferencia entre el éxito y el fracaso en todo lo que te propongas conseguir, siempre radica en la actitud que tengas. Si crees que vas a lograr algo y te lo propones, lo conseguirás. Pero si por el contrario, te entran las dudas, miedos o inseguridades desde un principio y no tienes una actitud positiva, nunca lograrás lo que deseas. No te imaginas la de veces que mi propia mente ha tratado de convencerme, y con muy buenas razones, para que no fuera a hacer ejercicio y me quedara en la cama un poquito más, o comiera una pizza en lugar de una ensalada con atún. Gracias a Dios que a estas alturas de mi vida ya conozco muy bien el jueguecito de mi mente, y conociendo las consecuencias de las tentaciones, casi siempre salgo ganando yo. De vez en cuando, le dejo ganar algún argumento para que no se sienta tan mal, pero son pocas las veces, y trato de recuperar enseguida el daño causado. Quizás estarás pensando que estoy un poquito loquito con este tema entre la mente y "yo", pero ten un poco de paciencia pues cuando lleguemos al segundo destino, empezarás a encajar todas las piezas de este gran puzle que estamos creando juntos.

Una cosa importante que quiero decirte es que tu experiencia pasada —es decir, todo lo que has hecho hasta el día de hoy con respecto a tu salud— no tiene por qué predecir cual será tu comportamiento a partir de hoy. El pasado es el pasado y hoy ya puedes hacer algo importante para mejorar drásticamente este aspecto de tu vida. Ese primer paso, incluso antes de empezar a hacer deporte y comer sanamente, es cambiar tu actitud y tu manera de pensar. Tienes que saber diferenciar entre lo que es un pensamiento positivo y bueno para ti, de un pensamiento negativo y tentador. Una vez lo hagas y empieces a manejar este juego de cartas con tu propia mente, tendrás el 80 por ciento del camino cubierto. A medida que estés ganando la partida, solo necesitas pasar a la acción y ponerte a ejecutar tus decisiones para cubrir el 20 por ciento restante, y así ser siempre un gran ganador. Aprende a reconocer todas tus excusas y cómo cambiar esos pensamientos negativos en positivos para recuperar el control de tus decisiones. En segundo lugar, observa y acepta cuál es tu realidad. Analiza tu salud, dónde estás y a dónde quieres llegar.

Antes de dar el pistolazo de salida, quiero dejarte con este pensamiento. Tu cuerpo es una gran obra de arte, una escultura en la cual tu eres el artista que siempre la está esculpiendo todos los días para darle la mejor forma posible. Deja de culpar a la familia, el estrés, el trabajo o los amigos por tu mala salud, y conviértete en el mejor escultor de la mejor obra de arte que existe en el mundo entero. El único que puede esculpir tu cuerpo eres tú. Solo necesitas dos herramientas especiales para empezar a moldear: la comida y el ejercicio. Más adelante, cuando ya tengas la forma que buscas, daremos los toques finales con el poder de la imagen.

EL PESO

Para poder profundizar en cuáles son los mejores alimentos para tu consumo diario y el tipo de ejercicio que puedes hacer de acuerdo a tu estilo de vida, quiero hablarte primero de un tema que tiene a todo el mundo obsesionado cuando se habla de la salud: el peso.

Seguro que has oído hablar sobre el popular dicho "saber es poder". Para poder tomar las mejores decisiones necesitas estar siempre bien informado. Lamentablemente en el área de la salud, se mueve mucho dinero y hay muchos intereses creados y por dicho motivo, la información puede resultar un poco confusa. Ahora, y a lo largo del resto del libro, te voy a contar todo lo que he aprendido personalmente, para que tú mismo interpretes la información y decidas qué hacer al respecto con ella. Al final y al cabo, la decisión es siempre tuya. Si te interesa algún punto en particular, lo mejor que puedas hacer por tu propio bienestar, es tomar cartas en el asunto y completar tu investigación.

Si quieres entender por qué subimos y bajamos con facilidad de peso cuando hacemos ejercicio, dietas o en diferentes etapas de nuestra vida, tienes que saber de qué depende el peso de tu cuerpo. Existen tres partes en tu cuerpo que pueden hacer que fluctúes de peso: el agua, el músculo y la grasa corporal.

1. El agua representa casi ¾ partes del peso total de tu cuerpo. Si sudas mucho por hacer una fuerte actividad física como correr treinta minutos, subir a la bicicleta por una hora o haces una clase intensa de ejercicio aeróbicos, entonces puede ser que experimentes una pequeña bajada de peso entre antes y después de hacer el ejercicio. Es importante que entiendas que esta pérdida de peso es temporal, pues una vez que bebas de nuevo para hidratarte —algo que debes, de todas formas, hacer—, entonces recuperas el peso que perdiste. Con ello no quiero decir que no vayas a bajar de peso si haces ejercicios cardiovasculares regularmente entre dos a tres veces por semana, pero si solo haces ejercicio una o dos veces y notas una bajada de peso, antes de emocionarte por tus logros, ya sabes a qué se debe. Perder peso es un trabajo de largo aliento y no hay una solución mágica para adelgazar de la noche a la mañana. La única fórmula con resultados garantizados lo vas a conocer muy pronto.

2. En segundo lugar, tenemos el músculo. Los músculos, junto a nuestros huesos, son la materia móvil que nos permite mantener el cuerpo unido y estable y sirve de protección

para el buen funcionamiento de los órganos vitales. A diferencia del exceso de grasa, que no necesitamos ni queremos en nuestro cuerpo, la densidad muscular es muy importante para nuestra salud. No te sorprendas que al hacer ejercicio de resistencia, por ejemplo si practicas hacer ejercicios con pesas, notes un aumento pequeño de peso, en lugar de una pérdida, pues el músculo pesa más que la grasa. En este caso, el aumento de peso es positivo para ti, pues tu cuerpo se va a sentir más seguro y estable, y tu ropa te va a lucir mejor.

Lo bueno de tener músculos en tu cuerpo es que a mayor densidad muscular, tienes menos grasa en tu cuerpo, y tus huesos te lo van a agradecer, pues tienen a un buen compañero para ayudarles a manejar mejor el peso. Tienes que tener muchísimo cuidado con las dietas, pues si haces una dieta fuerte, lo primero que pierdes no es la grasa, sino la masa muscular. Esto no son buenas noticias, pues además de no poder ayudar a tus huesos y debilitar tu organismo, la pérdida del músculo hace que quemes menos calorías, y al quemar menos calorías, tendrás menos energía, y al tener menos energía, estarás más sedentario, y al estar más sedentario, comerás más, al comer más y no hacer ejercicio, el exceso de comida se convertirá en grasa, lo que aumentará tu peso... A todo esto se le conoce como el efecto "yo-yo", y es una de las razones principales por los que las dietas no funcionan.

3. Por último, la tercera parte que contiene peso en nuestro cuerpo, y la más importante para que tengas en cuenta si deseas bajar eficazmente de peso pero sin afectar tu salud, es la grasa. El peso de la grasa varía de acuerdo a cuánta grasa almacenes en unas células llamadas "adipositos". Estas células con nombre de extraterrestre, son las causantes de una de las mayores y más graves enfermedades del ser humano en la actualidad como consecuencia de una mala alimentación y una vida sedentaria: la obesidad.

Para poder adelgazar y bajar de peso correctamente, tienes que perder grasa, en lugar de perder agua o masa muscular en tu cuerpo. Esto es muy importante que puedas entender este simple concepto, pues te ayudará a no seguir cometiendo los mismos errores de siempre con el famoso y popular uso de las dietas. Si pierdes peso rápidamente, de un momento para otro, quiere decir que estás perdiendo peso como consecuencia de eliminación de agua o masa muscular, en cuyo caso, no es positivo para tu salud, pues terminarás como estabas en un principio, o, peor aún, con más peso del que tenías originalmente. Por este motivo, todas las dietas milagrosas, los aparatos especiales que prometen moldear tu cuerpo y las pastillas milagrosas que prometen bajar de peso en tan solo unas semanas nunca son una solución a largo plazo.

Es importante dejar de creerte todos los mensajes publicitarios y promociones que te dan en la televisión y las revistas, y empezar a usar un poco el sentido común, para separar lo verdadero de lo falso. ¿No crees que si algunas de esas dietas o máquinas funcionaran de verdad como dicen, habría razón para que no existieran nuevos productos? Todos los días leo en las revistas o veo en televisión nuevas soluciones milagrosas que prometen la fuente de la juventud por menos de $50 dólares al mes, pero al cabo de poco tiempo desaparecen para dar paso a otros nuevos productos. Mi mayor deseo es que funcionaran, pero esas sí que son fantasías. En lugar de seguir perdiendo tu tiempo, tu dinero, tus energías, y lo que es más importante, poner en aún más riesgo tu salud con este tipo de productos y promesas sin fondo, enfoca toda tu atención en elegir los mejores alimentos frescos, en intentar hacer un poco de ejercicio físico todos los días y adoptar unos buenos hábitos para cuidar y mantener tu cuerpo sano y fuerte por mucho tiempo.

Si quieres documentar tus subidas y bajadas de peso en tu diario te recomiendo que la mejor manera de hacerlo es una vez a la semana, y si es posible siempre a la misma hora. Es mejor que lo hagas cuando te despiertes por la mañana, después de ir al baño, y completamente desnudo, pues en ese momento estarás más cerca de tu peso real. A la hora de vestir yo siempre digo que no te dejes guiar solo por el número de la talla en la etiqueta de la ropa, sino por cómo te queda la ropa al ponértela. Lo que funciona para una persona, no tiene por qué funcionar para otra. Lo mismo ocurre con el tema del peso. No te obsesiones con el número en la balanza, pues puede ser contraproducente y quizás no refleje la realidad. La balanza, al igual que las tallas, es para servirte de guía, pero no dice siempre la verdad. Las personas con problemas de sobrepeso no tienen que fijarse tanto en su peso sino en el volumen de grasa acumulada en el cuerpo. Si vas a cualquier gimnasio en tu ciudad, encontrarás personas que te pueden ayudar a medir tu grasa corporal mensualmente, y así mantener un diario más exacto.

La mejor recomendación que te puedo dar es acudir a un nutricionista, especialista holístico o doctor de cabecera para que pueda guiar correctamente en descubrir cuál es tu peso ideal. Es muy posible que lo que se considera un peso ideal para alguien de tu misma estatura, no tome en cuenta algunos aspectos muy importantes, como la complexión del cuerpo o el tamaño grande o pequeño de los huesos, los cuales también afectan el peso total, o si tienes una enfermedad de tiroides o relacionada con la obesidad. Por otro lado, otro error de seguir el peso ideal, es que cuando te lo dan no se tiene en cuenta dónde está distribuido el exceso de peso. Cada cuerpo es diferente. Por ejemplo, las personas con un tipo de cuerpo óvalo, o tipo de cuerpo en forma de manzana donde el exceso de grasa está localizado alrededor del abdomen, corren un riesgo más alto de padecer enfermedades del corazón, presión alta, diabetes y embolias, que las personas con tipo de cuerpo de triangular o pera, las cuales tienen la grasa localizada alrededor de las caderas y los muslos. Tu herencia genética, las enfermedades en tu familia, tu estilo de vida son factores que tienes que tener en cuenta a la hora de determinar tu peso ideal. Solo conociendo todos estos factores, puedes entonces fijarte metas realistas para bajar de peso y sin comprometer tu salud, y así sentir que estás avanzando en la dirección correcta y no subido en una montaña rusa. De lo contrario, por mucho que pongas toda tu fuerza de voluntad, no vas a poder alcanzar tus objetivos y es muy normal que tarde o temprano decidas tirar la toalla y conformarte con una vida sedentaria de salud mediocre y sobrepeso.

Cualquier cambio duradero solo puede ocurrir y mantenerse si se hace a pasos pequeños y si se adoptas nuevos hábitos de alimentación y ejercicio físico en tu vida. Esa es la única promesa que te puedo dar. Recuerda, no importa lo que hiciste ayer, sino lo que haces hoy por ti. Ahora nos vamos a comer.

Resumen

1. El mejor remedio contra cualquier tipo de enfermedad es la prevención. El único responsable absoluto de tu salud eres tú.

2. Tener buena salud es el compromiso más difícil y de mayor esfuerzo que vas a tomar en tu vida, pero al mismo tiempo es la mejor inversión que vas a hacer.

3. Para tener una buena salud necesitas eliminar los malos hábitos y crear nuevos hábitos. Como mínimo necesitas repetir consistentemente y a la misma hora el mismo acto por 21 días para crear un nuevo hábito en tu vida.

4. Salud es vida, salud es belleza. Cuanto más sano estés, más bonito te verás. No importa tu pasado, importan las decisiones que tomes a partir de hoy.

CAPÍTULO 2
ERES LO QUE COMES

Una de las formas más rápidas y eficaces que tienes a tu alcance para cuidar de tu cuerpo y forjarte una vida saludable es comiendo productos sanos y buenos para tu organismo. Fácil y sencillo de decir, pero muy difícil de hacer en la realidad. Existe una relación directa y muy estrecha entre la salud de tu cuerpo y los alimentos que consumes a diario. Pero aunque esto tenga todo el sentido del mundo, lo hayamos escuchado en cientos de ocasiones, y conozcamos los beneficios directos de una buena alimentación en nuestra vida a nivel físico, mental y espiritual, nuestra mente sigue sin querer entenderlo pues por lo general le gusta hacer solo aquello que cumpla con la "ley del menor esfuerzo".

Para lograr cualquier propósito en la vida, la recompensa por lograr tus metas tiene que ser siempre mucho mayor que el esfuerzo que necesitas hacer para llevarlas a cabo. De lo contrario, siempre te vas a quedar a mitad de camino. Mi objetivo cuando termines de leer este capítulo es que tú mismo puedas encontrar cuáles son esas recompensas o beneficios que necesitas tener para que valga realmente el esfuerzo y lo puedas lograr con éxito.

Eres lo que comes. Es una frase que habrás oído cientos de veces, pero préstale mucha atención. Cada producto o alimento que te metes en la boca se convierte en parte de ti. Al igual que tienes que poner gasolina para que tu coche pueda llevarte a diferentes lugares, la comida es tu gasolina para el correcto funcionamiento de tu cuerpo. Nadie decide por ti cual es el mejor combustible para tu cuerpo. Tú eres quien decide. *Eres lo que comes.* Es importante repetirlo cuantas veces sea necesario, para que tu mente pueda procesar perfectamente el profundo significado que tiene esta frase.

Todos los productos y alimentos que tienes dentro de la nevera y en los armarios de tu cocina son un buen ejemplo del tipo de combustible que le estás dando a tu cuerpo. Presta una buena atención a la calidad de los alimentos, su naturaleza, su procedencia, sus ingredientes, y tendrás un claro ejemplo de lo que tú estás compuesto. Cada ingrediente que puedes leer en las etiquetas forma parte de tu ser y es responsable de la manera como luzca tu piel o tu cabello, de tu estado de ánimo, y de tu actitud ante la vida. Usa tu sentido común. Una ensalada fresca o un plato de vegetales a la parrilla, por ejemplo, no puede tener el mismo efecto en tu cuerpo que un alimento precocinado para usar en el microondas o una lata de comida que puede estar en tu armario por varios meses sin tener que meterla en el frigorífico o se haga mala. Cada alimento y bebida que consumas se convierte un acto de comunión con tu propio cuerpo, pues voluntariamente, ofreces a tu organismo los productos que consideras que son necesarios para ti. Tú recibes lo que crees que te mereces. Después no te lamentes de las consecuencias.

De pequeñito en casa posiblemente no tenías mucho control de lo que comías pues no podías ir al supermercado tú solito, ni tenías el dinero para hacerlo. La responsabilidad de tu salud estaba completamente en las manos de tus padres. Pero desde que te has independizado, ya eres una persona mayorcita para tomar tus propias decisiones. ¿Te has parado de verdad alguna vez por más de cinco minutos a pensar conscientemente el efecto que la comida puede tener en el cuerpo?

Lamentablemente, los productos ya no son como eran antes. Para darte un ejemplo, una simple fruta como la naranja, o una verdura como la espinaca, ha perdido con el paso del tiempo casi todas sus propiedades nutricionales. Una naranja que en 1950 contenía 50 mg de vitamina C, en la actualidad solo tiene 5 mg. Para conseguir el componente nutritivo de hierro que obtenías en aquella época de una taza de espinacas, en la actualidad necesitarías consumir, nada más y nada menos, que 65 tazas de espinacas. ¿Te imaginas comiendo 65 tazas de espinacas? Ni que fueras Popeye. Por desgracia, esa es la realidad del valor nutricional que hoy en día tienen las verduras y las frutas que consumimos. Si a esto le sumas a tu alimentación la comida procesada con químicos y el exceso de azúcar, entonces ya tienes los motivos de la pobre calidad de nuestra salud.

Las principales razones por las cuales las frutas y las verduras han perdido su valor nutricional se debe a la deforestación del planeta, los métodos incorrectos de agricultura para sacarle mayor rendimiento a la tierra durante todo el año, y por supuesto, por el sobreuso de pesticidas y químicos en los alimentos para producir en mayor cantidad, mayor tamaño y más rápido. Sorprendentemente, ha sido durante los últimos cincuenta años cuando han surgido las mayores y peores enfermedades como la diabetes, diferentes tipos de cáncer, los ataques al corazón y la obesidad por mencionar algunos. Antes existían este tipo de enfermedades, pero no en los números que están sucediendo hoy en día.

La comida rápida o conocida como "comida chatarra" se ha convertido en el alimento favorito de mucha gente por su sabor, satisfacción inmediata, conveniencia y bajo precio. Una de las razones que la comida rápida tiene tanto éxito es debido al estrés que todos sentimos a diario. No importa si trabajas, eres ama de casa o estudiante, todos estamos estresados la mayor parte del tiempo corriendo de una lado para otro. Y este supuesto "estrés" es la razón para consumir este tipo de alimentos fáciles y rápidos cuando nuestro cuerpo tiene hambre.

Lo importante ahora es comprender que no puedes hacerle daño a tu cuerpo en nombre de este estrés. No estoy diciendo que sea fácil —no lo es—, pero si tú no haces el esfuerzo por comer bien, ¿quién lo hará por ti? Al igual que pasa con tu coche, llega un momento en que si no le pones gasolina, se quedará tirado en la calle. Con tu cuerpo pasa exactamente lo mismo. El cuerpo nos manda señales de que no está bien. Entre las más comunes están los dolores de estómago, un fuerte dolor de cabeza o una migraña, mareos, pérdida de concentración, pérdida de reflejos, cambio de actitud, hasta que las energías son tan bajas que apenas puedes pensar, hablar o moverte. Entonces, cuando ya estamos a punto de desfallecer, miramos a nuestro alrededor y decidimos comer lo primero que se nos viene por delante, ya sea un elefante, todo lo que encontremos dentro de una máquina dispensadora de snacks y dulces, o el primer restaurante de comida rápida que vemos en la esquina. Malhumorados por el inconveniente, como si la culpa fuera más del resto del mundo que nuestra, le damos a nuestro cuerpo la comida que necesita creyendo que estamos haciéndole un favor, ¡cuando en realidad lo que estamos haciéndole daño a través de una solución rápida y temporal a nuestro problema!

Nunca podrás conseguir hacer tus sueños realidad hasta que no controles los alimentos que consumes todos los días. No conozco a nadie que haya tenido un gran éxito en la vida, y lo haya mantenido por muchos años, que consuma comida basura todo el tiempo.

EL MITO DE LAS DIETAS

Empecemos analizando la realidad detrás de uno de los temas más controversiales sobre la alimentación: el mundo de las dietas. Dime la verdad. ¿Cuántas dietas has hecho o probado hasta el día de hoy? ¿Han funcionado? ¿Cuál fue tu experiencia? Antes de regalarte el mejor menú para bajar de peso y tener salud, es mi obligación que empiece por contar la verdad y los mitos detrás de todas las dietas. Antes de seguir quiero hacer una aclaración que cuando hablo de "dietas" en esta sección del libro me refiero a las dietas de moda que aparecen y desaparecen todos los años, a las pastillas y productos milagrosos, a los remedios de los famosos, y en general a todas las dietas restrictivas que prometen una pérdida de peso a corto plazo pero que nunca se pueden mantener pues afectan seriamente la salud. Por otro lado, existen las dietas "positivas" que son las realizadas por profesionales de la nutrición de acuerdo a las necesidades de cada persona y su salud.

Hacer una dieta es como si saltaras al agua en una piscina, cerraras la nariz, y esperaras como por arte de magia convertirte en un pez y ponerte a nadar. La realidad es que tarde o temprano vas a tener que salir del agua para tomar un buen atracón de aire si no quieres morirte. Exactamente lo mismo ocurre con el tema de las dietas. Por mucho que te lances al agua creyéndote las promesas de los productos, pastillas y remedios que te cuentan para bajar de peso en unas semanas, siempre volverás al mismo lugar donde empezaste, aunque con más serios problemas de los que tenías antes de tirarte al agua. No solo habrás engordado más de lo que estabas al principio, sino que algunos órganos internos pueden verse afectados seriamente. Y eso sin contar con el desgaste emocional y negativo que conlleva hacer una dieta, y luego tener que hacer frente a todas sus consecuencias como la falta de motivación para lograr otras metas, depresión, culpabilidad y rabia. Desesperante, ¿no? Pues aunque lo hemos vivido una, dos y mil veces, somos unos verdaderos masoquistas que nos obligamos a volver a sentir las mismas emociones de dolor y frustración, y repetimos la experiencia pero ahora con una nueva dieta esperando que esta vez los resultados vayan a ser distintos.

Aquí tienes las tres razones principales por las que las dietas restrictivas no pueden funcionar nunca:

1. Científicamente las dietas no cumplen lo prometido debido a que solo se concentran en cortar o eliminar el máximo número de calorías, sin tener en cuenta los nutrientes o minerales que tu cuerpo necesita para tener un buen metabolismo. El único resultado que posiblemente puedas obtener siguiendo una dieta muy estricta es bajar unas cuantas libras en un corto espacio de tiempo, pero estas se recuperan muy

rápidamente. En tan solo unas semanas estás como con el peso de antes o peor que cuando empezaste la dieta.

2. Otra de las razones del fracaso de las dietas es debido a que no cambiamos nuestra manera de comer y por lo tanto, cuando alcanzamos el peso que teníamos fijado como meta, regresamos inconscientemente a nuestro comportamiento anterior, nuestros hábitos alimenticios, los cuales para empezar no eran buenos. Tu motivación para bajar de peso puede durar unos días, semanas o posiblemente un par de meses, pero cuando tu nivel de energía finalmente baje como consecuencia de la falta de los nutrientes necesarios para el correcto funcionamiento de tu cuerpo, entonces volverás a comer como lo hacías antes de empezar la dieta.

3. Por último, las dietas fracasan porque el cuerpo, al no consumir los alimentos que necesita, no puede crear energía, y al tener menos energía, pierde las fuerzas para hacer ejercicio físico. Al no tener las fuerzas para movernos, nos hacemos más sedentarios y terminamos sucumbiendo a las tentaciones y comiendo a escondidas esperando que nadie nos pille. Si no hacemos ejercicio, no quemamos lo que consumimos lo cual hace que terminemos ganando peso y no perdiéndolo. Y así completamos de nuevo otro círculo vicioso de la dieta.

Hagas lo que hagas, por muy popular que sea la dieta, no vas a obtener buenos resultados a largo plazo, sólo si esa dieta ha sido realizada por un profesional de nutrición puede que tenga resultado, pero aún así ese mismo profesional va a ir cambiando y adaptando la dieta de acuerdo a tu progreso, edad y estilo de vida. Yo no sé que es peor, el aumento de peso después de hacer una dieta que no ha funcionado, o los efectos emocionales de no poder alcanzar una meta que te propones cumplir con toda la ilusión del mundo. Ambos sentimientos son muy negativos, pues el primero tiene graves consecuencias contra tu salud, pero el segundo te limita a pensar que los sueños y las grandes metas en tu vida son imposibles de alcanzar. Por dicho motivo, necesito que te comprometas por una temporada a no hacer ningún tipo de dieta milagrosa, con el fin de poder ayudarte a recuperar la fe en ti mismo, en tus sueños, y eliminar todas esas consecuencias negativas de tu vida. Si quieres bajar de peso, solo tienes que aprender a comer correctamente.

Yo personalmente no conozco a ninguna persona que haya podido adelgazar y mantener el peso por mucho tiempo después de hacer una dieta milagrosa. Pero sí conozco por otro lado a muchas otras personas que han transformado completamente sus vidas, en un corto plazo de tiempo, cuando decidieron adoptar un estilo de vida sano. Espero que tú seas una de ellas.

BAJAR DE PESO

Ahora que hemos aclarado este punto importante sobre las dietas, utilicemos nuestro sentido común para descubrir realmente por qué fallamos tanto con la alimentación. Todos y cada uno de nosotros tenemos nuestras debilidades y tentaciones, y si prestas un poco de atención, te darás cuenta que normalmente siempre surgen a la misma hora y ante las mismas circunstancias.

Una recomendación que mi doctora holística María Delgado me dio cuando decidí mejorar y cambiar mi alimentación fue primero escribir por toda una semana todos los alimentos que comía desde que me levantaba hasta que me acostaba. Me resultaba muy difícil no pecar y mentir a medida que iban pasando los días, pero María me hizo prometerla que sería lo más honesto posible, pues realmente quería encontrar una solución efectiva de una vez por todas. Si puedes hacer este ejercicio por dos semanas, los resultados van a ser muchísimo mejores. Estas fueron sus reglas:

1. Toma una hoja para cada día de la semana y divídela en cuatro columnas.

2. En la primera columna, escribe la hora del día en la que estás comiendo.

3. En la segunda columna, escribe lo que has comido, pon todos los productos, incluyendo las bebidas también.

4. En la tercera, escribe cómo te sentiste físicamente cuando terminaste de comer a los diez o veinte minutos.

5. Por último, en la cuarta columna, escribe cómo te sentiste emocionalmente antes y después de cada comida.

Acuérdate también de incluir en este diario sobre la alimentación todos los *snacks* que tomes durante el día entre comidas. Cuanto más objetivo y real sea, mayor será el impacto de lo que vas a descubrir. Después de una o dos semanas, una vez termines de hacer el ejercicio, puedes revisar esta tabla para conocer mejor tus hábitos de conducta y tus emociones ligadas a la alimentación. Lo que vas a descubrir es realmente sorprendente porque vas a ver claramente cuáles son tus peores y más débiles momentos donde sucumbes ante las tentaciones, cuáles son los productos que consumes, y qué sentimientos asociados tienes.

Toma un poco de tiempo hacer este ejercicio, pero realmente vale la pena el esfuerzo. A medida que lo hagas no te obsesiones por empezar a analizar los resultados y juzgar tu comportamiento. Tampoco vale que en un par de días trates de actuar de una manera diferente con el fin de cambiar los resultados del ejercicio y ver que en realidad puedes controlarte. Para que este ejercicio te ayude de verdad, tienes que seguir con tu mismo patrón de conducta por al menos dos semanas sin cambiar nada. Cuando hayas completado el ejercicio ya tendrás todo el tiempo del para profundizar todo lo que quieras o cambiar la manera como comes. No te imaginas como un ejercicio tan simple te puede dar tanta información sobre ti mismo.

Bajar de peso no es un gran misterio. Tu cuerpo necesita de calorías para poder funcionar, y las calorías las obtiene de los alimentos. Presta atención porque aquí esta el secreto: si consumes al día menos calorías de lo que tu cuerpo gasta para estar en funcionamiento, entonces podrás perder peso. Que es lo mismo que decir que si consumes más calorías de las que tu cuerpo necesita para funcionar, ganarás peso. Es así de simple. Para bajar de peso simplemente tienes que comer menos y mejor, y hacer más ejercicio para estar más activo y gastar justo lo necesario.

El cuerpo humano puede consumir 1.000 calorías con facilidad en cuestión de minutos. Tómate una hamburguesa o un trozo de pastel, y ahí tienes todas las calorías. Para quemar la misma cantidad de calorías tendríamos que hacer al menos un par de horas de ejercicio aeróbico intenso. Lo importante aquí es que te fijes en el tiempo que tardas en ganar calorías —unos minutos— y el tiempo que tardas en perderlas esas mismas calorías —unas horas. Ahí está la gran diferencia entre comer y hacer ejercicio. Es fácil ganar calorías comiendo, pero muy difícil perderlas. Por lo tanto, no tiene sentido que comas mal o más de lo debido pensando que puedes ir al gimnasio después, pues no hay suficientes horas en el día para compensar por una mala alimentación haciendo ejercicio.

Para tener éxito en este viaje de la vida de tus sueños no te puedes culpar por los errores que hayas cometido en el pasado. Lo que importa es lo que hagas a partir de hoy. Aprende también a ser más bueno contigo mismo y no te autocensures demasiado. No te preocupes si alguna vez cometes una mala elección y caes de nuevo en las trampas de la tentación. Es muy normal. Equivocarse es humano. No pasa nada. Puedes regresar a tu compromiso de comer saludablemente, pero tomando contigo las nuevas lecciones para evitar tropezarte en la misma piedra varias veces. No tires la toalla tan fácilmente ni te des por vencido ante las primeras dificultades. ¿Acaso has conocido alguna vez persona se haya hecho gordo simplemente por comer un helado o un trozo de pastel? Las cosas no pasan de un día a otro. Son el resultado de acciones repetidas muchas veces con el paso del tiempo.

Amigo, no es fácil. Hasta el día de hoy me sigo peleando con mis tentaciones y todas las razones que mi mente me da para sucumbir a ellas, pero estoy feliz de poder ser más consciente y tomar, en la gran mayoría de los casos, mejor control de mis acciones. Cuando las tentaciones terminan venciendo o si he cometido un error, entonces me pongo más fuerte, aprendo la lección, y me preparo mejor para la próxima batalla. No es más que un juego que yo tengo todos los días entre mi mente y yo, pero con el tiempo estoy ganando y tomando mucha ventaja, y como recompensa, mis sueños se están materializando. El secreto es encontrar un balance, manteniendo tu bienestar como objetivo, pero disfrutando al mismo tiempo de tu vida. Personalmente creo que un capricho de vez en cuando y con moderación, no es del todo malo y puede ser una parte importante para sentirse bien. La vida tiene que ser un poco divertida, pero siempre manteniendo el control y no desviarse mucho del camino y de las metas que te comprometiste a alcanzar.

LAS CINCO REGLAS DEL JUEGO

Para poder hacer un cambio importante en tu vida, el primer paso es tomar la decisión y tener la fuerza de voluntad para ser responsable del compromiso que has tomado. Muchas veces damos la culpa a las metas que nos fijamos en lugar de analizar lo que estamos haciendo. Con el fin de ayudarte a ganar la batalla contra la obesidad y poder comer sanamente todos los días, es importnte que conozcas las cinco reglas del juego.

1. El poder negativo de la comida emocional

El principal y único motivo de la alimentación es biológico: comemos para mantenernos vivos. Sin la comida, nos morimos de hambre. La comida es nuestro combustible para tener energías y poder vivir. Pero desgraciadamente, mucha gente no come por razones biológicas, sino por razones emocionales.

Una de las principales razones por la que todos engordamos, es que utilizamos la comida como escape emocional para sentirnos mejor.

Nuestras mentes producen unos pensamientos, que al mismo tiempo se traducen en emociones en nuestro cuerpo físico, los cuales a su vez hace que actuemos de determinada manera para satisfacer esas emociones. El secreto para poder liberarte de este círculo vicioso de la comida emocional, es sacando a la luz la raíz de esas emociones.

Comer emocionalmente puede ser malo, tanto si es una emoción negativa como positiva. Puedes tener una mala alimentación debido a que tienes problemas con tu pareja, en el trabajo, depresión, soledad, estrés; pero también puedes comer mal si te encuentras celebrando algún evento importante con tus amigos y familiares y abusando de la comida. En ambos casos se trata de alimentación emocional. Ya sea que te des un atracón con tu familia, o lo hagas solito en tu propia casa, la única persona responsable de lo que está pasando eres tú y de lo que te tienes que dar cuenta es que no puedes ver la comida como si fuera un premio por tu esfuerzo o una consolación para hacerte sentir mejor.

Puedes seguir celebrando la vida y comiendo con tus amigos perfectamente sin necesidad de abusar o pegarte un atracón. No te dejes vencer por excusas como "la comida estaba muy apetecible sobre la mesa", "no quería quedar mal", "es una falta de educación dejar comida en el plato" o cualquier otro pensamiento similar. La única persona que tiene el control absoluto y es responsable de lo que comes, eres tú y nadie más.

Como adulto, eres responsable de las decisiones y acciones que tomas en la vida. No necesitas de nadie que te diga cómo hacer las cosas. Ahora ya eres lo suficientemente grande como para decidir qué deseas en la vida, separar lo bueno de lo mano, cómo vivir y a dónde quieres llegar. Si prestas atención al lenguaje de tu cuerpo, podrás identificar fácilmente qué alimentos son buenos y qué alimentos son malos, qué conductas o actos afectan tu salud y cuándo te sientes mejor. Si comes una hamburguesa con patatas fritas en un restaurante de comida rápida y a los quince minutos te sientes mal del estómago, obviamente es una señal de que lo que acabas de comer no es bueno para ti y tu salud. Identifica cada señal y anótala en tu diario para así poder cambiar tu comportamiento.

Creo que puedes estar de acuerdo conmigo en que tanto la comida emocional, como la comida basura no son buenas para tu salud, y por lo tanto, para vivir la vida de tus sueños. Antes de pasar a conocer cuáles son las propiedades de los alimentos, aquí tienes unos consejos que puedes implementar fácilmente esta misma semana para notar un cambio significativo en tu vida. Presta mucha atención porque aquí tienes consejos que puede tener los resultados rápidos que tanto deseas:

♦ Cuando sientas que quieres comer, espera quince minutos para poder observar si lo vas a hacer por motivos emocionales o porque realmente tienes hambre. Tómate entre tanto un vaso de agua, pues tu estómago se llenará un poco o no tendrás que comer tanto después.

♦ Un truco para comer menos es comer muy despacio y masticar cada mordisco el máximo número de veces. Tómatelo como un pequeño juego personal y mastica cada bocado al menos diez veces antes de tragar. Verás que pronto te sientes lleno con muy poca comida. Esta técnica es muy buena para bajar de peso pues comerás solo lo que tu cuerpo necesita. Si comes deprisa, el cuerpo no tiene tiempo de procesar la comida y sentirse satisfecho, y va a pedirte más para saciar el apetito.

♦ Cuando vayas a desayunar, comer, o cenar, siéntate en la mesa, y concéntrate en la comida que tienes delante de ti. Disfruta ese momento y préstale toda tu atención. Te aseguro que si comes de pie o frente al televisor, terminarás comiendo más de lo que realmente necesitas. Aprovecha la comida para sentarte con tu familia y amigos, y compartir un momento agradable. Tanto tu cuerpo, como tus relaciones personales saldrán ganando.

♦ Come solo hasta que se te vaya el hambre. Si ya no tienes apetito, no te termines todo lo que tienes en el plato. Cuando tu cuerpo quiera más, te lo va a pedir. Sé que es difícil dejar comida en el plato, especialmente si está muy buena o te han educado para que no te levantes de la mesa hasta haberlo terminado todo. Siempre puedes pedir o ponerte raciones más pequeñas, y guardar las sobras para comer después, cuando el cuerpo te lo pida de nuevo.

• Cuando vayas a comer, sirve la comida siempre en el plato, y si es posible que sea de tamaño pequeño para controlar mejor las porciones y evitar tentaciones.

• Compra más a menudo y menos, en lugar de menos veces y en mayores cantidades, para así comer menos. Si tienes comida en casa te la vas a comer, si tienes en recipientes grandes en lugar de pequeños, te la vas a comer. Ahora ya puedo leer hasta tus pensamientos y seguro que me dices que es más económico comprar en grandes cantidades que en pequeñas. Tienes toda la razón. Yo también lo hago, pero mi solución es que te tomes un poco de tiempo cuando regreses a casa del supermercado para dividir en envases pequeños el contenido de tus compras y hacer buen uso del congelador.

2. Saber es poder: 101 de la alimentación

La segunda regla más importante del juego para ganar la batalla contra el sobrepeso y la mala alimentación es tener muy claro cuál es la función y el significado que tiene cada alimento cuando es procesado por tu cuerpo. Ha llegado el momento de traducir, del chino al español, ciertas palabras que seguro has oído mencionar un millón de veces, pero todavía no sabes lo que significan. Estoy hablando del metabolismo, las calorías, las proteínas, los carbohidratos, las grasas, las vitaminas, los minerales y el agua.

♦ EL METABOLISMO

El metabolismo es la manera que tiene nuestro cuerpo de convertir la comida que tomamos en energía para poder movernos, pensar, crecer, curarnos y envejecer. Sin comer no se puede sobrevivir. Cuando consumimos alimentos, el cuerpo trasforma los carbohidratos, las proteínas y las grasas de los productos en energía para que nuestro cuerpo pueda funcionar. Entonces, nuestro aparato digestivo toma la comida y la rompe en pedacitos muy pequeños para que las células puedan recibir directamente esta energía a través de la sangre. Así por ejemplo, las proteínas se rompen en "amino ácidos", las grasas en "ácidos grasos", y los carbohidratos en "glucosa". No voy a profundizar en cada uno de ellos, pero quiero darte los términos correctos para que sepas de dónde vienen por si alguna vez los has escuchado o los lees en alguna parte.

Por último, es importante que tengas en cuenta que cada persona tiene un metabolismo diferente. Hay quienes tienen un metabolismo más alto y queman muchas más calorías, y hay quienes tienen un metabolismo más bajo que tardan en quemar más las calorías que consumen. Pero tener un metabolismo bajo no puede servirte como excusa para no bajar de peso, pues si haces ejercicio muscular podrás ayudar a acelerar tu metabolismo y por lo tanto quemar más calorías.

◆ LAS CALORÍAS

Las calorías no son enemigos públicos contra tu figura, sino una medida de energía que es necesaria para el funcionamiento de tu cuerpo. Pero cuando las calorías son malas o si las has consumido en exceso, se convierten en grasa cuando tu cuerpo no las usa.

El consumo de calorías diarias que debes tomar depende de si eres un hombre o una mujer, de tu edad y de tu nivel de actividad diario. En la mayoría de los casos, un hombre normal tendría que consumir entre 2.200 y 2.600 calorías, y una mujer entre 1.600 y 2.100 calorías por día. Si eres una persona activa por naturaleza, practicas profesionalmente un deporte, estás en movimiento mucho tiempo o haces ejercicio diario, puedes necesitar más calorías pues tu cuerpo necesita más energía. En la actualidad, ya no es suficiente solo saber la cantidad de calorías que tiene un producto, sino también saber cuál es su composición.

◆ LOS CARBOHIDRATOS

Los carbohidratos, aunque tengan mala fama, son una buena fuente de energía que podemos encontrar en la comida y además son esenciales para la salud, pues son los causantes que produzcamos insulina, la cual es una poderosa hormona que ayuda a las proteínas y otros nutrientes poder penetrar dentro de las células. Los alimentos que tienen más carbohidratos son los cereales, los arroces, las pastas, las patatas, las legumbres y los dulces. Lamentablemente, mucha gente abusa de ellos y sus cuerpos los transforma en grasas al no poder procesarlos.

Una vez digeridos los carbohidratos, estos se convierten en una sustancia que se llama "glucógeno", el cual tu cuerpo usa como energía para llevar a cabo las distintas actividades celulares. Por eso motivo, muchas veces habrás experimentado que si estás muy cansado y te tomas un poco de pan o algo dulce recuperas inmediatamente las energías.

El único problemita con estos famosos carbohidratos es que nuestro maravilloso cuerpo no puede almacenar este tipo de energía y por lo tanto, cuando ya no la necesita porque tiene suficiente energía para el funcionamiento del organismo, entonces pasa a convertirse en grasa. Con lo cual, si consumes más carbohidratos de los necesarios, que es lo más normal del mundo pues está en casi todos los alimentos que tenemos a nuestro alcance y en los productos que más nos gustan, desbordas tus reservas de glucógenos y toda esa energía sin usar se transforma en grasa.

Esa es la razón principal por la que es muy importante consumir carbohidratos en cantidades pequeñas y cada cierto tiempo, para así ir quemándolos de poco a poco, y no desbordar tus reservas. Mientras más temprano consumas tus carbohidratos, mucho mejor pues tu cuerpo tendrá más tiempo para quemarlos. Si tomas los carbohidratos al final del día, digamos un plato grande de pasta antes de irte a dormir, entonces sí será un gran problema, pues terminarás engordando ya que el cuerpo está en reposo y no necesita de ningún tipo de energía.

Por último, es importante que entiendas que no todos los carbohidratos son malos. Por ejemplo, los granos integrales tienen mucha fibra y son buenos para tu organismo pues los alimentos que tienen un alto contenido de fibra te ayudan a sentirte más lleno con pequeñas cantidades, tienen menos calorías y te ayuda a reducir el colesterol en la sangre. Otros buenos carbohidratos son todos los vegetales con hojas y por supuesto la fruta.

◆ LAS PROTEÍNAS

Las proteínas son una cadena de aminoácidos que están unidos y cuya misión es construir, mantener y rehacer tejidos en nuestra cuerpo. Los aminoácidos son de suma importancia en tu vida. Nuestros cuerpos necesitan este tipo de nutriente en grandes cantidades. Para hacerte una clara idea, todos nuestros músculos, órganos vitales e incluso algunas hormonas, están creadas solo gracias a las proteínas. Las uñas, el pelo, tu piel, e incluso la sangre están creado también con proteínas. También los aminoácidos de las proteínas ayudan a fortalecer las células. Mientras que las grasas y los carbohidratos son primariamente fuentes de energía, las proteínas juegan un papel importante en la función y reparación de los tejidos corporales. Las proteínas te ayudan a crecer los músculos y también son importantes para mantener un metabolismo alto, pues toma más energía a tu cuerpo descomponer una proteína que descomponer un carbohidrato o una grasa.

Entre los alimentos con más proteínas destaca el pescado, las carnes, la leche y sus derivados, los huevos, los frutos secos y algunos vegetales como los aguacates, las legumbres y los cereales que aunque son ricos en carbohidratos, también lo son en proteínas. Si te gusta la carne trata que sea en lo posible orgánica, de animales que no estén confinados a espacios pequeños y que se alimenten de pasto. Las proteínas no van a hacer que engordes, a no ser que te excedas tomando muchas proteínas.

◆ LA GRASA

Vamos a empezar diciendo algo que la gente desconoce. Las grasas son absolutamente necesarias y esenciales en la vida de las personas para disfrutar de una salud óptima, pues ayudan a reducir el riesgo de padecer cáncer, problemas de corazón, alergias, artritis, depresión, infecciones y otros muchos problemas. Pero al mismo tiempo, es importante conocer qué diferencia existe entre las grasas buenas y las malas.

La función primordial de la grasa es también producir energía y que no hagan coágulos de sangre. Además regula la presión sanguínea, mantiene el sistema nervioso, es trasmisor de las vitaminas de los alimentos a nuestro cuerpo, y la salud de tu piel, pelo, y uñas dependen de ella. Las grasas más abundantes en el cuerpo se le conocen como "triglicéridos", que en temperatura normal pueden ser sólidos como la grasa de la mantequilla o líquidos como la de los aceites. Un dato curioso es que la grasa tiene el doble de energía por gramo que un carbohidrato o proteína, pero tarda mucho en descomponerse para poder usarla y es muy fácil almacenarla. Si consumes mucha grasa, la capacidad de almacenaje de los triglicéridos en las células grasas es ilimitado, y esto hace que puedas seguir almacenando sin parar aunque tu cuerpo no las necesite. De ahí viene el famoso problema de la grasa que acumula en el cuerpo y que tan poco nos gusta.

Las grasas buenas son las "grasas insaturadas" pues ayudan a controlar el colesterol y las enfermedades del corazón. Tenemos tres tipos de grasa buenas: la grasas "monoinsaturada" que lo encontramos en aceitunas, aguacates, frutos secos, aceite de oliva; la grasa "poliinsaturada" que están en los aceites vegetales, cereales, plátanos, semillas de cáñamo; y la última grasa buena, es la grasa omega-3 que la puedes encontrar en pescados y nueces. Las grasas malas son las grasas saturadas los famosos *trans fat* que es el aceite hidrogenado que se encuentran en comidas procesadas como las galletas, los pasteles y las comidas fritas.

• LAS VITAMINAS Y LOS MINERALES

Nuestro cuerpo también necesita de vitaminas y minerales para estar sano y sentirse bien. Sus dos principales funciones son ayudar a crecer los músculos y producir energía para regular el metabolismo. El gran problema como hemos visto es que los alimentos de hoy en día ya no tienen suficientes vitaminas y minerales para prevenir enfermedades y por ello es importante tener un suplemento de vitaminas para tener las dosis necesarias en el cuerpo. Cuanto más orgánicas sean las vitaminas, mejores son para tu salud. El peligro de no tomar suficientes vitaminas y minerales es tener un cuerpo débil, resfriarte con regularidad e incluso puede ser la razón por la que no puedas bajar de peso. Las vitaminas son como la chispa que enciende el fuego de tu metabolismo.

Las vitaminas puede ser de dos tipos, las que se disuelven en el agua o hidrosolubles como las vitaminas C y el grupo B, y las solubles en la grasa o liposolubles como las vitaminas A, D, E y K y las cuales podemos encontrar en la carne, las frutas y las verduras. La diferencia entre ambas es importante pues las vitaminas solubles en agua hay que tomárselas todos los días, mientras que las otras se pueden almacenar mejor en el hígado y por lo tanto no las tienes que tomar todos los días.

El mundo de las vitaminas y de los suplementos es un mundo que mueve mucho dinero, y la mejor opción que tenemos los consumidores, es consultar con un doctor especializado. De lo contrario, si no tienes un guía profesional, mi Dr. María Delgado recomienda que es mejor no tomar vitaminas artificiales y concentrarte en consumir muchas verduras y frutas frescas para recibir las vitaminas directamente de su fuente original. De este modo, podrás encontrar el calcio que necesitas para tus huesos, dientes y tejido muscular, en productos como la leche, las semillas de ajonjolí y las espinacas; el ácido fólico para tu crecimiento y desarrollo de las células en los espárragos, el brócoli, las zanahorias y las frutas cítricas; o el potasio para calmar tu sistema nervioso y mejorar tu corazón en los vegetales tales como las alcachofas, el aguacate, las bananas, el brócoli, las coles de Bruselas, la papaya, las uvas pasas y las ciruelas. Esto es solo un pequeño ejemplo de cómo la naturaleza es muy sabia y nos ha regalado a través de las frutas y vegetales todas las vitaminas que necesitamos para un correcto funcionamiento de nuestro organismo. Para ver la lista completa de vitaminas según cada vegetal y fruta que tenemos a nuestra disposición, visita www.holamartin.com.

◆ EL AGUA

Por último, y después de hablar todas las propiedades de los alimentos, solo nos queda hablar del agua como el ingrediente absolutamente necesario en nuestra alimentación para tener una buena salud. Para que te hagas una idea de lo importante que es beber agua, el 70 por ciento de nuestro cuerpo está compuesto solo de agua. El agua es vida. El agua es necesario para nuestra salud pues permite transportar los nutrientes y el oxígeno a todas las células del cuerpo, así como eliminar al mismo tiempo todos los desechos que nuestro cuerpo produce. Además, el agua ayuda a regular la temperatura corporal y forma parte de la mayoría de los líquidos corporales, tales como la sangre, el sudor y las lágrimas, humedece los tejidos en los ojos, boca y nariz, y amortigua los órganos y las articulaciones.

Normalmente estamos perdiendo agua cada minuto del día simplemente porque respiramos. A esto, súmale la pérdida de agua si estás sudando o tomando bebidas alcohólicas o cafeína que son diuréticos. Es importante saber todas las funciones que tiene el agua en nuestra salud, pues la gran mayoría de las personas no consumen suficiente agua durante el día, o lo que es peor, cuando tienen sed prefieren cambiar el agua por otra tipo de bebidas que perjudican la salud o hacen engordar, como es el caso de las sodas, incluyendo todas las que dicen ser "de dieta".

La gran mayoría de la gente está todos los días en un constante estado de deshidratación, lo cual no es bueno para la salud. Solo con que pierdas un 1 por ciento de tu masa corporal en agua, ya empezarás a tener disfunciones mentales y físicas. Si pierdes un 4 por ciento, tendrás dolores de cabeza, pierdes energía y los músculos de debilitan. Pero si llegas a perder un 7 por ciento, puedes correr peligro de muerte. A veces, cuando nuestro cuerpo necesita agua, también produce la sensación de hambre. Por ello, es importante que si tienes mucho apetito primero te bebas un buen vaso de agua. Así hidratas tu cuerpo y no terminas engordando. El cuerpo también puede hidratarse directamente de los otros líquidos que consumes además del agua, como la leche, los jugos, las frutas y las verduras. Pero lo que mejor puedes hacer por tu salud es beber agua cuando tengas sed.

Tu objetivo principal es beber agua, cuanto más pura mejor, usando algún sistema de filtración en tu casa para minimizar las toxinas de minerales, cloro y otros tóxicos que puedes encontrar en el agua del grifo en el lugar donde vivas.

En el *Libro de ejercicios de Vive la vida de tus sueños* (www.hola martin.com) encontrarás un listado de las propiedades alimenticias y vitamínicas de cada fruta, vegetal y producto que normalmente consumes, podrás conocer cuáles son los buenos y los malos carbohidratos, cómo diferenciar entre grasas buenas y malas, y crear tu propio plan nutricional.

3. Limpieza y organización

La tercera regla del juego para cambiar y transformar tu alimentación es limpiar ahora la cocina y todos aquellos rincones o lugares secretos donde guardas algún alimento o bebida. Al igual que es importante limpiar a fondo nuestros ropero al menos una vez al año, es hora que pongamos también en orden la cocina.

Toma una bolsa grande de basura y vamos a empezar limpiar primero la nevera y los armarios. Abre todos los cajones y saca todos los productos y colócalos sobre la mesa, y no te olvides de también sacar aquellos que estás más escondidos y en tus lugares secretos. Una vez has terminado, mira todas las fechas de caducidad. Si el producto ha expirado, tíralo directamente a la basura. Siempre mira la fecha de caducidad cuando compres en el supermercado. Aprovecha para leer también las etiquetas y guíate por tu sentido común. Fíjate en la diferencia de ingredientes entre los productos que consideras más naturales y sanos, y los que crees que no son tan sanos. ¿Qué diferencia hay? Sigue tirando a la basura todos los productos que tengan un alto contenido de calorías, un alto contenido de azúcar y grasa. Si no reconoces, o puedes pronunciar perfectamente cerrando los ojos el ingrediente que acabas de leer, te aseguro que es un químico que los fabricantes han introducido en la comida para poder preservarla por más tiempo, darle un mejor olor y un hermoso color apetecible a tus sentidos. Un buen consejo de mi queridísima doctora es que si la comida no se pudre cuando la dejas fuera de la nevera el plazo de una semana es una mala señal para tu salud. Todo producto que consumas tiene que ser capaz de descomponerse fácilmente, de lo contrario, tu organismo tampoco lo va a poder hacer cuando esté dentro de tu cuerpo y esos químicos tendrán un efecto negativo en tus órganos.

Uno de los ingredientes que tienes que tener más cuidado cuando leas los etiquetados de los envases es el jarabe de maíz de alta fructosa o *high fructose corn syrup* (HFCS). ¡Peligro! Si lo lees, no lo compres. Lamentablemente lo vas a ver en todas partes y te vas a quedar sin ningún producto en la cesta de la compra pues casi todos lo tienen. La función de este ingrediente, —o mejor dicho químico— tan popular es que permite a los alimentos durar en el envase por más tiempo del natural. Los productos que normalmente llevan este componente en su etiquetado es una seña que tiene poco valor nutricional para tu organismo y altera el funcionamiento normal de tus órganos.

Si al ver todos los productos sobre la mesa o el mostrador de la cocina tienes alguna duda sobre si el producto es bueno o malo, te voy a dar la misma recomendación que te daría si me preguntaras sobre qué pieza de ropa debería guardar o volver a usar. Mi recomendación es no la guardes, tírala. En el caso de la ropa, la puedes donar o regalar. Si tu primera intuición es una duda, ahí tienes la respuesta correcta.

¡Felicidades! Ahora tu cocina ya se siente más ligera y con mejor energía. No te sorprendas si te has quedado con la nevera y los armarios casi vacíos. Eso es una buena señal. Cuando hayas terminado de revisar todos los productos, mira una vez más la bolsa basura y dile adiós a tu pasado. La vida de tus sueños está más cerca. Ahora que ya no tienes las tentaciones a tu alcance tan fácilmente, es importante llenar los armarios y la nevera de nuevo lo antes posible, pero con productos buenos y saludables para tu cuerpo. Cada nuevo producto sano que des la bienvenida a tu hogar, se convertirá en tu mejor crema antiarrugas, tu mejor acondicionador de pelo y tu mejor secreto de belleza.

4. La lista de la compra

Antes de ir al supermercado para reabastecer tu cocina, crea tu propia lista de la compra. Cuanto más planifiques y te ajustes a un presupuesto, será mucho mejor para tu salud. Por cierto, esta regla la puedes usar también a la hora de cambiar tu guardarropa. Te recomiendo que no vayas a comprar cuando tengas hambre, pues te apuesto lo que quieres que terminas comprando un envase de helado, un bolsa de patatas fritas o un pastelito.

Según la doctora Delgado, el mayor problema de la gente no es saber que tiene que comer mejor, sino no saber cuáles son los mejores productos cuando visitan el supermercado. En el mundo de hoy es muy difícil saber qué escoger entre todas las opciones que tenemos a nuestra alcance y poder diferenciar los productos que son buenos o malos para nuestra salud, especialmente porque los fabricantes de dichos productos son muy buenos en convencerlos que los suyos son los mejores. Por estos motivos, la Dra. recomienda una regla muy sencilla para tener en cuenta siempre que visitemos el supermercado para comprar comida para nosotros o nuestra familia. Todos los productos tienen que cumplir estos tres requisitos:

- En cuanto a la proteína animal, es importante que el producto tenga una mamá y un papá, y que puedes comprarlo y comerlo. Por ejemplo, una vaca tiene una mamá y un papá. Otros ejemplos son el pavo, los huevos, la ternera, el pollo, el cordero, la leche, el salmón o el atún.
- Si viene directamente de los árboles puedes comprarlo y comerlo, como las frutas, las aceitunas, el aceite de coco o la miel.
- Si viene de la tierra puedes comprarlo y comerlo, como las hierbas, los vegetales, las nueces las semillas, las lentejas o los granos.

Una vez entres dentro del supermercado trata de quedarte por las los pasillos que dan a las paredes dentro de las tiendas, pues son los lugares donde encontrarás todos los productos derivados de la tierra y de los árboles. Compra lo que tengas que comprar y vete al final de la tienda donde estás los frigoríficos y congeladores y compra los productos que tengan mamá y papá. Pero antes de salir por el cajero, pasa por el pasillo central a recoger un poco de granos y semillas. Todos los productos que no cumplan los tres criterios que te acabo de dar anteriormente, no los pongas en el carrito. Eso es todo. Si sigues esta ruta, podrás salir exitosamente de la tienda sin comprar alimentos que perjudiquen tu salud y tu cuerpo va a notar una gran transformación.

Como dije antes, de vez en cuando es bueno poder disfrutar de un antojo, como un helado, un dulce o unas galletas. Hazlo, pero siempre con moderación y de vez en cuando. En lugar de comprar un envase o bolsa grande, compra el tamaño más pequeño y en lo posible asegúrate que sea orgánico para eliminar en lo posible todas las toxinas dañinas para tu cuerpo. Pero ojo, porque digan que son "naturales" y "orgánicos" estos productos, no quiere decir que sean saludables para ti, especialmente si tienen azúcar.

Mucha gente se queja de que comprar productos orgánicos, que son los que no llevan hormonas, pesticidas, aditivos y químicos, es muy caro, y muchas veces tienen toda la razón. Pero el sabor y el gusto vale la pena todo el precio. No me pues comparar un tomate orgánico con uno que no lo es. Haz la diferencia y verás como tus platos salen riquísimos. Pero, aunque no compres productos orgánicos, si te limitas a comprar los productos más frescos posibles de acuerdo a los tres criterios anteriores te aseguro que el costo será el mismo que comer comida procesada regularmente. Nos gastamos más dinero en *snacks*, cafés y antojos que si tomáramos siempre una comida saludable. Haz tú mismo la pruebas y saca las matemáticas de lo que te gastas en un par de semanas para así poder ver la realidad. Pero entre tú y yo, no hay excusas que valgan. Mi salud no tiene precio. Y por ello, la comida en el supermercado y mi membresía en el gimnasio son mi prioridad, pues sé que el dinero vendrá a raudales cuando yo puede sentirme en total control y con energías en cada una de mis actividades. Sin salud, el dinero no llega tampoco.

Es mejor que compres en pequeñas cantidades que en grandes pues los productos pues a no ser que los congeles, no te van a durar mucho comparada con la comida procesada, de lata u otros envases. Al llegar a tu casa del supermercado, divide la comida en porciones pequeñas pues podrás controlarte mejor cuando te lleguen las tentaciones de comer más. Un buen tip es congelar tus frutas favoritas para poder usarlas como *snacks* o en batidos. Y ahora solo tienes que ser creativo y despertar tu imaginación para preparar los más ricos platos. Hay un millón de recetas riquísimas que puedes encontrar en libros y en el Internet para sorprender a todos tus amigos y tu familia. A la larga, te aseguro que comer productos frescos en lugar de enlatados y comida rápida va a ser tu mejor secreto para bajar de peso y mantenerlo, y lucir diez años más joven.

5. Buenos hábitos alimenticios

Ya casi tienes la batalla ganada contra la alimentación emocional, las excusas y los malos hábitos, sabes lo que tienes que hacer para comer correctamente. Ahora solo necesitas conocer la última regla: adoptar buenos hábitos. Toma muy buena nota de cada uno de los puntos que vas a leer a continuación, pues te aseguro que serán la mejor manera de pasar de la decisión a la acción y ser testigo de resultados positivos.

* El desayuno es el alimento más importante que puedes tomar en todo el día. Tu cuerpo acaba de levantarse y después de una larga noche de descanso necesita de comida para retomar energías. Si tu cena ha sido por ejemplo a las ocho de la noche, te saltas el desayuno porque llegas tarde al trabajo, o tienes que ir corriendo a llevar a los niños a la escuela, y no comes nada hasta la hora de comer del día siguiente, habrás estado al menos dieciocho o veinte horas en ayunas. Haz tú mismo las matemáticas. El sentido común nos dice que eso no es normal para un buen funcionamiento del cuerpo. El azúcar de tu sangre a media mañana estará bajísimo y no tendrás las energías para hacer absolutamente nada. Te sentirás decaído, todo te sale mal, y el tiempo se te hace interminable. Al tomar un buen desayuno estás ayudando a tu cuerpo a empezar el día con buen pie, y no te pegarás un

atracón insaludable a la hora del almuerzo, o peor aún de la cena. Una simple taza de café no se le considera desayuno. Trata de tomar frutas, cereales, huevos o mantequilla de cacahuete. Si lo haces temprano en la mañana tendrás todo el día para quemar las calorías. Por lo tanto, sigue al pie de la letra este refrán: "Desayuna como un rey, come como un príncipe y cena como un estudiante universitario".

♦ Mucha gente comete el gran el error de pensar que si te saltas una comida, consumirás menos calorías y por lo tanto bajarás de peso. Pero lo que no se dan cuenta es que al saltarse una comida el cuerpo entra en un proceso de inanición, lo cual significa que el metabolismo baja para conservar energías y el cuerpo se prepara para almacenar grasa la próxima vez que tenga la oportunidad de comer. Sin que tú te des cuenta tu cuerpo ya está preparándose para almacenar toda la comida que pueda lo más pronto posible, porque sabe que te vas a saltar las comidas, y el cuerpo aprende rápidamente. Tu cuerpo funciona a través del instinto y se está adaptando para los momentos de escasez bajando drásticamente los niveles de energía de tu cuerpo.

Otro efecto negativo que sucede al saltarnos una comida o permanecer sin comer por más de cinco horas, es que terminas consumiendo muchísimas más calorías que si no nos hubiéramos saltado ninguna comida durante el día porque nos da más hambre y no podemos controlar el apetito. Lo mejor que puedes hacer es justamente lo contrario, comer menos cantidades, pero más veces durante el día, cada tres o cuatro horas. Cuantas más veces comas al días, más activo estará tu cuerpo y más calorías quemarás, pero las cantidades tienen que ser pequeñas.

♦ El tamaño de la porción de comida que tengas en el plato va a determinar la cantidad de comida que vayas a consumir, independientemente del hambre que tengas. Tienes que tener una gran fuerza de voluntad y no dejarte tentar por el precio, el olor, la vista, o tus dramas emocionales. Vivimos en un mundo materialista donde más es siempre mejor. Queremos grandes cantidades de todo como si nos fuera a faltar la comida, sin tomar en cuenta el efecto secundario negativo de esta decisión sobre el cuerpo. Para darte un ejemplo, las investigaciones han demostrado que si tienes tres opciones de bebidas de café o de palomitas de maíz, la gente casi siempre se decide por el tamaño mediano, pero si solo hay dos opciones, la gente se irá hacia el envase más grande, a pesar de que el pequeño sea una cantidad necesaria para satisfacer el apetito. Para controlar el tamaño de tus porciones, te recomiendo que tengas en tu casa un juego de vajilla más pequeño para que el plato se vea más lleno y consigas engañar a tu propia mente. Si tienes un plato grande y lo ves medio vacío, seguro que comerás más, pues te darás más porciones para rellenar el plato.

♦ Cuando salgas a comer, ya sea a la casa de amigos o familiares o a un restaurante, tendrás tendencia a consumir hasta un 50 por ciento más de calorías que si comieras en tu propia casita. Una buena manera de controlar tu apetito antes de salir de casa para comer menos, es comiendo un puñado de almendras crudas o frutos secos para no tener el estómago vacío y evitar un atracón. Trata de controlar el poder de tu mente a través de los sentidos. Cuida lo que comes y no te lamentarás después. Por ejemplo, siempre puedes elegir una buen porción de ensaladas dejando a un lado los crutones y las salsas, y escoger en su lugar, unas semillas y una vinagreta de aceite de oliva y balsámico. Aunque te encuentres en un restaurante o en casa de unos amigos, siempre tienes todo el derecho de pedir porciones más pequeñas. No te puedes sentir intimidado por querer algo que es bueno para ti.

Cuando vayas a restaurantes, fíjate bien y encontrarás que hoy en día también tienes una gran variedad de menús y platos especiales para gente que desea cuidar su salud. Si en el restaurante no tienen este tipo de menús especiales, entonces con absoluta tranquilidad y seguridad, pídele al camarero que te gustaría tomar el pescado o la carne a la parrilla y sustituir los carbohidratos por los vegetales del día. Pregunta cuál es el tamaño de las porciones, y si es grande, pregunta a tus compañeros de mesa si quieren compartir algo del menú, para ahorrar en calorías y también ahorrar dinero. Si no hay nadie que desee compartir contigo entonces elije algo ligerito o prepárate para comer la mitad y llevarte la otra mitad a tu casa. Al final de cuentas, tú eres el cliente y estás pagando por lo que consumes.

♦ Durante el día tendrás muchas ocasiones en las cuales vas a tener hambre y no vas a estar preparado para satisfacer tu apetito. Para evitar cometer los mismos errores de siempre, es importante planificar un "Plan B", y almacenar en tu casa y en el trabajo algún tipo de comida como barras nutricionales, batidos naturales, frutos secos, que puedan ayudarte en esos momentos de emergencia donde te faltan las energías, al menos hasta que puedas encontrar una alternativa más sana. Aunque no son substitutos de una buena comida, es bueno tener estos productos para no correr a un restaurante de comida rápida o una máquina de comida basura cuando te entra el hambre. Cuando vayas a comprar las barras nutricionales busca aquellas que sean lo más orgánicas y naturales posibles, con poca azúcar y más fibra para mantenerte lleno por más tiempo.

Una buena manera para empezar tu nueva vida y sentirte súper motivado las primeras semanas, que siempre son las más difíciles, es empezando desde cero. Como yo digo, borrón y cuenta nueva. Y para ello, recomiendo empezar tu gran transformación es desintoxicando tu cuerpo de todo el veneno que se ha ido acumulando en tu interior. Imagínate que tienes un lienzo y ya empezaste a dibujar pero todo se ve borroso. Bueno, existe una posibilidad de volver a borrarlo todo, para que ese lienzo vuelva a lucir de un blanco reluciente, y así poder empezar a dibujar de nuevo. En el mundo de la alimentación se le conoce popularmente con el nombre de "detox" que proviene de desintoxicación, o como a mi me gusta llamarle "purificación". Para conocer con detalle cómo hacer este plan de 21 días, qué productos tomar y descubrir una lista de tips para bajar el número de calorías que consumes todos los días, visita www.holamartin.com donde encontrarás el *Libro de ejercicios de Vive la vida de tus sueños*.

LA ENERGÍA DE LOS ALIMENTOS

A partir de hoy, come conscientemente para así retomar el control de tu salud. Comer conscientemente significa estar alerta y no comer algo simplemente porque tiene buen sabor. Responsabilízate de los productos que comes y presta atención a la proveniencia de esos alimentos, cómo han llegado a tu plato y cómo se han cocinado. Decide consumir solo aquellos productos o alimentos que apoyen la vida. Si el producto —ya sea derivado de los animales, un vegetal o una fruta— lleva químicos para alterar el sabor, el color o el tamaño del mismo, por sentido común, puede tener un efecto negativo en tu cuerpo y en tu salud. ¿Quieres de verdad esos químicos andando libremente por tu sangre? Además, esos productos no están respetando el proceso natural de la vida y por lo tanto no está respetando el funcionamiento normal de tu cuerpo. Los alimentos son tu energía, tu combustible. Cuánto más frescos y menos procesados sean, mayores beneficios tendrán para tu cuerpo y tu belleza.

Ahora que has empezado este gran transformación para vivir la vida de tus sueños, despierta tu conciencia en todos los niveles y disfruta con todos tus sentidos de una actividades que vas a hacer hasta el día que dejes este mundo: la comida. Al tomar solo aquellos alimentos que tienen vida, podrás sentir la energía de la vida dentro de ti. Sorpréndete descubriendo la energía de los alimentos. Imagínate que tienes una manzana en una mano y un pastel en el otro. ¿Cuál crees tú que tiene mayor valor energético? Otra prueba, ¿una ensalada o una pizza? ¿Un vaso de agua o una soda? Utiliza tu sentido común, tu intuición, tu intelecto. Haz que comer no solo se convierta en una actividad física, sino también en una actividad mental y espiritual.

La próxima vez que tomes en tu mano una fruta o vegetal, mírala bien, siente su textura, fíjate en su color, la consistencia en tu mano, el sonido al morderla, su sabor, siente su energía. Si acostumbras a hacer este ejercicio a la hora de comer, tu vida se transformará al instante, pues conscientemente solo tienes la opción de escoger los alimentos más energéticos para tu cuerpo. Aprovecha también para conectarte energéticamente con los alimentos y darles gracias por su energía, por darte vida, para que tu cuerpo se fortaleza. Te aseguro que la comida que es saludable tiene un mejor sabor que la comida procesada.

Salud es vida y su mayor recompensa es una hermosa energía interna y un gran atractivo que más allá del físico. Las dietas no funcionan, pero comer con un propósito sí. El mío es vivir por mucho tiempo para disfrutar de todas las experiencias diarias que la vida me regala, seguir creciendo para descubrir mi verdadero potencial, y poder ayudar a personas como tú a hacer realidad sus sueños. ¿Cuál es tu propósito? Si lo sabes, utilízalo siempre para tomar las mejores decisiones a la hora de comer, y si no lo sabes, muy pronto vas a conocer el destino de tu vida, y lo que descubras, será tu propósito para comer mejor todos los días.

Resumen

1. Para lograr cualquier propósito en la vida, la recompensa por lograr tus metas tiene que ser siempre mucho mayor al esfuerzo que necesitas hacer para llevarlas a cabo.
2. Tu cuerpo necesita de calorías para poder funcionar y las calorías las obtiene de los alimentos. El problema del sobrepeso consiste en comer más calorías de las que tu cuerpo necesita para su funcionamiento, pues entonces lo que no consuma tu cuerpo se convierte en grasa.

3. Cada producto o alimento que te metes en la boca es parte de ti. Eres lo que comes. Los mejores productos son los que vienen de los árboles, de la madre tierra, o tienen mamá y papá.

4. Aprende a comer por razones físicas y para dar energía a tu cuerpo, en lugar de comer por razones emocionales. La información es poder. Tú tienes el control de tu mente y el poder de tomar las mejores decisiones por tu salud.

CAPÍTULO 3
EN MOVIMIENTO

Lo prometido es deuda. Ya hemos dado muchos pasos importantes en nuestro camino, sin embargo todavía estamos tan solo en el primer destino de nuestro viaje para hacer realidad todos tus deseos. Toma un buen respiro y recupera las fuerzas porque cuando termines de leer este capítulo, habrás avanzado un gran trecho en la búsqueda de tus sueños. Prepárate, porque ahora ha llegado el momento para hacer frente a nueva realidad. Si creías que fue difícil aceptar la verdad en el capítulo anterior, ahora tú y yo nos vamos a divertir un poco conociendo algunas de las mejores excusas que existen para justificar no hacer deporte. Y me imagino, que ya estarás sonriendo con un poco de picardía. Te voy a pillar y voy a sacar a relucir toda la verdad, lo quieras o no. En mi humilde mi opinión, si eres capaz de vencer conscientemente todas las razones que tu mente te da para no hacer ejercicio físico y consigues al mismo tiempo convertir el deporte en parte de tu estilo de vida, te aseguro que vas a ser capaz de conseguir todo lo que propongas, y cuentas con una gran ventaja sobre el resto de la gente. Pero no nos adelantemos, y vayamos paso por paso.

Millones de personas en todo el mundo sufren con el grave problema del sobrepeso debido a una mala y pobre alimentación, pero en especial, debido a una vida muy sedentaria. El movimiento o esfuerzo físico apenas existe. Como consecuencia, el cuerpo, el Ferrari que hablamos anteriormente, termina pagando las consecuencias de nuestras malas decisiones y sufre de enfermedades como la diabetes, ataques al corazón, artritis, presión alta e infertilidad por mencionar algunos ejemplos. Pero, además de estos graves efectos físicos, la obesidad también puede tener un impacto muy negativo sobre tu mente y tu espíritu también, ya sea a través del estrés, la depresión, una baja autoestima o muy poca energía.

Como acabamos de leer en el capítulo anterior, parte del problema reside en los malos hábitos alimenticios y toda la basura que consumimos. Pero esa parte, solo representa el 50 por ciento de la ecuación. El otro 50 por ciento responsable de la precaria salud que mucha gente se encuentra es debido a la falta de ejercicio en sus vidas. Si viviéramos hace cuarenta, sesenta u ochenta años atrás, no tendríamos tantos problemas pues tendríamos un estilo de vida que implica más movimientos y trabajo físico para todos. Hoy en día, con la tecnología haciendo la gran mayoría de los trabajos más pesados, a penas nos movemos de la cama, a una silla, de una silla al sofá y del sofá a la cama. No importa que tomes los mejores y más sanos alimentos del mundo; si no haces ejercicio regularmente, te vas a quedar en la mitad del camino y nunca conseguirás bajar de peso, prevenir enfermedades o tener las energías que necesitas para perseguir tus metas y llegar a tu destino final. Es muy fácil soñar con las estrellas, pero muy difícil hacer el entrenamiento básico que necesitas para poder volar y alcanzarlas. La única solución efectiva y garantizada que existe para bajar de peso, tener salud y prevenir enfermedades es comiendo sanamente y haciendo ejercicio regularmente. Esa es la única fórmula. Lo fue, lo es y lo será. Es tan fácil de entender, que al mismo tiempo se ha convertido en la tarea más difícil de hacer.

BENEFICIOS Y FUNCIONES

Practicar cualquier tipo de deporte o hacer ejercicio físico es la mejor opción que tienes para mantener tu cuerpo en el mejor estado posible, y que no se convierta en un barco viejo y estropeado que no te va a llevar a ninguna parte. Como tengas una grieta y no la repares a tiempo, esa grieta se va a hacer cada vez más grande y terminarás hundiéndote. Mientras que la comida es el combustible para tu cuerpo, el ejercicio representa el mantenimiento para dejar tu cuerpo en las mejores condiciones posibles. Para que te hagas una clara idea de la gran importancia que tiene el movimiento en tu vida presta mucha atención a todos estos beneficios que hacer deporte tiene para tu salud.

1. Una de las funciones más importante que el ejercicio tienen en tu vida es distribuir mejor el oxígeno y la energía por todos los órganos de tu cuerpo. Al acelerar la respiración y tomar una mayor cantidad de oxígeno como consecuencia del esfuerzo físico, aumentas tu capacidad pulmonar, lo cual permite almacenar más oxígeno para poder distribuirlo mejor después por todas las células, y entrenar a tus pulmones a respirar mejor.

2. Cuando practicas cualquier tipo de deporte es necesario respirar profundamente para tomar más aire del normal y por lo tanto, la sangre impulsada por todo ese nuevo oxígeno circula a mayor velocidad permitiendo llegar más rápido a todas las partes de tu cuerpo, desde la piel donde crece tu pelo en la cabeza hasta las uñas de tus pies. Recuerda que la sangre es la manera como tu cuerpo distribuye todos los nutrientes y vitaminas que has consumido por medio de tu alimentación. Al circular tu sangre más deprisa, ésta a su vez lleva todos esos nutrientes en mayores cantidades y más oxígeno a cada uno de tus músculos y órganos de tu cuerpo, fortaleciendo en especial el órgano más importante de todos, el corazón. Si no haces ejercicio y no respiras como debes, la

sangre sigue haciendo su trabajo pero se acostumbra ir al mismo paso que tú, y termina por no llegar correctamente a todas partes.

3. Otro de los grandes beneficios de hacer ejercicio es que sudas con mayor facilidad. Todos tenemos miedo a sudar, pero es lo mejor que puedes hacer para ayudar a tu cuerpo a eliminar toxinas que de otro modo hubieras retenido en tu interior. El sudor es uno de los mejores "detox" naturales que tu cuerpo tiene para poder limpiar el organismo de toda clase de impurezas y al mismo tiempo rejuvenecer tu piel.

4. Al hacer un esfuerzo físico, tu respiración se hace más profunda y rítmica, permitiendo entrar en un estado de relajación mental. Te lo creas o no, a pesar de que tu cuerpo esté en pleno funcionamiento, tu mente está justamente haciendo lo contrario, relajándose. Y para mí eso es oro puro. Cuanto más esfuerzo hagas, menos pensamientos tendrás. Al estar tu mente tranquila, tu sistema nervioso se relaja también, y qué gusto da poder dejar de escuchar por unos minutos nuestros propios pensamientos. Pensabas que estabas cansado de escuchar a un niño llorar a gritos o a tu suegra hablar, haz ejercicio y sabrás lo que realmente es descansar un poco de tu mente.

5. El deporte además es el mejor antídoto para combatir la ansiedad y el estrés. Cuando estás haciendo ejercicio, tu cuerpo crea endorfinas, las cuales son las responsables para combatir los efectos del cortisol, que la hormona del estrés que desgasta todo tu cuerpo.

6. Por último, hacer deporte mejora tu actividad sexual, te ayuda a ser más ágil y flexible con tus movimientos, duermes más profundamente por las noches, y tienes pensamientos más lúcidos.

Todos sabemos que el ejercicio es bueno y positivo, pero a todos nos resulta muy difícil pasar de la teoría a la acción. Una de las principales razones por la cual la gente no hace deporte es por el gran esfuerzo que se necesita hacer para llevarlo a cabo. Y me refiero no solo a un esfuerzo físico, sino en especial al esfuerzo mental que tienes que lograr para poder tomar la determinación de ponerte en movimiento. Te lo digo por experiencia propia, que después de más de quince años practicando deporte regularmente, todavía me cuesta en muchas ocasiones encontrar la fuerza de voluntad para hacerlo. La razón por la que puedo superar esta etapa inicial tan decisiva y ponerme a hacer deporte, es debido a que ya sé de antemano con seguridad cual va a ser la recompensa para poner tanto esfuerzo. Por lo tanto, cuando empiezo a recibir la visita de esos fantasmas que tratan de confundirme para no hacer ejercicio, antes de aparecer ya tienen la batalla perdida. Hago ejercicio, sí o sí. La única razón que me puedo saltar una rutina que tengo pautada es porque estoy de viaje o porque tengo que aparecer en vivo en televisión, de lo contrario mi prioridad siempre es el deporte. Por muchos años viví poniendo el ejercicio al final de mi lista de cosas por hacer y esa fue la razón por la que nunca llegaba a cumplir con mi pleno potencial.

Espero que tú también puedas descubrir esa luz que te permita ver cuáles son tus prioridades y finalmente entiendas la gran importancia que es hacer deporte si quieres ser una persona exitosa y feliz. Yo te puedo contar en las próximas páginas las mejores ideas y consejos para disfrutar y sacar el máximo rendimiento al ejercicio, pero hasta que tú no lo consideres como una de las cinco prioridades diarias más importantes en tu vida, no vas a llegar muy lejos. Y te preguntarás, ¿cuáles son las otras cuatro? Comer bien, dormir siete horas, higiene personal y meditar.

La mayoría de la gente se asusta solo con pensar el esfuerzo que tienen que hacer durante treinta, cuarenta y cinco o sesenta minutos de ejercicio. En realidad, el verdadero esfuerzo físico solo lo sientes en los primeros cinco a diez minutos cuando vas a empezar, y tu cuerpo pasa de estar relajado a ponerse a trabajar con más intensidad. Es como remar en una canoa. El verdadero esfuerzo solo es al principio cuando metes las paletas en el agua. Luego la canoa fluye con muchísima más rapidez y menos esfuerzo. Lo mismo va a pasar contigo cuando practicas deportes. Una vez has superado esos primero cinco minutos, no te va a resultar un gran esfuerzo terminar.

Tu cuerpo ha sido creado por naturaleza para estar sano y en movimiento. Es el resultado de la evolución del ser humano. Por instinto natural, el cuerpo tiene que estar en las mejores condiciones para poder sobrevivir. Es antinatural no tener agilidad, flexibilidad y fuerza. Va en contra de las leyes de la naturaleza. Desgraciadamente hemos desarrollado tanto la inteligencia en los últimos años para hacer nuestra vida más fácil, que nos hemos olvidado que nuestro cuerpo debe estar en movimiento. Si no te mueves y estás en forma, tarde o temprano tu cuerpo se vuelve rígido, se rompe con facilidad, se descompone y se enferma. Para evitarlo el cuerpo te manda muchas señales para tratar de vencer el poder negativo de las excusas que tu propia mente ha fabricado. Las primeras señales que recibimos son siempre físicas, pues aparecen a través de los dolores y los malestares en diferentes partes de tu cuerpo. Después llegan las señales energéticas, cuando sentimos que las fuerzas se nos están acabando, y que todo empieza a resultar una gran carga, incluso pensar se pone difícil. Tu actitud cambia, te vuelves más pesimista y te pones más nervioso.

Por último, tu cuerpo trata de comunicarse contigo a través de la intuición y te envía algunos pensamientos que no somos capaces de descodificar. Aquí tienes tres ejemplos:

1. Estás sentado frente al televisor viendo una partido de tenis y por tu mente pasa por un segundo, solamente: el pensamiento, "Qué bueno sería poder aprender a jugar al tenis".
2. Estás conduciendo y ves a una persona haciendo ejercicio en el parque, digamos que está caminando con mucha energía y escuchando música con una sonrisa de oreja a oreja, y aparece el pensamiento: "Qué bueno sería hacer lo mismo alguna vez".
3. Acabas de pegarte un buen atracón de comida y sientes que "sería bueno caminar cinco minutos".

Estos son algunos ejemplos que tu intuición puede estar tratando de decirte a gritos que por favor hagas algo. Muy pocas veces le hacemos caso. No importa si eres cojo de una pierna, estás en una silla de ruedas, no tienes tiempo o cualquier excusa otra excusa que me des. Estés en la situación en la que estés, todo el mundo tiene que hacer ejercicio para cuidar su salud. El mayor regalo de amor que puedes hacer por tu cuerpo, y por la salud de los demás a lo que quieres, es hacer ejercicio. Vamos a ponernos en movimiento.

EXCUSAS Y MOTIVACIONES

Antes de darte las excusas más comunes para no hacer ejercicio —todavía no mires las próximas páginas— por favor escribe bien rapidito en el diario, al margen del libro, o en un papel, cuáles son las tuyas. Ya verás cómo voy a sorprenderte. Vas a descubrir mis poderes de clarividencia, pero antes necesito que hagas este pequeño ejercicio, sin pensar, racionalizar o justificar. Tómate cinco minutos y piensa realmente en cuáles son tus razones para no hacer deporte y escribe. Sé honesto.

Analicemos ahora juntos algunas de las justificaciones más populares para no hacer deporte y mi punto de vista frente a cada una de ellas. Estoy seguro que te vas a identificar con muchas de estas excusas y ya verás cómo las iremos desmontando una a una.

1. "No me gusta hacer ejercicio"

En la vida no se obtiene algo a cambio de nada. Es ley de vida. Pregúntale a cualquier persona que admires o una persona mayor. Si quieres tener éxito en el trabajo, tienes que trabajar duro; si quieres tener flores hermosas en el jardín, tienes que plantar las semillas en el momento oportuno, cuidar la tierra todos los días y esperar a que florezcan; si no quieres ir al dentista, tienes que lavarte los dientes todos los días; si quieres tener una casa limpia y organizada, te va tocar limpiar todas las semanas y dedicar un par de horas. Lo mismo sucede con el ejercicio. Si quieres una buena salud, tener energías, bajar de peso, sentirte bien o lucir mejor, vas a tener que hacer ejercicio. No hay otra opción.

La manera más fácil de hacer ejercicio y mantenerlo como un buen hábito en tu vida es practicar un deporte que te guste y te divierta. Pero si eres una persona a la que no le gusta hacer ejercicio, tu motivación más grande tiene que ser tu salud. Existen muchas actividades donde puedes hacer ejercicio y pasar un buen rato al mismo tiempo: clases de baile, disfrutar con tu familia de una visita a la montaña para ir de aventuras, nadar con los niños en la piscina, subir a bicicleta o probar con los amigos una clase de yoga. Lo importante para no aburrirte, es que hagas un poquito de todo.

2. "No tengo tiempo"

Esta es quizás una de las excusas más populares de todas. Sorprendentemente podemos encontrar "tiempo" para las cosas que realmente queremos, pero como no nos gusta hacer ejercicio, echamos la culpa al trabajo, los niños, la casa o la escuela. El tiempo no te controla a ti. Tú controlas el tiempo. Si no has convertido el ejercicio en un hábito regular en tu estilo de vida, es simplemente porque no lo consideras como una prioridad en tu vida, pues te aseguro que si fuera importante para ti, encontrarías el tiempo para hacerlo. Fíjate bien y encontrarás muchos ejemplos de cómo, si quieres hacer algo, realmente lo terminas haciendo.

Al igual que tienes que buscar tiempo para dormir si quieres estar despierto durante el día, tienes que hacer ejercicio regularmente si quieres realmente rendir y ser efectivo en el trabajo, la casa o en la escuela. Gracias al ejercicio ganas más tiempo en el resto de actividades que te propongas hacer durante el día, pues eres más productivo, tienes más energía, piensas mejor y encuentras soluciones más rápidas y mejores que si no hubieras hecho ejercicio. Para poder vencer esta gran excusa del tiempo, trata de buscar ejercicios que se incorporen a las actividades que ya estás haciendo normalmente durante el día. Por ejemplo, si tienes perros, sácalos a pasear al menos tres veces al día por veinte minutos. Al final habrás logrado una hora de ejercicio, estar en contacto con tu mejor amigo y estar al aire libre. A eso le llamo yo maximizar el tiempo y establecer prioridades. ¿Qué pasa si no tienes perros? Puedes subir las escaleras en lugar del ascensor si vives en un edificio, puedes caminar a hacer los recados en lugar de subir siempre al coche, o puedes trabajar en el jardín. Estoy seguro que si te detienes a pensar por un momento, tu inteligencia y tu maravillosa mente te pueden ayudar a encontrar buenas soluciones. Fíjate en cuándo es mejor para ti hacer ejercicio y tienes menos complicaciones. En mi caso, mis tardes son más ocupadas que las mañanas, y por lo tanto, tengo más posibilidades de hacer ejercicio si lo planifico antes de empezar el día. Si tu excusa es que tienes que pasar más tiempo con los niños, aprovecha para hacer ejercicio en familia, ya sea en tu propia casa o en el parque, pues la mejor lección que ellos pueden aprender de ti.

3. "Estoy demasiado cansado para ponerme a hacer ejercicio"

El cansancio puede ser muy adictivo, pues cuanto menos actividades hagas, más cansado vas a estar. Hasta que consigas romper este ciclo vicioso, no vas a poder recuperar las energías y eliminar el cansancio que tienes. La solución más rápida, aunque te resulte difícil de entender, es haciendo ejercicio. Hazme caso y la próxima vez que te sientas muy cansado, tómalo como la señal que estabas esperando para hacer ejercicio. Si quieres, tómalo como un reto para intentar demostrarme a mí lo contrario. Cuando termines de practicar algún tipo de deporte, aunque solo sea por treinta minutos, verás que te sientes mucho mejor y revitalizado. Siempre pasa.

Haz ejercicio tres veces por la semana y la gente no te va a reconocer de la energía que vas a tener. El único verdadero esfuerzo físico que vas a tener que tomar es solo al principio, pero el cansancio desaparecerá al instante cuando tu cuerpo empiece a recibir más oxígeno en la sangre. El cuerpo se siente cansado, simplemente porque necesita oxígeno. Por eso nos sienta tan bien a veces abrir las ventanas o estar en contacto con la naturaleza. Si haces ejercicio no solo tomas ese oxígeno, si no que tu mismo te haces responsable para que ese oxígeno llegue a todas partes de tu cuerpo.

Cuando termines de hacer deporte, observa cómo te sientes y te aseguro que no estarás cansado, sino posiblemente relajado. No confundas ambas sensaciones, pues son muy diferentes. Si por el contrario, haces ejercicio y sigues estando cansado y sin sentirte bien, entonces eso sí es un serio motivo de preocupación, pues es una señal de que no tiene buena salud y vas a tener que ir corriendo a visitar un médico para ver qué está pasando con tu cuerpo y descubrir la verdadera raíz. Quizás gracias a este ejercicio hemos podido descubrir un mal mayor. Espero, sin embargo, que este no sea el caso.

4. "No sé que tipo de ejercicio hacer"

El problema no es elegir cuál es la mejor actividad física, sino tener la buena actitud y el deseo de querer hacer ejercicio. Si quieres hacerlo, encontrarás muchas actividades que podrás hacer. Pero si no quieres, como todo en la vida, no conseguirás encontrar soluciones. Depende de tu actitud. Tendrás que ver si para ti es mejor hacer ejercicio en un gimnasio, en casa o al aire libre, si es mejor hacerlo solo o acompañado, si prefieres hacer ejercicio con un grupo de personas, como jugar al fútbol o hacer una clase de aeróbicos, o prefieres tener un amigo solamente para jugar al tenis o ir a pasear.

Si no eres capaz de encontrar una solución, es muy difícil que puedas encontrar soluciones a los retos a los que te vas a tener que enfrentar para vivir la vida de tus sueños. En las próximas páginas compartiré algunos tipos de ejercicio para así poder despertar tu curiosidad y descubrir cuál es tu mejor opción. La única manera de saberlo, no es siguiendo los consejos de lo que te digan los demás, pues cada uno tiene un cuerpo, un metabolismo y unas motivaciones diferentes, sino experimentando tú mismo para saber si te gusta o no y cómo va a reaccionar tu cuerpo. Te recomiendo que practiques de todo un poco, hasta que encuentres lo que funciona para ti y te enamores. Por ejemplo, a mi me gusta bailar, correr y hacer yoga, pero conozco otra mucha gente que prefiere hacer pesas, nadar y caminar. Hay días que a lo mejor prefieras practicar deporte tú solo, y otros en los que necesites el apoyo de un grupo de gente para motivarte. Muy pronto, ya no podrás darme la excusa de no saber qué ejercicio hacer, porque te voy a dar muchas opciones. La excusa que sí te permito darme es en estos momentos es "prefiero no hacer ejercicio". En ese caso, esa es tu realidad y tu propia decisión. Solo tú eres responsable de tu vida. Yo solo estoy aquí para guiarte en el camino que a mí me ha funcionado para alcanzar el éxito y la felicidad.

5. "Tengo una lesión o condición física"

Esta puede ser la perfecta excusa para librarte de hacer ejercicio, pero lo siento, tampoco es buena. Si consultas con cualquier doctor te dirá que hacer ejercicio o cualquier tipo de actividad física es necesario y primordial para una buena y pronta recuperación. No importa si has tenido un accidente, una operación, problemas de obesidad, ataques al corazón, cáncer, diabetes o estás en una silla de ruedas. Todo el mundo tiene que hacer ejercicio y movimiento para que el organismo se pueda sanar. De todos modos, aprovecho para recordarte que antes de ponerte a practicar cualquier deporte o hacer un ejercicio regular es importante que lo consultes con tu doctor de cabecera para conocer sus recomendaciones y cómo prevenir lesiones.

Piensa un segundo en todo lo que tu cuerpo hace constantemente por ti sin tú tener ningún control. Incluso si te caes al suelo por tropezar con algo, y te haces un herida, tu cuerpo va y la cicatriza la herida por ti. Tu cuerpo se mantiene despierto y trabajando mientras estás durmiendo. No te preocupes tanto por tu lesión o enfermedad, y preocúpate más por no caer más enfermo de lo que estás. Si no sabes qué hacer, entonces tu excusa es otra, no tener información, y para eso solo hay una solución. Consultar con tu médico.

Es importante que entiendas que el ejercicio es vital para ayudar a aumentar la circulación de la sangre en las áreas con lesiones, pues permite traer los nutrientes que necesita para más rápida recuperación, y al mismo tiempo dar fuerza a los músculos para poder no debilitar otras áreas de tu cuerpo. Por último, si tienes un impedimento físico, rodéate de gente positiva y profesionales que te puedan ayudar a vencer todas tus emociones negativas con el fin de seguir con el curso de tu vida. Si necesitas inspiración y motivación, solo tienes que ver los juegos paraolímpicos y cómo todos los participantes pueden vencer sus limitaciones para lograr sus metas.

6. "No hago ejercicio pues no bajo de peso"

Existe solo una razón por la que no puedes bajar de peso: estás consumiendo más calorías de las que estás quemando o por alguna condición médica como un problema de tiroides. Si no tienes un problema médico, la razón por la que no bajas de peso es simplemente porque no estás tomando las mejores decisiones a la hora de comer, y porque no estás haciendo ejercicio. Si quieres bajar de peso, la solución es muy fácil. Vuelve a leer cuantas veces sea necesario el capítulo anterior, y este capítulo, hasta que tu mente procese tanto la información que puedas encontrar los motivos por los cuáles no puedes bajar de peso. Ahora ya tienes toda la información que necesitas para encontrar la raíz de tus problemas y ver la causa real por la que no puedes bajar de peso y si es necesario visita a tu médico para que vea cuál es la razón del problema. Una vez consigas ganar esta excusa tan popular entonces estarás dando un gran paso hacia tu destino de vivir la vida de tus sueños.

Una recomendación: en tu deseo de mejorar tu salud, no te obsesiones con el peso que la balanza te diga que tienes, sino enfócate más en los efectos que sientes como resultado de hacer ejercicio: la ropa te entra mejor, duermes bien, tienes más energías. Te prometo que con el tiempo tu peso bajará, pero cuando eso pase, el peso será lo último que realmente te importe. Esa será la señal de que tu vida se ha transformado completamente.

7. "Soy demasiado mayor para hacer ejercicio"

Otra de mis excusas favoritas es la edad. ¿Para qué hacer ejercicio si ya tengo cincuenta años? ¿De qué me sirve? Simplemente para vivir mejor lo que te queda el resto de tu vida y no estar entrando y saliendo de hospitales y citas con el doctor todo el día. No puedes poner tu edad como excusa para no hacer ejercicio porque carece de sentido si realmente deseas vivir, disfrutar de tu familia y amigos, y prefieres la salud a la enfermedad. Esas son las tres razones principales por las que tienes que hacer ejercicio.

Moverte diariamente es un mantenimiento que tu cuerpo necesita hasta el último día de tu vida. No importa la edad que tengas en estos momentos; es la edad perfecta para empezar a cuidarte. No me canso de repetirlo. Salud es vida. Obviamente no te voy a pedir que hagas una maratón o subas a la cima de una montaña si ya tienes sesenta años, aunque mucha gente lo ha conseguido, pero tienes muchas otras opciones para mantenerte en forma como salir a caminar, nadar que es muy bueno para las articulaciones o bailar para mover todo el cuerpo. Vivas donde vivas, estoy seguro que puedes encontrar muchas opciones para hacer deporte también con gente de tu edad, si no lo quieres hacer solo. En mis clases de baile, yoga, pilates o en el gimnasio podría asegurar que casi el 50 por ciento de las personas está por encima de los cincuenta años, y no te imaginas la cara de felicidad que tienen al terminar la clase. Ese es el verdadero efecto que el ejercicio tiene en tu vida. Entras triste y cansado, y terminas alegre y rejuvenecido.

TIPOS DE EJERCICIO

Lo prometido es deuda y para que no me des como excusas que no sabes qué ejercicio hacer, aquí tienes una larga lista para poder escoger el que más te guste. Para crear un buen plan de ejercicios que puedas llevar a cabo con éxito por mucho tiempo, espero que por el resto de tu vida, tienes que tener en cuenta tu personalidad, intereses, aficiones y habilidades, y por supuesto, tener en cuenta tu agenda, para que puedas encontrar el tiempo. Empieza por buscar ejercicios que sean más fáciles de hacer y que no requieran de demasiada logística. Por ejemplo, si te gusta bucear o esquiar son muy buenos deportes y opciones súper divertidas para estar en forma, pero para empezar a practicar deporte todas las semanas te recomiendo un tipo de ejercicio que implique menos logística. En la primera etapa, lo que necesitamos es que sea sencillo y que se adapte a tu estilo de vida.

Aquí tienes una lista para poder elegir los que más te llamen la atención. Haz un círculo alrededor de los que más te gusten, o escríbelos en tu diario personal:

♦ aeróbicos	♦ correr	♦ patinar
♦ artes marciales	♦ escalar	♦ pesas
♦ baile	♦ esquiar	♦ pilates
♦ baloncesto	♦ estiramientos	♦ steps
♦ balonmano	♦ fútbol	♦ saltar
♦ bicicleta	♦ gimnasia	♦ tenis
♦ voleibol	♦ golf	♦ yoga
♦ boxeo	♦ jockey	♦ Zumba
♦ buceo	♦ kickboxing	
♦ caminar	♦ natación	

Si se te ocurren más deportes, por favor anótalos. Lo ideal para no caer en el aburrimiento y poder ejercitar diferentes partes del cuerpo es tener una variedad de ejercicios. La gran mayoría de los deportes, se pueden clasificar en tres tipos: cardiovasculares, de resistencia y estiramientos.

1. Ejercicios cardiovasculares

Este tipo de actividades te ayuda quemar más calorías rápidamente, reducir la grasa del cuerpo, y fortalecer tu corazón, pues al ser una actividad con mucha energía consigues llevar más oxígeno a la sangre. Tres razones muy importantes para practicar este tipo de ejercicio si quieres bajar de peso, pero siempre empiezas de menos intensidad a más para preparar tu cuerpo.

La principal característica con este tipo de deportes es que estás siempre en continuo movimiento sin descanso y tus palpitaciones del corazón son mucho más rápidas. Por eso, para no ahogarte haciendo ejercicios, es muy importante aprender a respirar correctamente para tomar la máxima cantidad de oxígeno. Sin este oxígeno el cuerpo no podría seguir esforzándose. Ahora entiendes por qué en una clase de baile, o si ves una carrera, la gente no habla. Eso es debido a que necesitas toda tu atención en respirar correctamente, porque en el momento que lo dejen hacer sus cuerpos se bloquean.

El ejercicio cardiovascular es magnífico para bajar de peso, pero te tiene que gustar lo suficiente para poder hacerlo por treinta minutos al menos tres veces por semana. Yo siempre recomiendo empezar simplemente por caminar, pues es un ejercicio que todo el mundo puede hacer, sin importar la edad, y además es gratis. Caminar es la mejor medicina del hombre. Solo necesitas unas buenas zapatillas, y ya estás listo para empezar a quemar calorías, fortalecer tu corazón y tus pulmones, y mejorar tu autoestima. Puedes caminar solo, con amigos o mascotas, y aprovechar para estar la naturaleza si tienes un parque cerca de casa. Si quieres un poco de más acción, montar en bicicleta, bailar, correr, practicar un deporte con los amigos como fútbol o baloncesto, jugar al tenis, e incluso ir a nadar.

2. Ejercicios de resistencia

Otro tipo de actividad física importante en tu vida es aquella que fortalece tu masa muscular, necesaria para reforzar tus huesos y mejorar tu balance, postura y flexibilidad. En definitiva, si haces este tipo de ejercicios te verás mucho mejor, pues cambia toda la forma de tu cuerpo, y te ves más sano y atractivo. Con este tipo de ejercicio, se te facilitarán mucho tus tareas diarias.

Una de los ejercicios de resistencia más efectivo es el levantamiento de pesas. Tanto hombres como mujeres lo pueden hacer. Puedes empezar de poco a poco, haciendo tres sesiones de treinta minutos por semana, y enfocándote cada día en diferentes músculos de tu cuerpo para que los demás descansen. También, y para no aburrirte, puedes hacer combinaciones de ejercicios de resistencia con ejercicios aeróbicos, o hacer ejercicios de resistencia con varias partes de tu cuerpo a la vez, hombros y espalda, brazos y pecho, piernas y abdominales.

Lo más importante cuando vayas a practicar ejercicios de resistencia no es el tamaño del peso que levantes, sino la calidad del ejercicio, tu posición correcta y la concentración. Te recomiendo que siempre busques un peso que sea un poco mayor al que te haga sentir cómodo, y que si lo haces en un gimnasio, pierdas la timidez para hacer preguntas y ver si lo haces correctamente. De lo contrario, hay muy buenos libros o tienes el Internet, que te explican claramente como hacerlos en tu propia casa y sacar los mejores resultados.

Por cierto, no es verdad que cuando dejas de hacer este tipo de ejercicio, tus músculos pasan a convertirse en grasa. El motivo es muy simple. Las células de los músculos son células de los músculos, y las células de las grasas son células de las grasas. Nada tiene que ver la una con la otra. La gran diferencia que existe entre el músculo y la grasa radica en cómo crecen y aumentan su volumen cada una de ellas. Las células de los músculos, solo pueden crecer si haces ejercicios de resistencia y por lo tanto, si no haces ejercicio, estas células, a pesar de estar en tu cuerpo, no van a crecer. En el caso de las células de las grasas es otra historia completamente diferente pues tu cuerpo sí puede crear más células de grasa si ve que puede almacenar más calorías, especialmente si no comes siempre a la misma hora y no tienes los mejores hábitos alimenticios. Las células de las grasas van creciendo a medida que comas más, y una vez se crean ya no se pueden eliminar de tu cuerpo, estarán siempre ahí esperando el momento para volver a retomar calorías. Pero con ejercicio regular y una buena alimentación puedes evitar crear más células de grasa y mantener las que tienes sin volumen.

Los abdominales son unos músculos que se encuentran situados en la pared de tu estómago y son de los órganos más vitales de tu cuerpo y constituyen la máxima protección para tu aparato digestivo. Además, esta zona se le considera como el centro de todas tus emociones. Si tienes buenos abdominales, te vas a sentir mejor física, mental y emocionalmente. Pero como es tan bueno tenerlos, es el ejercicio más difícil y que mayor esfuerzo va a necesitar de tu parte. El mayor beneficio de tener abdominales, además de lucir un cuerpazo en traje de baño, es una buena señal de que estás sano. Esto se debe a que es en esta zona del cuerpo donde tendemos a acumular más grasa, y por lo tanto, es consecuentemente la última donde desaparecerá. Si puedes ver los músculos de tus abdominales es una prueba que tienes un porcentaje de grasa muy bajo en tu cuerpo. Por otro lado, al ser una zona muy delicada por no haber muchos huesos, solo unas vértebras para mantener el peso del cuerpo, es importante tener una pared abdominal fuerte para proteger tus órganos digestivos, y ayudar a descansar la espalda. Los abdominales son mejor faja natural que puedas tener para lucir espectacular con ropa.

3. Ejercicios de estiramiento

Los ejercicios de estiramiento son en realidad el puente de unión que existe entre una vida sedentaria y una vida activa. Con el paso de los años y la falta de actividad física, los músculos van perdiendo su volumen, los tendones su fuerza y flexibilidad, y las articulaciones del cuerpo su lubricación. A medida que nos hacemos mayores, pasamos de ser unos niños muy flexibles a auténticos robots. Pero unos minutos de estiramientos todos los días, pueden ayudarte a combatir esos efectos nocivos. La calidad de tu vida cuando te hagas mayor dependerá de este tipo de ejercicios pues tendrás mucha mayor flexibilidad. Quizás no te des cuenta o sientas que tú estás en este grupo de personas, pero si sales a dar un paseo y te cueste caminar, o no puedes recoger cómodamente algo del suelo o te duele el cuerpo al subir las escaleras o al levantarte por las mañanas, entonces tienes un grave problema con los músculos y las articulaciones, y tienes que hacer ejercicios de estiramiento. Una buena opción si no te gusta hacerlo solo en casa, es apuntarte a una clase de yoga o pilates. A la segunda o tercera clase notarás una gran diferencia en tu cuerpo.

Otro grave problema de no tener flexibilidad, es que si por algún motivo te caes, es mucho más fácil que te rompas un hueso que una persona que es más flexible. Para su funcionamiento correcto, los músculos tienen que ser como gomas siempre elásticas: si pierden su elasticidad estos se desgarran más fácilmente y no podrás mover esa parte de tu cuerpo. Mucho cuidado si tiendes a desarrollar los músculos solo en una parte de tu cuerpo, pues quiere decir que existe un gran desbalance en otra parte de tu cuerpo, la cual a su vez, es más susceptible a tener otro tipo de problemas. Para que la actividad física que hayas decidido implementar en tu nuevo estilo de vida sea más efectiva, y evitar problemas de lesiones, trata de hacer siempre cinco minutos de estiramientos antes y después de practicar ese deporte. En el *Libro de ejercicios* encontrarás todos los ejemplos de cómo estirar en tu propia casa o en el trabajo.

Ahora que ya tienes la lista de ejercicios y conoces sus beneficios es hora de probar todos los ejercicios que te llamen la atención para descubrir cuál es el que más te gusta y te sientes mejor. Mi recomendación es que practiques una vez a la semana un tipo de ejercicio de cada categoría. Por ejemplo, en mi caso personal, yo voy a correr o clases de Zumba (baile aeróbico) tres veces por semana, hago yoga una vez por semana y una clase de pesas una vez por semana. Cuanto más variado sea tu ejercicio mejor y menos te aburrirás. Además puede ser que con la edad o temporada del año puedas practicar otros deportes. Abre tu mente, adáptalo como parte de tu estilo de vida y déjate sorprender por la experiencia. No tengas miedos y no te pongas límites. Quizás algo que no creas que te guste, se convierte en tu actividad favorita. Déjate guiar por tu intuición, despierta todos tus sentidos y disfruta del ejercicio. Finalmente, recuerda que existen muchos ejercicios que combinan diferentes tipos de actividades. Yo personalmente nunca me consideré una persona fanática de los estiramientos, y hoy en día uno de mis ejercicios favoritos es el yoga. De hecho el yoga y pilates son muy buenos ejercicios de estiramientos, pero también de resistencia, o la natación y el tenis, que son ejemplos de deportes donde incluyes el ejercicio cardiovascular y el de resistencia al mismo tiempo.

ONCE REGLAS PARA HACER DEPORTE

Llegó la hora de la verdad y ahora tienes que fijar el día que vas a empezar a hacer deporte y cambiar tu vida para siempre. Escríbelo en tu diario personal para que quede bien documentado. Felicidades por tu decisión y por el valor que has tenido para llegar hasta aquí. Si ya estás practicando deporte regularmente, revisa tus prioridades y fíjate nuevas metas. Si no practicas deporte, esta es tu mejor oportunidad para empezar. Hazlo por tu salud, por hacer realidad tus sueños, y por amor a la gente que quieres.

Para no dejarte con las manos vacías, aquí tienes los mejores consejos que he recogido a lo largo de todos estos años de hacer ejercicio. Espero que te sirvan para lograr con éxito tu propósito de convertir el ejercicio físico en parte de tu estilo de vida.

1. Métete en la cabeza que solo por el hecho de tomar esta decisión eres una persona muy especial y con un futuro prometedor. No tengas miedo al ridículo. Si te da pena o vergüenza salir de casa con ropa de ejercicio, recuerda las principales razones por las que tienes que hacerlo. Cuando vas a hacer deporte, no tienes que preocuparte por tu aspecto externo, porque al fin y al cabo vas a acabar sudando. Lo que importa es tu fuerza interna. Ante palabras negativas o miradas indiscretas date media vuelta, enfócate en tu ejercicio y haz como los tres monitos místicos, que seguro alguna vez has visto y donde se tapan con sus manitas los ojos, los oídos o la boca: "no ver", "no oír", "no decir". Y recuerda, que nunca necesitas de la aprobación de nadie para hacer algo que sea bueno para ti.

2. Si no has hecho ejercicio por mucho tiempo, tómate las cosas tranquilamente y de poco a poco. Cuando empezamos a hacer algo nuevo, nuestra mayor equivocación es poner todas las fuerzas al principio y esperar resultado inmediatos. Cuando no conseguimos alcanzar nuestras expectativas, en-

tonces nos frustramos rápidamente y perdemos toda la motivación. Esto pasa con el deporte y en cualquier meta que desees mucho. Lo mejor que puedes hacer es empezar bien despacito para ir aprendiendo, preparándote mejor y tomando fuerzas. Ya tendrás tiempo de correr todo lo que quieras cuando estés realmente listo. Además tienes que tener cuidado de no lesionarte, cansarte demasiado, o tener una mala experiencia que te justifique erróneamente tirar la toalla y no volver nunca más a intentarlo. Si te apuntas a un gimnasio, no vayas todos los días para hacer la misma rutina, porque te aseguro que en un par de semanas no vas a querer seguir regresando. El secreto para poder hacer ejercicio físico a largo plazo se basa en la variedad para no caer en el aburrimiento y la monotonía. Si no tienes mucha fuerza de voluntad por ti mismo para hacer deporte, te recomiendo los ejercicios de grupo.

3. Al igual que planificas la compra de la semana o la ropa que te vas a poner para ir al trabajo, tienes que planificar muy bien tu horario de ejercicio todas las semanas y tratar de mantenerlo regularmente. Sin organización y planificación es imposible llevarlo a cabo, pues no estamos hablando de cinco minutos aquí y diez minutas allí. En realidad, tienes que encontrar espacio en tu agenda para dedicarte entre cuatro a cinco horas semanales a practicar algún tipo de deporte, sin contar el tiempo que te pueda tomar prepararte para hacerlo, llegar al lugar donde harás el ejercicio y luego asearte para volver a tus actividades. Fácilmente, tu tiempo se puede duplicar a ocho horas semanales. Por lo tanto, lo mejor que puedes hacer es crear un plan que sea realista y ver qué opciones funcionan mejor según tu agenda. Lo más seguro es que te toque revisar este plan de vez en cuando, pues siempre surgen nuevas actividades y responsabilidades con el paso del tiempo. En mi caso personal, hago ejercicio durante horas de trabajo y las bloqueo en mi agenda como si fueran reuniones

de trabajo para que nadie me moleste. Te doy este ejemplo para que hagas lo que tienes que hacer para no encontrar ningún tipo de excusa. Si no eres una persona mañanera, no trates de obligarte hacer ejercicio a las seis de la mañana porque no va a funcionar. O si eres una persona que le guste relajarse por las tardes, será muy difícil hacer deporte a esas horas. Tienes que jugar con tu calendario y ser lo más honesto posible para encontrar las mejores horas del día.

4. Comparte tu plan final con tu familia o círculo cercano de amistades para que respeten tu decisión y te apoyen en lo posible. Si te quieren de verdad, estarán felices de ayudarte, al igual que tu lo harías si ellos vinieran a ti con la misma petición. Explícales lo importante que es para ti cumplir con éxito esta meta en tu vida, y cuánto significaría para ti contar con su apoyo. Pase lo que pase, con la ayuda de los demás o sin ella, sigue buscando la solución y no te alejes de tu propósito. Los obstáculos te harán aún más fuerte de lo que eres y te prepararán mejor para el futuro.

5. Si realmente quieres hacer ejercicio, tienes que meterte dentro del papel de hacer ejercicio y tener la ropa adecuada. No puedes ser un buen marinero sin tu uniforme. Cuanto mejor te sientas con tu *look*, más motivado estarás para hacer ejercicio. La ropa para hacer deporte tiene que ser ligera, cómoda, que se seque rápidamente y que tenga elasticidad. Por último, el accesorio más importante y donde sí vale la pena invertir un poco más de dinero, es en unas buenas zapatillas, y así evitar lesiones. De acuerdo a la actividad física que decidas hacer, existen diferentes tipos de prendas y accesorios que vas a necesitar. Ponte tu uniforme y ya tendrás ganada la primera batalla. Pero mucho cuidado con confundir hacer deporte con caminar en una pasarela. La comodidad es lo más importante. Las mujeres no necesitan llevar maquillaje y peinados; una coleta o una gorra para retirar el pelo de la cara es más que suficiente, pues el objetivo es sudar.

6. Hacer ejercicio por la mañana antes de desayunar puede ayudarte a bajar de peso más rápido que si lo haces a otras horas del día. Tu cuerpo, después del ayuno de la noche, tiene menos carbohidratos en el organismo, y por lo tanto, cuando hagas deporte quemarás directamente lo que más quieres, la grasa. Además, tendrás mucha más energía para empezar bien el día y ser más productivo. Por otro lado, es la mejor manera de evitar que otras cosas imprevistas cambien tus planes y termines sin hacer ejercicio.

7. Es importante que comas algo antes de hacer ejercicio para tener energías y no desfallezcas a los diez minutos, pero lo que consumas tiene que ser ligero y hacerlo con treinta minutos de antelación, para tener tiempo de hacer un poco de digestión. Por supuesto, no comas nada pesado, pues te sentirás muy cansado. Los carbohidratos son una buena opción si necesitas energía, pero asegúrate que éstos sean bajos en grasa. La mejor opción que tienes es tomar un poco de cereales con fibra. Si vas a hacer ejercicios de resistencia, las proteínas, como las claras de huevo, te pueden ayudar a aumentar tu masa muscular. Incluso los alimentos con grasa también puede ser una buena fuente de energía para entrenar, pero como ya sabes, que sean productos con grasas no saturadas como las que provienen de las nueces, los aguacates y el pescado.

8. La hidratación es fundamental antes, durante y después del ejercicio. La mejor opción y la más económica es beber mucha agua. Como hemos visto en el capítulo anterior, el agua te ayuda a transformar la comida en fuente de energía antes de hacer cualquier tipo de deporte, te ayuda a regular la temperatura corporal a través del sudor y te da la hidratación necesaria que necesitas después de haber perdido mucha sudor por el ejercicio. Agua, agua y agua será siempre tu mejor opción. Ten mucho cuidado con las bebidas especiales para hacer ejercicio pues pueden tener muchas calorías y azúcares que tu cuerpo no necesita. Si quieres una buena al-

ternativa a este tipo de bebidas, pruebe el agua de coco, el segundo líquido natural más saludable que existe después del agua. Contiene más potasio que una manzana y tiene electrolitos naturales para darte toda la energía que necesitas y mantenerte bien hidratado. Si necesitas más energía al principio, en lugar del café puedes tomarte una taza de té verde, porque da la misma energía a tu cuerpo, y es mucho más sano por sus propiedades antioxidantes. Además te ayuda a perder peso.

9. Si haces ejercicios de resistencia con pesas, trata de hacer tres ciclos seguidos por cada músculo, de entre ocho y diez repeticiones cada uno, con un descanso de treinta segundos entre cada ciclo. No utilices pesas muy pesadas que puedan provocarte una lesión, pero tampoco muy ligeras donde apenas puedas notar el peso. Cada día enfócate en dos o tres músculos diferentes de tu cuerpo, preferiblemente un músculo grande y otro pequeño, para que el resto de los músculos puedan descansar. Por ejemplo, puedes combinar un músculo grande como la espalda, con un músculo pequeño de tus brazos como los bíceps, o combinar el músculo grande del pecho con los tríceps, espalda con hombres, piernas con abdominales.

10. La mejor manera de motivarte al máximo y mantenerte en un estado de euforia durante todo el ejercicio es escuchando tu música favorita. La música te ayuda a acallar cualquier tipo de pensamiento, a mantener un ritmo constante, te motiva a hacer un poquito más de esfuerzo, hace que el tiempo se pase más rápido, y te ayuda a sentirte bien contigo mismo. Escucha tu música favorita para entrar en calor, una música más movida para entrar en ritmo, y no termines de hacer ejercicio hasta escuchar las diez o doce canciones de todo el álbum. Esa es tu meta.

11. Utiliza tu maravillosa mente para visualizar los resultados del ejercicio que deseas hacer. Si antes de empezar a hacer ejercicio, visualizas dónde quieres llegar y cómo deseas ter-

minar, te aseguro que tienes muchas probabilidades de conseguirlo. Todo el dolor está solo en tu mente. La visualización es muy poderosa. Prueba hacerlo y verás cómo eres capaz de hacer más de lo que piensas. La próxima vez corre cinco minutos más, toma dos kilos de pesas más, haz tres flexiones más. Sigue superando de poco a poco tus metas y toma muy buena nota de tu progreso. Si te fijas bien en el gimnasio, encontrarás mucha gente con un papelito en la mano y un bolígrafo para anotar su progreso y mantener cierto orden con sus ejercicios. Una de las razones que me encanta hacer deporte es que puedes unir la causa a un efecto. Te pones una meta, haces ejercicio y experimentas resultados. Algunos de los resultados serán inmediatos como el aumento de energía, la claridad mental o que terminas rendido en la cama durmiendo profundamente. Otros efectos serán más a largo plazo como un cambio en tu figura, menos estrés en tu vida, y la más importante de todas, una mejor salud.

Una buena manera de mantenerte motivado para seguir haciendo ejercicio es documentando tu progreso en un cuaderno de ejercicio o tu diario. Si no te has tomado ya la foto y anotado tus medidas y peso actual este es tu mejor momento para hacerlo. Una vez por mes actualiza tu progreso escribiendo tus nuevas metas, cómo te sientes, describiendo tus experiencias y anotando algunas sugerencias. Aprovecha para ver tu progreso, si has avanzado, estás en el mismo lugar o estás peor que antes. La única manera de saber lo que está pasando es viendo la realidad, y cuando está en blanco y negro sobre el papel, es lo que es, no puedes mentir ni poner excusas. Aunque sea mucho trabajo anotar todo esto, llegará un momento en el que deseas tirar la toalla y no seguir adelante con el ejercicio y este diario puede ser tu salvación para ver todo tu esfuerzo y recuperar la motivación para volverlo a intentar.

Para tener salud, energía, vitalidad, ser productivo y tener un cuerpo hermoso, solo tienes que tomar una simple decisión: hacer deporte.

El secreto para conseguirlo es cambiar tu manera de pensar y enfocar toda tu energía en alcanzar lo que quieres. No olvides que el cambio sucede cuando el deseo por el cambio es mayor que la resistencia al mismo. La gran mayoría de las personas no descubren su verdadera pasión en la vida porque sus cuerpos están muy cansados y enfermos para ver con claridad su potencial. Hacer ejercicio físico regularmente, y comer productos sanos y frescos, es uno de los compromisos personales más serios que tienes que tomar si deseas y decides vivir la vida de tus sueños.

Resumen

1. La única solución efectiva y garantizada que existe para bajar de peso, tener salud y prevenir enfermedades es comiendo sanamente y haciendo ejercicio regularmente.

2. Mientras la comida es el combustible para tu cuerpo, el ejercicio es el mantenimiento necesario para estar en condiciones óptimas. Sin ejercicio tu cuerpo envejecerá más rápidamente y dejará de funcionar.

3. Tu cuerpo ha sido creado por naturaleza para estar sano y en movimiento. Es el resultado de la evolución del ser humano. Por instinto natural, el cuerpo tiene que estar en las mejores condiciones para poder sobrevivir. Es antinatural no tener agilidad, flexibilidad y fuerza.

4. La gran mayoría de los deportes, se pueden clasificar en tres tipos: cardiovasculares, de resistencia y estiramientos. Trata de al menos practicar un ejercicio de cada categoría por treinta minutos cada semana.

CAPÍTULO 4
BUENOS HÁBITOS

Felicidades. A esta altura del camino ya tienes un largo trecho recorrido en la búsqueda de tus sueños. La salud es vital para conseguir con éxito todas tus metas y lo más difícil ya lo has pasado. Para dar por terminado este primer destino del viaje de tu vida solo me queda por recomendarte algunos buenos hábitos que puedes incorporar fácilmente a tu estilo de vida para prolongar tu salud, tu belleza y tu juventud, y luego darte unos secretos para sacarle el mejor partido a tu imagen.

Ante de compartir contigo algunos de estos hábitos es importante que conozca la definición de lo que es un hábito, y no me refiero a la ropa de un monje. Un hábito es hacer una misma actividad todo el tiempo sin que te resulte un gran esfuerzo. En realidad, se convierte en parte de tu rutina diario y es una acción que haces automáticamente sin pensarlo, como por ejemplo bañarte o vestirte.

A la hora de tener buenos hábitos, es importante tener en cuenta es cómo se crea un hábito. Cuando repites una misma acción una y otra vez, terminas teniendo las mismas consecuencias y al aceptar como normales esas consecuencias en tu vida terminas creando un hábito.

Normalmente, los malos hábitos son lamentablemente muchos más fáciles de adquirir que los buenos hábitos. Entre los más populares tenemos comer mal, no hacer ejercicio, fumar, beber alcohol, tomar muchos medicamentos, las drogas, quejarse todo el tiempo, estar de mal humor, hacer las cosas sin esfuerzo, mentir y muchos que seguro te van a venir a la cabeza. Desgraciadamente, un mal hábito es un freno que tienes en tu vida que no te va a permitir evolucionar y llegar a descubrir tu verdadero potencial para alcanzar lo que te propongas.

Para cambiar un hábito y transformarlo de negativo en positivo la única forma de hacerlo es primero cambiando la manera de pensar y luego actuando de acuerdo a las nuevas decisiones que tú mismo has tomado. Al principio toma mucho esfuerzo, pero vale la pena el sacrificio inicial para eliminar los malos hábitos de tu vida. Como te puedes dar cuenta, aunque todavía estemos en el primer destino de nuestro viaje dedicado a la salud, estamos viendo todo el tiempo el papel tan importante que la mente juega en tu vida. El verdadero responsable de la gran mayor parte de tus problemas no viene del exterior, sino de tu interior. Esto me recuerda la historia de los lobos. Los hábitos son como dos lobos muy hambrientos y feroces que viven en la misma cueva, tu mente. Uno de ellos es el lobo bueno, el cual se alimenta de amor, positivismo, entrega, bondad, compasión, humildad. Y el otro es el lobo malo, el cual prefiere la envida, los celos, el dolor, las mentiras, la negatividad. Si se enfrentan los dos lobos en una pelea, uno contra el otro, ¿cuál crees que ganaría la batalla? La ganaría el lobo que tú decidas alimentar más. La mejor manera para que los hábitos buenos ganen la pelea contra los malos, es dejar de alimentar a los malos, y enfocarte solo en alimentar los hábitos buenos. Es tu decisión.

HÁBITO #1: APRENDE A RESPIRAR

Te lo creas o no, lo más probable es que no sepas respirar como es debido. Es necesario aprender a respirar correctamente para proveer el mayor oxígeno posible a todo el cuerpo. Aunque respirar es una actividad que hacemos inconscientemente todo el tiempo, es un instinto natural, nosotros también podemos ayudar a nuestro cuerpo a respirar mejor en diferentes momentos del día para llenaros de más oxígeno.

Primero haz el ejercicio de respirar conscientemente. Colócate en una posición cómoda. Puedes hacerlo sentado, de pie o tumbado. Lo importante es sentirte cómodo, sin ropa que te apriete o moleste especialmente en la zona de tu estómago. Entonces, toma aire profundamente a través de la nariz con la boca cerrada en cinco segundos, llenando primero la parte inferior de tu vientre y llenándolo como si fuera un globo de aire hasta que no puedas más y utilizando ese último segundo para llenar el espacio superior que hay entre el pecho y los pulmones. Aguanta el aire dentro de tu cuerpo uno o dos segundos, y vuélvelo a soltar muy despacio por la nariz de nuevo contando hasta cinco. Repite este ejercicio al menos por dos a cuatro minutos varias veces al día. Cuando respiras hacia dentro, inhalas, sientes como si tomaras el aire desde lo más profundo de tu nariz donde se une con la garganta. Puedes notar que haces sin querer un pequeño ruido, como un sordo ronquido, y una pequeña vibración en las paredes de la garganta. Si cierra los ojos y te enfocas en tomar el aire de este modo rítmicamente te sentirás que estás sentado junto a la orilla del mar escuchando el ir y venir de las olas.

Este ejercicio lo puedes practicar en cualquier momento del día, cuando te sientas con algún tipo de ansiedad o estrés, y especialmente cuando termines de hacer ejercicio para llenar los pulmones de oxígeno y así poder recuperarte más rápidamente. La respiración profunda y consciente te ayuda a regular todas las funciones del cuerpo, pero también es un buen puente de contacto entre tu mundo físico y tu mundo espiritual. Cuando enfocas toda tu atención al acto de respirar, tu mente se tranquiliza y tus pensamientos desaparecen. Por ello, la respiración es la herramienta clave para poder meditar. Pero de eso hablaremos más adelante. Lo importante por ahora es respirar profundamente cuantas más veces mejor para convertirlo en un buen hábito que beneficie a tu salud.

HÁBITO #2: FELICES SUEÑOS

¡Buenos días! Me acabo de levantar de mi camita, y como dicen en mi país, dormí como un tronco. No me preguntes como duerme un tronco, una piedra, un león o un oso, pero yo he dormido de una tirada siete horitas y sin despertarme. ¿Has visto a un bebé dormir? Pues así tendrías que estar durmiendo tú, todas las noches.

Después de aprender a respirar correctamente, una buena noche de sueño es el segundo mejor hábito para tu salud física, mental y espiritual. Físicamente tienes que dormir para poder sobrevivir. Tarde o temprano, quieras o no, el sueño te va a ganar y te quedarás dormido. Es un instinto natural que el cuerpo tiene, al igual que con el resto de los animales, para poder descansar. Lamentablemente mucha gente no duerme toda la noche, sino solo en intervalos de unas horas y muy poco tiempo. Mientras estás durmiendo no solo tus músculos están finalmente descansado después de todo el esfuerzo de mantenerte en movimiento todo el día, sino que se están rejuveneciendo las conexiones entre las células cerebrales, permitiendo renovar el sistema inmunológico, mejorar la reacción de insulina y crear las hormonas de crecimiento que son tan importantes para una piel saludable y los músculos. Mentalmente, el sueño tiene un impacto muy importante sobre tu sistema nervioso y tu cerebro, motivo por el cual, si no duermes bien por la noche, al día siguiente estás siempre de mal humor, cansado y sin energías. Dormir mejor te ayuda a descansar la mente de todo el parloteo que tus pensamientos tienen durante el día y te permite pensar con más claridad. Por eso, cuando te levantes encuentras muchas veces la solución que estabas buscando a un problema por resolver. Y por último, el sueño también tiene beneficios sobre tu espíritu, pues no solo toda tu energía y actitud cambia después de una buena noche de sueño, sino que por unas horas estás dando la posibilidad a tu alma de ser completamente libre. Mientras tu cuerpo y tu mente están descansando, tu alma tiene permiso de viajar y divertirse.

Hoy en día nos hemos convertido en una sociedad que no duerme.

Debido a los avances tecnológicos como los teléfonos móviles, los computadores, el Internet, el televisor y los videojuegos y el estrés diario, dormimos una media de cinco a seis horas diarias como mucho. Ello se debe a que pensamos que podemos ser más productivos si dormimos pocas horas, pues eso quiere decir que tenemos más tiempo para otras cosas mientras estamos despiertos. Lamentablemente pedir prestado horas al sueño para hacer nuestras actividades diarias es una de las peores decisiones que puedas hacer contra tu salud. Pasa exactamente lo mismo que si tienes una tarjeta de crédito, y todos los días la sigues usando para sacar dinero del banco, pero no pones ningún ingreso a cuenta. Tarde o temprano, acabarás arruinado. Lo mismo pasa con tu salud.

¿Cuántas horas de sueño crees que necesitas tener al día? La respuesta correcta es el tiempo necesario para tu cuerpo. Cada persona es un mundo diferente pero al menos tendrías que dormir una media de siete a nueve horas todos los días, y más para los pequeñitos de la casa. Más de nueve horas puede tener también efectos negativos pues puedes sentirte aletargado todo el día. Sin embargo son muy pocas las personas que duermen más de nueve horas. Por lo tanto, cuanto más puedas dormir mejor. La gente que duerme menos de seis horas por la noche tiene hasta un 50 por ciento más de probabilidades de tener infecciones virales y un elevado riesgo de tener ataques al corazón y derrames cerebrales. Incluso, los nuevos estudios médicos han asociado las pocas horas de sueño con un alto riesgo de tener Alzheimer's.

Una buena motivación para irte a la cama temprano es que cuantas más horas duermas, más adelgazarás. Las razones por las cuales puedes bajar de peso son muchas. Si no duermes, tendrás más apetito y por lo tanto comerás más. Como es de noche los productos que te van a satisfacer más rápido son productos con altos contenidos de azúcar y carbohidratos. Por lo tanto, estás consumiendo más calorías pero en un momento en el cual tu cuerpo no está quemándolas pues no está en movimiento sino descansando. Otro motivo es que durante la noche tu cuerpo sigue quemando calorías pues aunque tu mente duerma, el cuerpo sigue funcionando para mantenerte con vida.

Trata de irte a la cama todos los días a la misma hora, incluyendo fines de semana y vacaciones. De ese modo, tu cuerpo se acostumbrará a una rutina de funcionamiento y descanso, y evitarás tener insomnios si todos los días te acuestas a diferentes horas. Para tener un buen descanso es importante que te vayas a dormir con un estómago vacío para que tus órganos internos no tengan que trabajar cuando en realidad es hora de descansar. Por ello, la cena tiene que ser alimentos ligeros y fáciles de digerir. Cuando llegue la hora de irse a la cama poco a poco trata de crear un ambiente más relajado para ir a dormir, baja o apaga las luces, pon una música tranquila, apaga el televisor, cierra las cortinas para que la habitación esté más oscura y si quieres tómate una ducha caliente antes de ponerte el pijama. Si tienes insomnio trata que la habitación esté fresca para que el calor de tu cuerpo baje en lugar de acelerar tu metabolismo. Encuentra la posición en la que más cómodo te sientas. Cuando ya estés en la cama, y con los ojos cerrados, asegúrate que todos tus pensamientos son buenos, positivos y de agradecimiento. Si vas a la cama estresada, después de una discusión, molesta o con muchos temas en la cabeza, tendrás una noche revuelta. Lo mejor es aprovechar unos minutos en la cama para repasar todas las cosas positivas que pasaron durante el día, dar gracias y hacer tus oraciones.

Para poder dormir mucho mejor tienes que tener una buena cama con un colchón firme, pero cómodo para dar el mejor reposo a tu cuerpo. Otro punto importante, es mantener un cuarto limpio y ordenado para tener una buena energía en la habitación. Descubre todos los consejos sobre el feng-shui en tu habitación para poder dormir como un angelito en el *Libro de ejercicios*.

Cuando te levantes, aprovecha los primeros minutos del día para disfrutar del calor de la cama, de esa bella sensación del despertar, respirar profundamente y planificar el día visualizando todo lo que tienes que hacer. Si tienes una buena actitud en los primeros minutos todo el día te irá de maravilla.

En el capítulo sobre la alimentación hablamos sobre cómo el cuerpo por naturaleza tiene su propio método de desintoxicación para limpiar todas las impurezas. Este método tiene lugar mientras tú estás durmiendo. Cuando va llegando la noche y estás a punto de irte a la cama normalmente siempre tienes que ir al baño. Esto sucede porque el cuerpo elimina las toxinas durante este tiempo a través del sistema linfático. Tus primeras horas de sueño profundo, son cuando el hígado realmente se pone a trabajar. Cuando termina el hígado, empieza el proceso de desintoxicación de los pulmones y por eso muchas veces tosemos sin darnos cuenta a mitad de la noche. Después, cuando ya es de madrugada llega el momento de la desintoxicación del colón y es el momento para ir al baño a vaciar el intestino. Y finalmente, llegó la hora de absorber nuevos nutrientes a través del desayuno para tener nuevas energías para un nuevo día. Si no duermes bien interrumpirás el proceso natural de desintoxicación de químicos que tu cuerpo necesita hacer todas las noches. Además, es durante las horas profundas de tu sueño cuando la médula ósea produce y depura tu sangre. Como te dije a principio del libro, el cuerpo es perfecto y todo tiene una razón de ser. Si tratamos de ir en contra de las leyes de la naturaleza no nos puede sorprender que terminemos enfermos. Una sana alimentación, hacer al menos una hora de ejercicio al día, y diez minutos de meditación antes de dormir puede ayudar significativamente a dormir toda la noche.

HÁBITO #3: REGÁLATE UN BUEN BAÑO

Después de respirar bien, dormir como un tronco, hacer ejercicio y comer sanamente, un buen hábito que tienes que hacer por tu cuerpo, tu bienestar y tu belleza es tomarte un buen baño. Cada vez que estamos cerca del agua, ya sea en la bañera, en una piscina, en el río, en un lago o en el mar, nos sentimos felices. ¿Será porque tenemos tres cuartas parte de agua en nuestro cuerpo y nos sentimos como pez en el agua? El agua es fundamental para la vida.

El principal beneficio de tomarse un buen baño es para estar bien limpios y hermosos todos los días, pero también tiene beneficios importantes para tu salud. Por ello, si quieres empezar el día con buen pie te tomas un baño para despertar el cuerpo y tener energías, y si quieres relajarte después de un gran día en el trabajo no hay mejor remedio que llenar la bañadera con agua caliente y mucha espuma. Cualquier que sea tu razón, siempre te sentirás muy bien cuando el agua entra en contacto con la piel pues tiene un efecto purificador que elimina al instante el cansancio. Si te sientes de mal humor o cansado, tomarte un baño puede ser una fácil decisión de llevar a cabo para cambiar de actitud y tener mejor energía en solo unos minutos. Si no me crees, haz la prueba: tómate un baño de agua caliente por diez minutos y descríbeme como te sientes antes y después de hacerlo. Las investigaciones médicas también han demostrado que estar sumergido con agua caliente por al menos diez minutos tiene numerosos beneficios para el buen funcionamiento del corazón, fortalecimiento del sistema inmunológico y la prevención de enfermedades, especialmente relacionadas con la piel. Para evitar todo tipo de infecciones en general es imprescindible limpiar bien todo el cuerpo, incluyendo diariamente una limpieza profunda de los órganos sexuales. Es importante perder el pudor no solo de limpiarse bien, sino también aprovechar el momento íntimo del baño para realizar un autoexamen y poder notar anomalías en tu cuerpo. La prevención siempre es el mejor remedio contra cualquier enfermedad y cuanto más pronto la detectes mejor.

Puedes tomarte baño de agua caliente o agua fría. Cada uno tiene efectos distintos sobre tu cuerpo. Si te duchas con agua muy caliente conseguirás que los poros de tu piel se abran y resulte mucho más fácil con una buena esponja eliminar todas las toxinas. El agua caliente también ayuda a bajar el nivel de azúcar en la sangre, relajar los músculos que están muy tensos y a trabajar mejor el colon. Pero tienes que tener mucho cuidado con el agua caliente por mucho tiempo pues puede resecar tu piel y eliminar los aceites naturales que la hidratan. Si tu piel es por naturaleza seca, es importante que después del baño o antes de irte a dormir te pongas una buena crema hidratante y nutritiva.

El agua fría es un buen remedio para tener más energías si te encuentras cansado pues te ayuda a mejorar la circulación en la sangre. Pero al mismo tiempo tiene el efecto de poder aliviar todas las tensiones, el estrés e incluso los efectos de la depresión. Por ello es muy popular encontrar en los centro de spa piscinas o bañeras con agua caliente y agua fría. Mientras que el agua caliente es buena para relajarse y sentirse bien al instante, el agua fría tiene un efecto terapéutico inmediato pues alivia el estrés y acalla la mente al instante. El agua fría es también una buena alternativa para las personas que sufren de hipertensión arterial y ayuda a que la piel y las uñas no se resequen tanto. Si no te gustan las duchas con agua fría, como es mi caso, puedes alternar la temperatura de tu baño cambiando de agua caliente a agua fría y podrás conseguir un efecto similar. Un dato importante para conseguir un cabello fuerte y con brillo es siempre pasarte agua muy fría por el cabello antes de salir de la ducha o el baño pues ayuda a eliminar todos los residuos del champú sellando al mismo tiempo las cutículas del pelo.

Después de lavarte bien el cabello y limpiarte todo el cuerpo con un buen jabón, toma un par de minutos para purificar el cuerpo y el aura. En la filosofía del "feng-shui" cuarto del baño significa limpieza y dejar ir todo lo viejo para dar espacio a lo nuevo. Asegúrate de no sujetar con fuerza conductas viajas y negativas que no te permitan disfrutar de la promesa y el gozo de cada momento. Revisa todas tus pensamientos y emociones negativas, como el resentimiento, el odio, la conformidad y da la orden a tu mente de abandonar tu cuerpo a través de la piel y disolverse con el agua para terminar desapareciendo por las cañerías. Deja y siente ir como cada una de esas energías negativas se funden con el jabón de tu cuerpo para finalmente desaparecer de tu vida. Y a medida que sientes que estás liberándote de todas las toxinas que hay dentro de ti, recibe a través del agua que cae sobre tu cabeza amor, luz y bendiciones en tu vida. Regálate una vez a la semana un buen baño caliente y con espuma. Tu cuerpo, tu mente y tu espíritu se lo merecen.

HÁBITO #4: HIGIENE PERSONAL

La higiene personal es un hábito básico para el cuidado del cuerpo para vivir con buena salud y mantener una mejor calidad de vida. Además del baño diario, de cuyos beneficios acabamos de hablar, y del uso de ropa limpia, y el lavado las manos frecuentemente durante el día, existen otra serie de hábitos de higiene que no puedes dejar de hacer a lo largo de toda tu vida. Repasemos.

1. Los dientes

El mejor accesorio para presentar tu mejor imagen al mundo es tener una hermosa sonrisa. Tener una buena y sana higiene bucal es importante para prevenir muchas enfermedades y para tener éxito en la vida. La boca, al fin de cuentas, es una parte integral de tu cuerpo y por donde entra todos los alimentos. Si no tienes el hábito diario de cuidarte los dientes con un buen cepillado terminarás acumulando bacterias e infecciones que no solo pueden debilitar tus dientes y dañar las encías, sino también afectar tu salud general, especialmente cuando entran en contacto con los nervios de los dientes, los cuales a su vez están en contacto con otros nervios y la circulación de la sangre. Los estudios médicos han demostrado que las bacterias que se encuentran en la boca están relacionadas también con ataques al corazón, derrames cerebrales, diabetes, pérdida de masa ósea y otras enfermedades.

Para poder tener tu mejor sonrisa tienes que lavarte los dientes todos los días, tres veces al día, después de comer con el fin de eliminar todos los restos de comida. Además, es importante lavarte los dientes por la mañana nada más te levantes y por las noches antes de acostarte. Nunca compartas con nadie el cepillo de dientes. El cepillo es personal e intransferible y se debe cambiar con regularidad, cada tres meses aproximadamente. También ten cuidado con dañar el esmalte de los dientes con un cepillo con los pelitos muy duros, es preferible usar un cepillo que sea más suave. Los dientes los tienes que limpiar al menos por dos minutos. Me has oído bien. Estoy seguro que en treinta segundos terminas, pero no es suficiente. No te pido que hagas los dos minutos enteritos, pero sí que trates de hacerlo al menos por un minuto. Por curiosidad, cronometra la próxima vez cuanto tiempo tardas y sorpréndete tú mismo. Y por cierto, uno de los secretos que he tardado muchos años en incorporar como parte de mi rutina al limpiar los dientes es usar el hilo dental. Mi madre me lo decía y mi dentista también, pero siempre me pareció una pérdida de tiempo. Ahora con la edad, me doy cuenta de que el hilo dental evita que tengas problemas en los dientes, elimina el mal olor de tu boca y te deja los dientes en muy buen estado. Así que manos a la obra. Con el mismo empeño que pones a la hora de peinarte, ahora lo tienes que hacer lo mismo pero con el hilo dental en tus dientes. Si quieres una buena motivación para usar el hilito todos los días, los estudios han demostrado que puede darte hasta casi siete años más de vida y la principal razón es porque con el hilo es la única manera que podrás llegar y retirar todos los residuos que un buen cepillado no puede lograr. Para un mejor sabor de boca y eliminar completamente cualquier tipo de bacteria o gérmenes que puedan quedar después de cepillarte los dientes y usar el hilo, puedes enjuagarte con un elixir bucal. Por último, para mantener en buen estado tus dientes, detectar cualquier tipo de caries o infecciones es importante visitar al dentista al menos una vez al año. Además el dentista podrá pulirte los dientes para eliminar las manchas creadas por los efectos del café, el té o del cigarrillo si fumas, y darte un tratamiento para blanquearlos para que consigas una sonrisa de estrella.

Por supuesto, no hay nada peor para tus dientes que fumar, pues los vuelve amarillos y enfermizos. Por lo tanto, busca la manera de dejar este mal hábito. Es verdad que el café, el vino tinto, y la cola son también enemigos para mantener un color blanco en tus dientes, pero es más fácil de combatir si te limpias bien los dientes todos los días, con blanqueador y visitando al dentista. Otra opción es tomar estas bebidas con pitillo o papalote, o sustituir el café por un té clarito, el vino tinto por vino blanco y la cola por un jugo natural o agua. También puedes ayudar mucho a tus dientes si tomas frutas y vegetales, pues estos además de dar buenas vitaminas y minerales a tu cuerpo, también son perfectos limpiadores naturales para eliminar manchas y residuos en tus dientes. Si te gusta comer mucho el limón, tienes que tener cuidado pues puede dañar el esmalte de tus dientes y dejártelos grises.

Mantener los dientes sanos y blancos no solo hará que luzcas más atractivo, sino también podrás masticar la comida mejor, eliminar el mal aliento y reflejar que eres unas persona trabajadora, con atención a los detalles y buen sentido de la estética, valores positivos que te pueden ayudar mucho en la vida.

2. La piel

La piel es el órgano más grande de tu cuerpo y la frontera entre tu mundo exterior y tu mundo interior. Desde el primer día de tu vida, tu piel empicza a envejecer y el mejor remedio para protegerlo y mantenerlo joven es mantenerse fuera de los efectos del sol. Los rayos ultravioletas del sol tienen efectos muy negativos sobre la piel como la creación de las terribles arrugas, resequedades y manchas. Si tomas demasiado sol además puedes tener serias quemaduras, decoloración de la piel y cáncer de piel. Para protegerte mejor evita tomar el sol entre las diez de la mañana y las tres de la tarde que es cuando los rayos del sol están más fuertes, usa siempre crema de protección solar para cara y para cuerpo en cualquier temporada del año y lleva una gorra o sombrero y ropa que proteja la piel.

Uno de los mejores hábitos para tu salud y prevenir enfermedades y contagios es lavarse siempre las manos con agua y jabón antes de ir a comer, cuando llegamos de la calle, después de toser o estornudar y tocar el dinero o la basura. Imagínate la de cosas que tocas durante todo el día. Sea lo que sea, seguro que has entrado en contacto con gérmenes y las manos, sobre todo alrededor de las uñas, es el lugar predilecto para éstos instalarse. Además si estás resfriado tus manos son las principales transmisoras del virus. Tu responsabilidad y respeto por la salud de los demás es siempre tener las manos bien limpias. Si no tienes agua a mano, yo siempre llevo conmigo un frasco con alcohol en gel para desinfectarme, especialmente si estoy viajando.

La piel es probablemente el primer órgano beneficiado por tus buenos hábitos alimenticios, pues reflejará al exterior de que está compuesto por dentro. Come muchas frutas, vegetales y buenas proteínas. Si tienes acné en la piel una dieta rica en vitamina C y baja en grasa, azúcar y alimentos procesados puede ayudar a eliminarla. Si los problemas del acné persisten posiblemente se deba también al estrés que tengas en tu vida. Relájate y encuentra armonía y balance en tus quehaceres diarios y experimentarás buenos y positivos resultados al instante sobre tu piel y tu imagen tanto externa como interna.

Por último, hablemos de uno de los peores hábitos que existen contra tu salud, el acto de fumar. Poco a poco el mundo está empezando a tomar consciencia del grave daño que fumar tiene contra la salud, no solo de la persona que fuma, sino también para el que respira el humo. Si tú eres un fumador, y todavía no lo has dejado por temor a tener la terrible enfermedad del cáncer de pulmón, tienes que saber que cada cigarrillo te hace lucir mayor y más enfermo. Uno de los órganos principalmente afectados por fumar es tu piel, causando aparición de arrugas, resecándola, perdiendo elasticidad y decoloración. Si te fijas bien, todas las personas que fuman tienen una piel de un color apagado, amarillento. Estos efectos se deben porque al fumar se cierran las válvulas de sangre que existen en las capas más externas de la piel y que impide que la sangre fluya con normalidad, trayendo menos oxígeno y nutrientes necesarios para una piel sana y joven. Si quieres vivir por mucho tiempo, lucir en un par de semanas diez o quince años más joven de lo que te ves ahora y sentirte con una salud de hierro solo tienes una opción, deja de fumar.

3. Ojos, orejas, nariz y uñas

Aunque los ojos tienen un mecanismo propio de limpieza a través del sistema lagrimal, los ojos también tienes que lavarlos diariamente con agua, especialmente al levantarte, para eliminar las legañas producidas durante el sueño. Para proteger tus ojos durante el día asegúrate de tener siempre buena luz si estás leyendo, estudiando o trabajando. Para los estudiantes tiene que venir en el sentido contrario a la mano con la que escriban, si son diestros la luz viene de la izquierda, y por la derecha si son zurdos. También es importante mantener una buena distancia con la pantalla del ordenador y utilizar protectores especiales. Cada año es también importante tomar el hábito de revisar la vista con un oculista para ver su estado y corregir cualquier problema a tiempo con unos espejuelos si fuera necesario.

Las orejas y el oído externo deben lavarse diariamente con agua y jabón tratando de evitar que el agua entre profundamente en el oído. Para conseguirlo inclina la cabeza hacia tu hombro en el lado que estás lavando y así no entrará el agua. Después puedes utilizar un bastoncillo de algodón para secar los pliegues de tu oído, pero nunca para la limpieza interior pues puedes empujar la cera hacia adentro y crear sin querer tapones en tus oídos. Si sientes que no puedes oír muy bien, te pica mucho el oído y tienes secreciones, es aconsejable que visites un doctor especializado en oídos para que te haga una revisión.

La nariz es muy importante para la salud del cuerpo ya que es la entrada oficial del oxígeno que se va a distribuir a todos tus órganos y células. La producción de moco y los pelitos de la nariz son muy importantes como lubricantes y filtro para limpiar el aire de todas sus impurezas antes de entrar en tu cuerpo. Sin embargo el exceso de mucosidad o vello en las fosas nasales puede obstruir y dificultar también la respiración y por lo tanto es importante mantener un balance limpiando tu nariz con un pañuelo limpio tapando alternativamente una de las ventanas nasales y soplando fuerte con la otra, y luego a la inversa, para que el aire al expulsar elimine todas las impurezas. En caso de que esté muy tapada la nariz, existen lavados especiales con suero donde echas unas gotitas en cada fosa nasal o hacer baños con vapores de agua. Los más pequeños, y también los mayores, tienen que tener siempre a mano un pañuelo limpio y evitar tocarse con las manos sucias la nariz pues se pueden producir infecciones muy serias.

Las uñas no pueden estar ni sucias o demasiado largas para evitar infecciones. Pero además, es una buena señal del tipo de persona que eres. Por ejemplo, si te muerdes las uñas significa que tienes ansiedad, estás nervioso o no puedes controlar tus emociones. Es importante que hagas todo lo posible para quitar el mal hábito de morderse las uña o arrancarse los pellejitos pues no solo puedes tener un serio problema de salud, sino se puede convertir en un obstáculo en la búsqueda de un trabajo o una relación. Para lucir una bonita mano tienes que tener las uñas siempre cortas, limpias, en buen estado y con color natural para verse más saludables y hermosas. Nunca salgas de casa con la pintura raspada en tus uñas, con las uñas sucias o sin cortar correctamente, pues te aseguro que lucirás mucho mayor y sin estilo.

Te puedo incluso asegurar que del estado de tus uñas depende el éxito que tengas en tu vida. Muchas personas no pasan la entrevista del trabajo de sus sueños simplemente por este pequeño detalle. De nuevo, fíjate en el estado de las uñas y de las manos de la gente a la que realmente admiras y mira cómo las tienen. En las manos es la primera parte donde se nota la edad de una persona. Quizás puedas disimular tus arrugas con buenas cremas en el rostro, botox o cirugía plástica, pero te aseguro que las manos son la parte del cuerpo que siempre delata la verdad. En el caso de las mujeres es mejor usar un color claro en tus uñas, como un rosado o cremas para no atraer tanto la atención. Además crea el efecto de tener unos dedos más largos. Por otro lado, ten en cuenta que si tus uñas son más oscuras, te será más difíciles mantenerlas en buen estado. Para un *look* natural, puedes hacerte la famosa manicura francesa donde la parte superior tiene una línea horizontal o curvilínea en blanco, pero para un mejor efecto, haz que esta línea sea en un tono crema y muy finita para que se vea natural. A no ser que trabajes en televisión o cine, no te recomiendo que uses las uñas postizas, pues en vivo y directo, lucen falsas y pueden dañar seriamente la salud de tus propias uñas por el uso de los pegamentos cuando las aplicas. Por último, mucha gente me pregunta cuál es la forma correcta para llevar las uñas de las manos. Eso depende de ti. Busca un balance entre ambas y déjalas un poco largas, pero no demasiado, para que no te moleste al escribir en la computadora.

Quizás te estés preguntando en estos momentos qué tiene que ver todas estas lecciones de higiene y salud con el logro del éxito y la felicidad en la vida. Mucho. El propósito de tu vida es tener éxito en todo lo que deseas hacer, tanto en el mundo profesional como personal, y mientras lo estés logrando sentirte realizado y feliz. Pero para lograr conseguir tus metas y saborear el fruto de tu éxito necesitas algo imprescindible: tu salud física. Lamentablemente, tenemos que pasar por pruebas muy difíciles en la vida para darnos cuenta que la salud en verdad lo es todo. Conozco cientos de casos de personas que solo han podido rehacer sus vidas después de haber pasado por situaciones límites como una enfermedad terminal, el fallecimiento de una persona, un accidente que casi le cuesta la vida o un desengaño emocional muy doloroso. Solo cuando llegaron al límite de sus energías físicas, mentales y emocionales pudieron tener un momento de iluminación que le hizo ver que solo ellos eran responsables de sus vidas, y que el primer paso para demostrarlo de verdad era ocupándose de su salud. Si no eres capaz de lograr con éxito algo tan sencillo como cuidar de tu salud, ¿cómo esperas lograr hacer un sueño realidad? Cuando decides ocuparte de tu salud, estás tomando responsabilidad de tus decisiones y acciones. Cada logro te hace más fuerte y seguro, no solo a nivel físico, sino a nivel mental y espiritual. Y esa seguridad, impulsada por el nuevo amor que sientes hacia ti mismo, te dan la energía que necesitas para tener una nueva visión de la vida y luchar con todas tus fuerzas día a días por tus sueños, pero siempre con la conciencia de que éstos solo se harán realidad siempre y cuando tengas salud.

Resumen

1. Un hábito es hacer una misma actividad todo el tiempo sin que te resulte un gran esfuerzo. Cuando repites una acción una y otra vez terminas teniendo las mismas consecuencias, y al aceptar como normales esas consecuencias en tu vida terminas creando un hábito.

2. Después de aprender a respirar correctamente, una buena noche de sueño es el segundo mejor hábito para tu salud física, mental y espiritual. Físicamente tienes que dormir para poder

sobrevivir, pero lo tienes que hacer de una tirada toda la noche en lugar de intervalos.

3. Para empezar el día con buen pie, tómate un buen baño para despertar el cuerpo y tener energías, y si quieres relajarte después de un gran día en el trabajo no hay mejor remedio que llenar la bañadera con agua caliente y espuma. Convierte el baño en un verdadero spa para tu salud.

4. El fumar afecta no solo tu belleza, pues daña tus dientes dando un color amarillo y negro, y envejece tu piel, sino que tiene graves efectos contra tu salud. Deja de fumar.

CAPÍTULO 5

EL PODER DE LA IMAGEN

Finalmente, llegamos a la última parada de nuestro primer destino dedicado al cuerpo. Ahora que ya hemos descubierto todo lo que tenemos que hacer para mantenerlo sano, fuerte y lleno de energía, solo nos queda dar el toque final para presentar la mejor imagen al mundo entero, y todo diamante se merece lucir siempre el mejor envoltorio. Hubiera sido más fácil si Adán y Eva no hubieran comido la manzana prohibida en el jardín del edén, pues posiblemente hoy estaríamos felices caminando desnudos a todas partes. Pero como no es el caso, tenemos que respetar las reglas que el ser humano ha creado, y vestirnos para protegernos del frío y mantener cierto orden en las calles. En las próximas páginas, vas a conocer cómo usar tu imagen a tu favor, como tu mejor aliado, para alcanzar todas las metas que te propongas. "Dime como vistes y te diré quien eres" es una de las reglas que necesitas conocer para tener éxito en la vida. Aprovecharé para también darte unos consejitos básicos de cómo renovar tu vestuario y estar siempre a la última moda, y todos los secretos para lucir diez años más joven, disimular los kilos de más y tener un gran estilo.

Para transformar con éxito tu imagen, el primer paso que tienes que dar es aceptar el cuerpo que tienes y conocer cuáles son los puntos fuertes y débiles de tu figura, para así poder tomar las mejores decisiones a la hora de vestir. El poder de la imagen no solo tiene un impacto externo en el mundo con el que te relacionas, sino sobretodo, tiene un gran efecto interno, pues es responsable de que tu autoestima esté alta o baja. Yo no conozco ninguna persona que no esté feliz cuando se siente atractivo, y al mismo tiempo, todo el mundo se deprime si no se ve bien en el espejo. Por lo tanto, para mejorar esa autoestima, y tener siempre una actitud por las nubes, súper positiva, vas a tener que cuidar tu imagen. Cuanto mejor te sientas contigo mismo y más bonito te veas, más seguridad y fuerza de voluntad tendrás en tu toma de decisiones durante el día o la noche. No hay una sola persona en este mundo que tenga el mismo tipo de cuerpo o personalidad que tú. Todos somos diferentes. Ni siquiera los gemelos o mellizos son igualitos, pues aunque sean idénticos, tendrán diferentes personalidades. Por lo tanto, no puedes esperar que la ropa o el *look* que le sienta bien a una persona, necesariamente quiera decir que te siente bien a ti. "De la moda lo que te acomoda", como dicen por ahí.

El secreto que le doy a todas las personas que me preguntan qué pueden hacer para transformar su imagen y lucir mejor es utilizar siempre primero el sentido común y la intuición. Dentro de nosotros siempre sabemos la auténtica verdad de qué es lo que nos sienta bien y qué es lo que no. El problema es que no queremos escucharlo. Todo el mundo en algún momento ha sentido la presencia de esa intuición o corazonada dentro de sí mismo, cuando se ha vestido frente a un espejo, ya sea en casa antes de salir o en el probador de una tienda. Seguro que alguna vez has fruncido la ceja, hecho una mueca con la boca, has movido la cabeza hacia un lado, o incluso has hablado en voz alta aunque estuvieras solo. Cuando te encuentres en este tipo de situaciones y no estés convencido por comprarte una prenda, entonces no lo hagas. La primera intuición siempre es la correcta.

Una vez te conectes con tu intuición, lo segundo mejor que pues hacer es conocer tu cuerpo perfectamente y buscar información para tener el conocimiento de cómo sacar le el mejor partido. Estoy seguro de que cuando vas a decorar una habitación en tu casa, visitas diferentes tiendas, miras catálogos, consultas con el Internet, te inspiras en otras habitaciones que has visto, y planificas paso a paso cada detalle de la decoración. ¿Verdad? Si no lo haces, quiere decir que has copiado la decoración exactamente igual como venía en una tienda de muebles, pero tu habitación no reflejará el estilo del resto de la casa. Bueno, sucede exactamente lo mismo con tu imagen. Puedes copiar un modelito completo de pies a cabeza como lo ves en el escaparate de una tienda, pero te aseguro que no te va a quedar bien si no tienes primero en cuenta tu tipo de cuerpo, y en segundo lugar, tu personalidad. Con tipo de cuerpo me refiero a conocer todas tus medidas, si eres alto o bajo, si tienes curvas o los hombros más anchos. Si eres mujer, te invito a que visites www.holamartin.com para que tú misma puedas poner tus medidas y conocer finalmente qué tipo de cuerpo eres. Para dar el toque final después de aprender qué prendas te quedan mejor según tu figura, solo necesitas encontrar tu estilo personal para reflejar tu personalidad y entonces sí que te sentirás que eres capaz de conquistar el mundo. Recuerda que la imagen es uno de los lenguajes de comunicación más importantes que existen en nuestra sociedad, y a pesar que no usa palabras para poder expresarse, su poder puede decidir el destino de las personas.

Vestir bien y lucir elegante es un resultado directo de elegir las mejores prendas y accesorios de acuerdo al tipo de cuerpo y personalidad de cada cual, teniendo en cuenta su estilo de vida. Siguiendo estas dos reglas, todo el mundo puede conseguir obtener una imagen que le haga sentirse orgulloso y hermoso al mismo tiempo. Ese sentimiento interno se traducirá a su vez en un aumento de la seguridad y la autoestima, la cual reflejada a través de la imagen, se convertirá en uno de los mejores aliados que tenemos a nuestra disposición para vivir la vida de nuestros sueños.

LAS MEJORES EXCUSAS

Al igual que pasó en el caso de la comida y el ejercicio físico, cuando empezamos a hablar del tema de la imagen, la gran mayoría de las personas también me dan muchas excusas para no vestir correctamente, o simplemente, no creen que la imagen sea importante en sus vidas. Si eres una de ellas, quiere decir que todavía no me conoces lo suficiente. Después de casi veinte años trabajando con hombres y mujeres por todo el mundo ayudándoles a encontrar su mejor estilo, he sido testigo de las más grandes transformaciones —y no solo de belleza— que he podido presenciar en mi vida. Gracias a la imagen yo he podido ver mis sueños hechos realidad al igual que los de muchas otras personas. He visto como personas empezaron a tomar en serio bajar de peso, perseguir sus sueños de montar sus propios negocios o mudarse a otro país a probar fortuna. Con lo cual, lucir bonito o bonita es un requisito básico para vivir la vida de tus sueños.

Una persona que en unos minutos pueda arreglarse, verse en el espejo, y sentirse mejor, tiene una nueva actitud para el resto del día. Si te sientes bien contigo, eres capaz de disfrutar más de cada momento y arriesgarte a probar nuevos cambios en tu vida. Por ello, nunca consideres que el tema de la imagen es solo un tema de vanidad. ¿Quieres llegar a esos destinos que nos propusimos al principio del libro? Tómate el tema de tu imagen con la misma seriedad que decides qué comer al mediodía y qué ejercicio físico harás hoy. Ni más, ni menos. Todos los temas que estoy tratando en este libro están íntimamente conectados y tienen una razón para estar aquí. En esta sección dedicada al cuerpo, ya hemos visto qué hacer para cuidarlo por dentro, ahora tenemos que ver qué hacer para reflejar nuestro verdadero potencial. Tu imagen te puede ayudar a decir todo aquello que tú no puedes expresar: seguridad, confianza, respeto, creatividad, y cada una de tus cualidades internas. Ha llegado al momento de demostrar a través de la ropa que te pones, y de tu imagen, la persona tan especial que eres. Descubre las reglas del vestir y consigue ver en el espejo lo que sientes en tu interior. Estamos trabajando juntos en el camino al éxito, y para alcanzarlo, al igual que en el mundo de los negocios, necesitas unas buena tarjeta de presentación. Tu imagen es tu mejor inversión para abrir muchas puertas y alcanzar tus metas.

Recuerda que si en tu mente aparece algún tipo de excusa para no hacer algo que deberías hacer, ya sabes que esa es la señal que estabas esperando para tomar la decisión de atacarla de frente y así poder vencer un obstáculo importante en el camino hacia la vida de tus sueños. El objetivo de este libro es eliminar una por una cada excusa que tengas en tu vida. Veamos ahora cuáles son algunas de las excusas más populares que tiene la gente para no verse bien:

1. "No me gusta mi cuerpo"

Préstame mucha atención: no importa el tipo de cuerpo que tengas para vestirte bien y lucir bonita. Después de veinte años trabajando en el mundo de la moda, no he conocido una mujer que esté realmente feliz con su tipo de cuerpo, ni siquiera las modelos profesionales. La figura que tengas o tu peso no pueden convertirse en tu excusa para no poner el mejor de tus esfuerzos en tu imagen, tu tarjeta de presentación al mundo.

En el caso de los hombres, es un poco diferente, pues prefieren adoptar una actitud un poco más conformista porque creen que la imagen es un tema de mujeres solamente. Gracias a Dios que esta actitud machista finalmente está llegando a su fin y muchos hombres se están dando cuenta que si quieren alcanzar el éxito profesional o personal tienen que cuidar también su imagen.

Para cada tipo de cuerpo y para cada parte en el cuerpo, existe una prenda y accesorio que te puede ayudar a disimular o acentuar, hacerte lucir más alto o bajo, más delgado o con más volumen. La única solución para salir de ese infierno perpetuo es conocimiento sobre cómo es en realidad tu cuerpo y cuáles son las mejores prendas para resaltar tus mejores cualidades. Como muchas mujeres me daban entonces las excusas de que no había información clara, directa y fácil de entender para la mujer latina, decidí escribir el libro *Descubre tu estilo* para explicar, a través de las imágenes de quince mujeres reales y muchos ejercicio prácticos, paso a paso todas las reglas que la mujer de hoy necesita para vestirse y lucir su mejor imagen en cualquier ocasión. Visita www.holamartin.com para descubrir todos estos consejos y mucha información más que te será útil a la hora de redefinir tu estilo.

2. "Soy demasiado mayor"

¿Quién ha dicho que una persona solo puede verse y sentirse bonita cuando es joven? Parte de la culpa la tienen los medios de comunicación y las compañías de productos al promover en sus anuncios, programas de televisión o películas, a mujeres y hombres muy jóvenes. Yo siempre digo que la edad y la madurez siempre tienen una ventaja, y es que a medida que nos hacemos mayores, sabemos mejor lo que nos gusta y lo que no. Tus sueños no se terminan cuando te casas y tienes hijos o cuando llegas a los cincuenta. Tus sueños se terminan el último día de tu vida. Por lo tanto, mientras tengas sueños y tengas la ilusión de alcanzarlos, es tu responsabilidad honrar tu vida, y hacer cada día lo mejor para sentirte y proyectar el ser tan especial que eres. Digan lo que digan los demás, tú te mereces lo mejor y sentirte bonita aunque tengas setenta o noventa años. No tienes que vestir solo de negro, con ropa sin forma y accesorios aburridos por ser mayor. Todo lo contrario, ahora, con tu edad, es el mejor momento de decir sí a la persona que llevas dentro y finalmente ser tú mismo ante el mundo.

3. "Vestirse bien cuesta mucho dinero"

La tercera excusa siempre termina relacionándose con el tema del dinero, me imagino que por la asociación que existe entre el mundo de la imagen y la belleza con las grandes marcas y diseñadores famosos, se piensa que tienes que gastarte una auténtica fortuna para verte bien. Eso no es más que un mito que te has metido en la cabeza para justificar no tener que hacer el esfuerzo de ver qué prendas te quedan bien, y qué prendas te quedan mal. La gran mayoría de las transformaciones que hago en televisión son con ropa de tiendas de descuento y de bajo precio para demostrar que sí se puede lucir espectacular, gastando muy poco dinero. Te aseguro que el valor o precio de las prendas y accesorios no tiene ninguna importancia, número uno porque no hace a la persona, y número dos, porque tampoco asegura que esa persona vaya a lucir bien. La única manera que puedes verte y sentirte bonito, tengas mucho o poco dinero, es conociendo honestamente cómo es tu cuerpo y después eligiendo inteligentemente las mejores prendas para tu tipo de cuerpo sin olvidarte de tu personalidad.

4. "No tengo tiempo"

La cuarta excusa está relacionada con la falta de tiempo para prestar atención a la manera como nos vestimos. Que si el trabajo, los niños, los quehaceres del hogar, los recados, la compra, los estudios, siempre vamos corriendo de un lado a otro y dejamos para los últimos minutos antes de salir de casa la decisión de qué nos vamos a poner. La gran mayoría de las veces debido a la falta de tiempo y al desastre en el ropero pillamos la primera ropa que vemos, que normalmente siempre es la misma, la más cómoda y la más usada. Sin embargo, si tenemos un evento importante al que asistir, una boda, una fiesta o una entrevista de trabajo, sí que encontramos el tiempo para planificar el look. La oportunidad de tu vida puede estar a la vuelta de la esquina y en cualquier momento y tu imagen siempre es tu mejor carta de presentación. Qué lamentable sería que no la pudieras aprovechar simplemente porque no quisiste tomar cinco minutos para planificar tu look. Te aseguro que si organizas el ropero dos veces por año, haces un inventario de tu ropa, compras prendas y accesorios de acuerdo a tu tipo de cuerpo y practicas algunos looks, no te tomará más tiempo vestirte que tomarte una ducha.

Estoy seguro de que tú mismo puedes pensar en muchos más ejemplos. La manera como tu luzcas en realidad no es mi problema, sino el tuyo. La única persona perjudicada por no verse bien todos los días cuando sale a la calle, o peor aún, por no sentirse bien con su imagen, eres tú. Primero empieza la ropa, luego sigue el ejercicio, luego sigue la comida y poco a poco vas dejando cada una de las responsabilidades que tienes contigo mismo. Si quieres recuperar el control de tu vida, tienes que ponerte a ti como la prioridad más importante en tu vida. "Dime cómo vistes y te diré quien eres" es una de mis frases favoritas para reflejar que el aspecto externo de una persona es un fiel reflejo de su imagen interna. Cuando seas capaz de encontrar el balance entre tu imagen interna y tu imagen externa entonces se producirá ese magnetismo tan especial por el que te sientes tan atraído en las personas que admiras o en tus ídolos favoritos, y tú mismo te convertirás en una persona atractiva al instante. Para mí, esa es la verdadera belleza, la que proviene de la conexión entre los dos mundos, el interno y el externo. Por último, y para todos los papás y mamás que estén leyendo este libro, les pido que si no cuidan su imagen por ellos mismos, al menos háganlo para servir de ejemplo a sus hijos y que estos tengan un futuro mejor.

La imagen es clave para el éxito. No conozco ninguna persona exitosa que no cuide su imagen todos los días. Da igual que sea un estilo clásico, roquero, urbano, moderno, tradicional o casual, lo importante es ser fiel a uno mismo y proyectar su personalidad al mundo exterior a través del estilo de la ropa. Yo siempre digo: "Si te sientes que vales un millón de dólares y te vistes correctamente de acuerdo a tu cuerpo y personalidad, proyectarás ese millón de dólares; pero si no te importa tu aspecto externo, no conseguirás proyectar ni un centavo de ese millón de dólares y no conseguirás nada a cambio". Cada uno de nosotros es un gran diamante, un banco sin fondo. Podemos hacer milagros con todo ese dinero, pero para eso tenemos que vendernos primero, y lo hacemos a través una actitud positiva y de tú mejor imagen.

Como dije, la marca de la ropa no importa. El secreto para ser una persona elegante y lucir tu mejor imagen radica en cómo llevas la ropa. La ropa es la que te tiene que vestir a ti y sacar a relucir las mejores cualidades. Cuando te sientes bien contigo mismo, por dentro y por fuera, caminas de otra manera, tienes más seguridad al hablar y al tomar decisiones, hay un brillo especial en tus ojos. Tu salud física, unida a tu imagen externa, proyectan una persona con mucho éxito y que siempre consigue lo que se propone.

Si prestas atención, a una persona elegante, da igual lo que se ponga de ropa, que siempre todo le queda bien. Lo hemos oído escuchar también mil veces. Si quieren un *look* casual, se ponen unos jeans, una simple camiseta, un blazer y unos bonitos zapatos y están listos para conquistar el mundo. Su secreto es que conocen a la perfección cuáles son sus mejores y peores atributos para sacarle el mejor partido y también conocen las reglas del vestir. Recuerda, mientras que la moda va y viene con cada temporada, el estilo permanece con los años. Invierte siempre en calidad si es posible y asegúrate de tener primero las prendas básicas y con corte clásico pues nunca pasa de moda. Y recuerda, que lo barato, muchas veces puede salirte caro. Una de las recomendaciones que siempre doy para vestir mejor es observar la forma de vestir de la que gente a la cual admiras de verdad. Fijarse en todos los detalles, desde las prendas que usan para cada ocasión, a su forma de llevarlas, o sus secretos de estilo para diferentes actividades. El verdadero secreto de las personas elegantes está en los pequeños detalles, un estilo de vida saludable y una actitud positiva.

LAS REGLAS PARA VESTIR

Llegó el momento de aprender unos conceptos básicos que te pueden ayudar para elegir las mejores prendas y accesorios, y entender mejor el arte de vestir para lucir tu mejor imagen.

1. Lo primero que tienes que saber es que el cuerpo humano, al igual que cualquier otro cuerpo u objeto en la naturaleza, se rige por la "ley del balance y la proporción". Todo lo que te atrae en la vida, tiene un balance natural. Por ejemplo, un árbol tiene las ramas con las hojas que ocupan un volumen,

un tronco y en el otro extremo las raíces que también tienen un volumen; si tienes pareja, en tu dormitorio tendrás dos mesitas a cada lado de la cama; o si alguna vez has tenido un cuadro torcido, seguro que lo has enderezado por no podías aguantar verlo inclinado. En tu imagen pasa exactamente lo mismo. Para ayudarte mejor en la selección de tus prendas solo tienes que tener en tu mente la imagen de un reloj de arena, y esa es la forma que tienes que recrear con la ropa sobre tu cuerpo. Tu objetivo siempre es acentuar la cintura, para que tus hombros y caderas tengan la misma proporción. Cómo todo las mujeres no tienen un cuerpo con curvas perfectas, 90–60–90, el secreto es usar la ropa y los accesorios para crear una ilusión con tu imagen. Es decir, si eres una mujer que tiene los hombros grandes, entonces tu objetivo es buscar tops, camisas y sacos que te ayuden a disimular la parte superior de tu cuerpo y enfocarte en encontrar faldas y pantalones que atraigan más la atención hacia la parte inferior de tu cuerpo. Si tienes muchas caderas y muslos pero tus hombros son muy estrechos, entonces hacemos lo contrario, nos enfocamos en disimular la parte inferior de nuestro cuerpo y tratamos de llamar la atención hacia la parte superior. A eso me refiero con crear balance y proporción con el cuerpo a través de la ropa. En el caso de los hombres, la figura que tienes que tratar de replicar con tu ropa es un triángulo invertido, donde la parte más ancha representa tus hombros y la parte más estrecha tu cintura. Los hombres por naturaleza, si te fijas en un cuerpo atlético, tiende a tener los hombros más grandes y el torso cada vez más estrecho, mientras que las mujeres son más curvilíneas.

2. Otra manera de crear un bonito balance con tu imagen a través de la ropa es jugando con el largo y corto de las prendas, y también con su volumen. Por ejemplo, si llevas un top corto y estrecho como una camiseta de tirantes ajustada, entonces la prenda de abajo debería ser más larga,

como una falda bohemia o unos pantalones playeros. También puede quedar balanceada tu imagen con unos pantalones o una falda corta, un cinturón y un top mas cubierto con mangas largas. Pero si decides ponerte una prenda larga en la parte superior, como un saco que te llegue hasta la altura de las caderas o una túnica, preferiblemente la prenda que uses en la parte inferior, un pantalón o una falda tiene que ser más corta y estrecha. En cuanto al volumen sucede exactamente lo mismo, si llevas una falda con mucho volumen, combínalo con un top más estrecho, o si te decides por una blusa holgada, lleva unos pantalones o falda más estrechos para crear balance y proporción. ¿Estás empezando a entender la fórmula?

3. Para poder esconder o disimular diferentes partes de tu cuerpo, también puedes usar el poder del color. Los colores oscuros te ayudan siempre a disimular y lucir más delgada o delgado, mientras que los colores claros te ayudan a llamar más la atención y crean la ilusión de más volumen. Esta regla en el arte del vestir se le conoce como "la ilusión del contraste". Por ello, tanto hombres como mujeres en todo el mundo, cuando llega el momento de vestirse y no saben qué ponerse, casi siempre terminan eligiendo el famoso color "negro" porque es el que mejor les queda. Para darte un ejemplo de cómo funciona el color, si eres una mujer con caderas anchas, será mejor escoger pantalones y faldas en tonos oscuros y tops en tonos claro, o si eres un hombre preferiblemente sienta mejor los pantalones oscuros con una camisa clara y un saco para lucir piernas delgadas y anchos hombros. Con el tema del color es importante también tener en cuenta la tonalidad de la piel y el color del cabello para elegir los colores que quedan mejor a cada persona, por ello si tienes un tono más rosado en la piel y el cabello oscuro normalmente los mejores colores para vestir son prendas en azul, el morado, el fucsia, el violeta, el plateado; mientras

que las personas que tengan una tonalidad más amarilla en la piel, les quedarán mejor los colores tierra como el verde, marrón, amarillo, naranja o dorado. En el capítulo 9 de mi libro *Descubre tu estilo* encontrarás no solo cómo conocer el mejor color, sino también el significado que vas a comunicar a la hora de llevarlo en tus prendas o accesorios. Revísalo porque te va a cambiar la vida, especialmente cada vez que te cambies el color del cabello, pues todo tu *look* cambia de nuevo.

4. Los diseños, estampados y materiales son también otra forma de ayudarte a crear balance y proporción con tu imagen. Cuanto más diseño, más estampado y grueso el material, más llamarás la atención sobre esa parte de tu cuerpo. Otra forma de crear armonía con tu imagen es teniendo en cuenta donde pones el foco de atención. Si decides llevar ropa muy sencilla en tonos neutros o sin muchos diseños puedes escoger ser un poco más creativo y dramático con tus accesorios, me refiero a las joyas, cartera, zapatos, cinturón. Pero si tus prendas llaman la atención por ser de un material brillante o tener diseños grandes, es mejor llevar accesorios clásicos y neutros.

Descubriendo cuáles son tus mejores y peores atributos, aprendiendo qué ropa o accesorio te ayuda a esconder o revelar, aplicando la ley del balance y la proporción, y descubriendo el poder de los colores, podrás tener toda una maestría en el arte del vestir. Sé que parece complicado, pero no lo es cuando puedes empezar a experimentar con tu propio cuerpo y ver los diferentes efectos que la ropa tiene sobre ti. Es cuestión de experimentar y tú mismo notar el cambio. La imagen es mi gran pasión, y en especial, la imagen de las mujeres por encima de los cincuenta años y todas las personas que se sientan rellenitas y con unos kilos de más. Si tienes cualquier pregunta sobre tu imagen o necesitas ponerte en contacto conmigo, me encontrarás siempre a través de mis redes sociales en www.holamartin.com.

SECRETOS DE BELLEZA

El gran secreto del éxito de las grandes transformaciones de belleza que estamos acostumbrados a ver en la televisión y en la revistas, está no solo a la ropa, sino en especial al cambio de *look* gracias al maquillaje y el peinado. No podía terminar este capítulo sin dar a todas mis amigas unos secretos de belleza básicos para lucir diez años más jóvenes en cuestión de minutos y sentirse como auténticas estrellas. Así que con el permiso de todos los hombres que están leyendo el libro, estas recomendaciones van dedicadas a las mujeres, esperando que les sirvan de utilidad para conectar con su parte más femenina y sentirte bellas y hermosas desde dentro hacia fuera todos los días.

1. El cabello

Con el paso de los años es importante que cambies el estilo de tus peinados y te atrevas con nuevos corte y colores, pues no solo cambia tu *look* con el tiempo, sino también los rasgos de tu rostro, y por lo tanto, lo que te quedaba bien hace unos años, no es necesariamente lo que te quede bien ahora. Por ejemplo, en mi caso particular, cuando era joven tenía más pelo y por lo tanto el cabello largo y hacia un lado me quedaba mejor. A medida que me estoy haciendo mayor, el cabello corto me luce mejor. Tú tienes que encontrar el estilo que no solo te quede mejor de acuerdo a tu rostro, sino que refleje tu estilo de vida actual.

Si deseas un buen cambio de *look*, mi recomendación es que ahorres un poco de dinero para invertirlo con un buen estilista profesional, que en realidad es la persona más indicada para asesorarte acerca del estilo que te puede quedar mejor. Cambiarte el estilo de tu cabello no es algo que hagas todos los días, por eso es bueno hacerlo una vez cada par de años y luego mantenerlo con tu peluquero regular. Pero ten mucho cuidado de casarte con un mismo estilista toda tu vida pues tenderá a repetir el mismo estilo siempre y no te atreverás a probar nuevos *look*s. A veces es bueno arriesgarse y probar otros peluqueros. Lo bueno del cabello es que siempre termina creciendo y puedes aprender a base de prueba y error. Nada mejor que experimentar contigo misma para saber lo que funciona y lo que no. Una buena razón para probar un nuevo estilista es si notas que estás usando muchos productos para mantener tu cabello como realmente lo quieres.

Una buena opción para rejuvenecer unos años al instante es cortándose el cabello en ángulo y con capas. Trata de cambiar un poco el largo del cabello con cada estación para darte un nuevo *look* y mantenerlo más sano. Si quieres puedes dejarte el pelo más largo en invierno que en verano o viceversa. El cabello para lucir con estilo tiene que tener movimiento, de lo contrario vas a parecer de mayor edad. Cuanto más movimiento y brillo natural tenga el pelo, mejor te verás.

Muchas mujeres me preguntan sobre el largo ideal para el cabello según la edad. Si el cabello está en buenas condiciones, es decir, si está saludable, brillante y sin las puntas partidas, entonces no importa tu edad y puedes lucirlo con un estilo más largo. Si ya estás en los cuarenta, preferiblemente el largo de tu melena no debe estar por debajo de la mitad de tu espalda, pues no solo hará que te veas más bajita, sino que te hace lucir anticuada. Si quieres lucir más joven y tienes el pelo liso, déjate crecer un poco el flequillo. Ya sea que tengas una frente ancha, arrugas o tu pelo esté retrocediendo, el flequillo te puede ayudar a acentuar tu hermoso rostro y camuflar lo negativo. Además, si te dejas crecer y caer el flequillo un poco hacia el lado de tu rostro, en lugar de un flequillo muy recto a la altura de tus cejas, atraerás la atención hacia tus ojos y disimularás la parte de tu quijada y papada. Para que el flequillo tenga un *look* actual y moderno, asegúrate que el peluquero te lo deje largo, grueso y hacia un lado, recto o graduado. Si el flequillo es muy perfecto y geométrico no lucirá tan bien. Aunque quede bien en algunas mujeres, por lo general el flequillo corto y recto, en línea horizontal no es una buena opción para la gran mayoría.

Para una ocasión formal, no tienes que llevar siempre el pelo recogido. Es verdad que el pelo recogido puede ayudar a tener un estilo más sofisticado y a lucir más alta, pero también es bueno sorprender a la gente cambiando de vez en cuando tu estilo suelto o dejándolo con un semi recogido. Si te haces un moño y está muy bien hecho puede hacerte lucir mayor y más serie de lo que eres. Otras opciones es retirar el cabello del rostro con una diadema o una cola de cabello que te dará un *look* más juvenil y hacerte rizos si tienes normalmente el pelo liso, o pasarte la plancha si tienes rizos. Lo importante es caer algo diferente al *look* que uses de a diario.

Para conseguir que el cabello tenga brillo y vida, tienes que cuidarlo. No es necesario que te laves el pelo todos los días, en realidad es bueno dejar varios días sin lavarlo para que los aceites naturales de tu cuero cabelludo hagan su trabajo. Pero si practicas una hora de ejercicio al día, tienes problema de caspa o tu cabello es muy grasoso, entonces sí es importante lavarse el cabello para eliminar el sudor. Trata de usar un champú suave y especial y acondicionador de acuerdo a tu tipo de cabello si es grueso, fino, rizado o liso. Hoy en día existe una gran variedad y también para diferentes funciones como proteger el color, prevenir la caspa, reparar el cabello dañado. Lo importante es que el champú tenga un PH neutro bajo para no dañar tu cabello y seguir las instrucciones de tu estilista para cuidarlo mejor.

Uno de los secretos mejor guardados de los famosos para tener esas bellas cabelleras que ves por televisión, cine y revistas es el uso de extensiones para dar más volumen al cabello y tenerlo largo, y te lo creas o no, de pelucas. ¿Por qué no? Tu también puedes usarlas para tener un *look* glamuroso y diferente en una ocasión especial, pero tienen que ser de la máxima calidad, con cabello humano para que se vea lo más natural posible. Asesórate de un profesional y no lo trates de hacerlo tú misma en casa ya que no va a quedar igual.

Finalmente, será el color en tu cabello la mejor forma para, en cuestión de horas, lucir diez años más joven, saludable y radiante. El color de tu pelo es de las primeras cosas en lo que se fija la gente cuando te ve, y tiene un impacto directo positivo o negativo en tu imagen final. Tienes que tener en cuenta que el color muy oscuro y de una sola tonalidad en tu cabello, al igual que pasa con las famosas canas, te harán lucir siempre mayor. Pero al mismo tiempo que el color te puede ayudar a lucir mejor y más joven, si lo usas incorrectamente y te pones tonos muy exagerados de acuerdo al color de tu piel, o las raíces muy marcadas, puedes hacer fácilmente que te veas mayor. Hoy en día no tienes que gastarte una gran fortuna en la peluquería para hacerte el tinte, pues tienes a tu disposición muy buenos productos para colorear tu cabello en la comodidad de tu propia casa. Pero vas a tener que practicar un poco para mejorar y conseguir la perfección y que no se vea artificial. Empieza por elegir el mismo tono de tinte de acuerdo al color natural de tu cabello. Después puedes mezclarlo con otro que tenga uno o dos tonos por arriba o por debajo de tu color natural para que completamente tu tono de piel y el color de tus ojos. Lo mismo pasa si te quieres hacer iluminaciones o mechas para iluminar tu cara. Si te haces un cambio drástico y llevas un color muy exagerado, puedes verte muy pálida y cansada. Por otro lado, tampoco quieres ponerte un color muy distinto al tuyo, pues necesitarás usar más químicos con más frecuencia para mantenerlo en buen estado y que no se vean las oscuras raíces, causando un daño irreparable en tu cabello, y haciéndote lucir también mayor. Para cambiar de *look* durante el año es muy normal que muchas mujeres opten por usar colores más claros durante los meses de calor, especialmente porque el sol, la piscina y los efectos del verano van a tender a aclarar el cabello, y usar tonos más oscuros y ricos cuando hace frío en el invierno. Te recomiendo que dejes los cambios muy drásticos y lo colores locos para los más jóvenes ya que ellos son los que están experimentado su rebeldía. Tú ya eres una mujer segura, feliz y realizada que sabe lo que desea. Apuesta por un *look* natural, cómodo, pero con estilo.

2. El maquillaje

En este libro no pretendo darte una clase de cómo maquillarte, sino simplemente contar algunos secretos y trucos para dar ese toque final a la imagen todos los días y sentirte bella. Cuanto más hermosa te sientas, mejor será tu autoestima.

Todo el mundo quiere lucir una piel radiante y hermosa como la que tienen los famosos en las revistas o en la tele. El verdadero secreto, no solo de las mujeres, sino también de los hombres que aparecen por la televisión, está usar un buen maquillaje en manos de un profesional. Al igual que con la ropa, el objetivo es disimular y tapar todas las imperfecciones y resaltar los mejores atributos. Cuanto más natural sea el maquillaje, más fresco y joven te verás.

3. La base, el quitaojeras y el rubor

Una buena alternativa para conseguir una bonita piel en unos instantes es a través de una crema hidratante o una buena base con un color similar al de la piel. Preferiblemente es mejor usar bases con contenido en silicona pues ayudan a cubrir más fácilmente todas las imperfecciones, se mezcla muy bien con el tono de tu piel, y crea una superficie natural y suave, creando un efecto como si no llevaras nada de maquillaje. También es preferible usar una base con crema y un poco de aceite para hidratar mejor tu piel. Si tienes la piel muy grasienta, asegúrate que la base no tenga ningún tipo de aceite. Busca una base lo más natural posible con un poco de luminosidad para tener un *look* fresco.

Una de las mejores maneras de encontrar la mejor base para ti es practicando en tu propia piel y aplicándola en tu rostro para ver cómo te sienta y cuál es el mejor tono que se integra perfectamente a tu piel. Tú misma usando luz natural vas a poder ver y sentir fácilmente cuál se funde y siente mejor con tu piel. Ten en cuenta que tu piel puede tener una pigmentación más amarilla o rosada, y diferentes tonalidades que van desde el blanco porcelana al bronceado y moreno. Hoy en día encontrarás una gran selección de bases para todo tipo de pieles. No pares hasta encontrar el color perfecto y si tienes algún problema tu mejor opción es acudir a las manos de profesionales para que te asesoren. La consulta siempre es gratis a cambio de la compra de los productos y puedes pasarte cuanto tiempo necesites. Así que sin prisas, dedícate una mañana o tarde a pasarte unas horas en una tienda de maquillaje o en la sección especial de tus grandes almacenes favoritos. Cuando ya no notes donde empieza la base y donde está tu propia piel sin maquillaje, entonces habrás encontrado la pareja perfecta. Si no estás segura entre dos colores, vete siempre por el más claro de las dos.

Antes de aplicarte la base, asegúrate de tener la cara bien limpia y ponte un *primer* para tapar los poros en tu piel y hace que tu piel luzca y se sienta suave como un lienzo, perfecta para aplicar el maquillaje y que te dure todo el día, o toda la noche. Además, si te pones *primer* no necesitas usar tanta base. A la hora de colocarte la base puedes usar tus propios dedos pues son mucho más higiénicos que los pinceles, los cuales los tienes que lavar continuamente para eliminar bacterias y que estén en buen estado. También puedes aplicar la base con esponjas de usar y tirar. Pero más económico y mejor aplicación lo conseguirás con tus propios dedos bien limpios. Aplica también un poco sobre tu cuello pero no mucho pues no quieres llenar de maquillaje los escotes de tus vestidos, camisas y tops. Es casi mejor usar una crema hidratante y luego aplicar un poco de polvo para sellarlo. Pero no dejes que tu cara sea de un color distinto a tu cuello o manos, pues de seguro lucirás mayor y sin estilo. Menos es siempre más.

Por último, un complemento perfecto a tu base y que no te puede faltar en tu estuche de maquillaje es el quita ojeras, en inglés conocido como *concealer*. Ya sea por falta de sueño o por mucho trabajo, la gran mayoría de las personas tienen más oscuro la parte inferior del ojo y que hace que luzcas más cansado y mayor. Por lo tanto, el quita ojeras es necesario para levantar la mirada y tener un *look* más fresco. Pero todo con moderación. A la hora de aplicarte el *concealer* tienes que tener mucho cuidado con ponerte mucho porque si es muy claro o luminoso puedes parecerte a un búho y acentuar las arrugas. Trata de aplicarte el *concealer* justo después de aplicar la base y de ese modo usarás menos producto. Al igual que con la base, trata de elegir un *concealer* que sea cremoso y aplícalo también con los dedos para difuminarlo mejor. Si tus ojeras tienen un color tirando a marrón o púrpura, busca un *concealer* que tenga un toque de amarillo. Pero si tus ojeras son más grises, asegúrate que tenga un toque beige o rosado para conseguir un *look* más natural.

Una vez aplicada la base y el quita ojeras, el próximo paso es un toque de rubor de un color natural justo por encima de las mejillas para dar un *look* joven, radiante y saludable a tu rostro. Trata de no llevar un color oscuro pues hará que te veas mayor. Si tu piel es blanca, entonces te recomiendo que busques un rubor con un tono de rosadito pálido. Si tu piel es bronceada, busca un rubor con color de melocotón o coral. Y si tu piel es oscura, prueba un marrón anaranjado o color del mango. Otra buena opción es buscar un rubor similar al color de tus labios.

Por último, puedes sellar tu maquillaje con unos polvos para que te dure más tiempo, pero asegúrate que éstos sean transparentes y ligeros para dar luminosidad a tu rostro y no recargar más de lo necesario tu maquillaje. Hay polvos que no tienen ningún tipo de color y son translúcidos y tienen el mismo efecto que los polvos normales pero con un *look* más natural. La mejor manera de aplicarlo es con una brocha especial para el rubor, quitando el exceso de polvo pegando dos toquecitos al frasco, y ligeramente polvoreando tu rostro. Si quieres darte retoques durante el día, no lleves encima el polvo suelto en frasco, sino un polvo compacto.

4. Las cejas

Las cejas son una parte muy importante de la belleza de tu rostro y pueden transformar tu *look* completamente para mejor o para peor. No pueden ser ni muy gruesas, ni muy delgadas, ni muy arqueadas, ni muy rectas. Realmente tienen que pasar desapercibidas para que el centro de atención sean tus ojos y boca. Si tus cejas son muy gruesas y sin forma vas a tener un *look* más serio y duro, y si son muy finas que no se ven no vas a enmarcar correctamente tus ojos. Personalmente creo que unas buenas cejas son una de las alternativas más económicas para levantar tu rostro y hacerlo lucir más joven, en lugar de gastarte mucho dinero con la cirugía plástica.

Una buena ceja tiene que tener una forma clásica, un arco bien definido, para dar un *look* sofisticado a tu mirada. No tienes que seguir las tendencias que usan las modelos e ir de un *look* a otro, de más grueso a más fino. Tu mejor opción es un mantener la forma de tus cejas siempre en buen estado, y tener en cuenta tu tipo de rostro. Al igual que no toda la ropa sienta igual a todas las mujeres, sucede lo mismo con la forma de las cejas. Cada mujer tiene un rostro con diferentes rasgos. En las tiendas especializadas de maquillaje o en la sección de maquillaje de tu tienda favorita venden kits especiales para mantener las cejas en buen estado y con la forma correcta. Si te sientes perdida, los vendedores te pueden ayudar y aconsejar gratuitamente acerca de cuál es la mejor forma de acuerdo a tu cara y los pasos para mantenerlas en buen estado tú misma. Si te resulta complicado, déjalo en manos de profesionales y consigue primero buenas referencias, y entre tú y yo, vale la pena la inversión pues contribuirá a hacerte lucir por lo menos diez años más joven.

Tienes que tener mucho cuidado a la hora de usar las pinzas o la cera depilatoria con exceso, pues con la edad, el pelo de las cejas crece mucho menos y se cae más rápidamente, y terminas sin tener cejas, lo cuál te hace lucir mucho mayor. Puedes dar la forma y peinar tus cejas cada vez que te maquilles, pero no trates de hacerlas muy delgadas pues tarde o temprano lo lamentarás. Para evitar daños mayores, compra unas buenas pinzas de calidad para no dañar tu piel y solo sacar el pelo que deseas. Un buen consejo es retocarte las cejas con las pinzas después de salir de un baño o ducha caliente, pues el agua caliente abrirá los poros, y será mucho más fácil y menos doloroso extraer el vello que no quieras.

Si eres una mujer que lleva tinte en el cabello, asegúrate que no exista mucha diferencia con el color de tus cejas pues vas a lucir poco sofisticada. Por ejemplo, nunca vayas con cabello rubio y cejas oscuras. Si eres rubia, las cejas tienen que ser de uno a dos tonos más oscuros que tu cabello. Si eres de cabello castaño u oscuro, las cejas tienen que ser de un color similar o más oscuro. Y por último, si te salen las famosas canas en las cejas, no te los quites con las pinzas, pues con el paso de los años las puedes necesitar. Lo mejor es usar color de maquillaje o teñírtelos al igual que haces con tu cabello.

Ahora que ya nos hemos ocupado de la forma de las cejas, puedes dar también un poco color con el maquillaje a tus cejas para lucir espectacular. Es importante que en tu estuche de maquillaje tengas cepillos especiales para peinar las cejas y pinceles especiales para aplicar polvos o pintura, pues éstos tienen una forma especial que te ayudan a retocar tus cejas mucho mejor. Un secreto que usan muchas celebridades, es aplicar un poco de laca a tu pincel o usar el pincel de la pestañina misma para peinarlas, pero sin maquillaje. Cuanto más natural sean las cejas mucho mejor. Ni muy finitas, ni muy gruesas.

5. El maquillaje de ojos

Ahora hemos llegado al turno de los ojos, el maquillaje para realzar tu mirada, el puente que comunica el exterior con el interior. Como hemos hablado hasta ahora, nada mejor que un *look* natural para proyectar una mujer segura y feliz. El tema de los ojos es muy delicado, pues lamentablemente muchas mujeres cometen grandes errores cuando se maquillan, ya sea usando un delineador negro muy grueso durante el día, sombras muy exageradas o pestañina muy cargada. Para evitar no lucir mayor de lo que eres y no perder el estilo, aquí tienes los pasos para un maquillaje natural en tus ojos.

Antes de aplicar la sombra de ojos es importante que pongas un poco de base de maquillaje sobre tus párpados, aunque es mucho mejor si usas un *primer* suave de ojos para tapar los poros, que evitará que se corra la pintura, especialmente si tienes tendencia a transpirar. En lugar de usar tres tonos en tus ojos, es mejor elegir solo dos colores naturales, en tonos marrones para complementar tu color de cabello y piel. El primer color tiene que ser un poco más claro y con luminosidad para crear una superficie uniforme. El segundo tono, puede ser un poco más oscuro que tu base para definir tus ojos y dar profundidad. También los puedes mezclar para que luzca más natural. No trates de imitar el color de tus ojos con el color de la sombra pues te vas a ver pasada de moda y lucirás mucho mayor, ni cometas el error de usar el rubor para dar un toque de color a los párpados.

A la hora de aplicar el delineador de ojos, de nuevo ten en cuenta que menos es más. Con un pincel especial, hazte una línea muy fina cerca de tus pestañas y difumínala para que luzca lo más natural posible. Haz lo mismo en la parte inferior pero más finita todavía. Antes se llevaba el delineador bien grueso, pero si quieres un *look* actual y joven tiene que ser finito. Fíjate en las fotos de las mujeres más elegantes en las revistas y te darás cuenta de que el maquillaje es muy natural y casi ni se nota. El *look* más natural lo conseguirás con lápiz de ojos, mucho más fácil de pintar que con un delineador líquido, que aunque sea más exacto es más difícil de aplicar sin embarrarte o hacer la línea demasiado gruesa. El objetivo es verte como si tuvieras en realidad la línea de las pestañas oscuras de una manera natural. Para evitar que tu ojo se vea pequeño, aplica el delineador desde afuera hacia adentro y para cuando llegues a la mitad. No necesitas llegar hasta el lagrimal. Si tu párpado está caído, puedes crear una ilusión óptica hacia arriba haciendo una pequeña curva con el delineador. Nunca conectes todo el ojo (la parte superior y la parte inferior) con un delineador, ni exageres tu *look* con este producto.

La mascara o pestañina va a ser el paso más importante para levantar tu mirada y lucir espectacular tanto de día, como de noche. Incluso puedes salir a la calle con mascara solamente y sin pintura de ojos y lucir divina. El objetivo de la mascara, más que dar volumen, es alargar tus pestañas y darles más protagonismo, para atraer la atención hacia tus ojos. Para conseguir el mayor efecto no saques y metas varias veces el pincel dentro del tubo pues vas a traer aire hacia el interior del envase y tu mascara se va a secar más rápidamente, haciéndose más pesada y pegadiza. Empieza siempre desde la base hacia fuera y muévelo un poco, como haciendo zigzag, de un lado para otro, para que la pestaña absorba la pintura. Las pestañas inferiores no son tan importantes como las superiores, pero puedes pasar la mascara para enmarcar mejor tus ojos. Al igual que con el delineador, no te excedas con el color. Usa solo color negro o puedes llevar tonos marrones si tienes el cabello más claro. Y para tener un mayor efecto, antes de aplicar la mascara, riza tus pestañas con un buen *encrespador de pestañas* que hará que se curven hacia arriba creando un efecto con mucho estilo en todas las mujeres. Por último, y para una ocasión especial, ya sabes que puedes usar el mejor secreto de todas las famosas ante de presentar sus mejores galas, el uso de las pestañas falsas o postizas. Antes se usaban las pestañas que venían todas en una tira y se aplicaban encima de las tuyas, ahora son individuales o por grupitos para crear un efecto más natural. No tengas miedo. Parece difícil, pero no lo es. Vale la pena que descubras cuáles son las mejores y cuáles son los pasos para ponértelas. Ganarás en años y la gente pensará que te has hecho algo en la cara pero no sabrá qué es. Pero de nuevo siempre sin exagerar y lo más natural posible. Hoy en día se están usando demasiado las pestañas postizas y el efecto es completamente el opuesto pues luce muy falso.

6. Los labios

A la hora de maquillarte, cuando llegues a tus labios, es mejor un *look* natural en un tono rosado, que un color oscuro que hará que luzcas más severa y mayor. Al igual que ocurre con la ropa a la hora de vestir, cuanto más oscuro sea el color, más finos se verán tus labios, y cuanto más claro, más grandes. Un rosado clarito con un poco de brillo dará la luminosidad que buscas a tus labios. Escoge un color que sea una tonalidad o dos por debajo de tu color natural y que tenga una textura cremosa.

Para tener unos bonitos labios asegúrate de exfoliar los labios para eliminar células muertas e hidratártelos por las noches. No te pongas maquillaje sobre unos labios cortados o secos pues marcarás aún más esas arruguitas y el color no se adaptará bien. Si no tienes un exfoliador de labios a mano, simplemente ponte un poco de bálsamo de labios y entonces el color lucirá mejor cuando lo apliques. Una receta casera para exfoliarte los labios fácilmente es un poco de azúcar mezclado con aceite de oliva. Mojas un trapo en esta receta, o usa tus propios dedos, y frótate delicadamente los labios. Después limpia tu boca con agua tibia y notarás unos labios muy suaves y listos para el toque final.

El delineador de labios es muy importante a la hora de maquillarte pues te permite marcar el exterior de los labios, tapar las arruguitas, crear la ilusión de labios más grandes y que la pintura no se corra.

Pero nunca, nunca, nunca, uses un delineador de color oscuro y luego uses una barra de labios con un color más claro. Este procedimiento estuvo de moda hace muchísimo tiempo, y lamentablemente, hay muchas mujeres que lo han adoptado como parte de su maquillaje diario, sin darse cuenta que están luciendo anticuadas. De nuevo, para verte joven y actual, ahora y siempre, el *look* natural será el *look* que más favorecerá. Con el paso de los años, necesitarás usar más el delineador para poder definir la forma de tus labios, pero el color tiene que ser exacto a la pintura de labios o uno o dos tonos menos que el color del lápiz de labios, pues el objetivo es que nunca se note la diferencia donde empieza una y donde termina la otra. Por último, solo tienes que aplicar el color con un lápiz de labios o brillo. La barra de labios va a hacer que el color dure más, pero la ventaja del brillo es que atrae la luz y los labios se ven automáticamente más grandes y por lo tanto te dan un *look* más joven.

Para finalizar, aquí tienes los últimos secretos de maquillaje para quedar espectacular:

- Ten siempre a mano un espejo magnificador en tu baño o bolso para poder ver con mejor detalle todo tu rostro.
- Protege tu piel con crema de protección solar todos los días del año, sin importar la estación en la que te encuentres. Protege toda la piel de la cara y el cuerpo que estén expuestos a los rayos del sol y evitarás manchas y arrugas indeseadas. Recuerda que el fumar y el alcohol tiene efectos muy negativos en tu piel, pues las reseca mucho y envejece al mismo tiempo.
- Con la edad o el cansancio, es normal que los ojos se pongan rojos. Si tienes un evento especial, un buen secreto es usar unas para quitar el color rojo, pero úsalo con moderación y solo en ocasiones especiales.
- Toma unas clases de maquillaje. Las lecciones que vas aprender, los trucos y los consejos de cómo maquillarte según tu tipo de cara y ocasión va servirte para toda la vida y te ayudarán en muchas ocasiones.

- Si no quieres verte mayor, elimina o disimula el vello facial de tu rostro. Hoy en día tienes muchas alternativas, desde las más económicas, como teñirlas, a las más costosas como el láser, es la mejor decisión que puedes tomar para tener una transformación total y lucir mucho más joven.
- Por último, antes de irte a dormir, siempre quítate primero todo el maquillaje y si puedes aplícate una crema hidratante y nutritiva nocturna para que tu piel del rostro se recupere.

Resumen

1. Para transformar con éxito tu imagen, tienes que aceptar el cuerpo que tienes y conocer cuáles son los puntos fuertes y débiles de tu figura para así poder tomar las mejores decisiones a la hora de elegir las prendas y accesorios. De la moda, lo que te acomoda.

2. Una persona que en unos minutos pueda arreglarse, verse en el espejo y sentirse mejor, tiene una nueva actitud para el resto del día. Si te sientes bien contigo, eres capaz de disfrutar más de cada momento y arriesgarte a probar nuevos cambios en tu vida.

3. No importa el tipo de cuerpo que tengas, tu edad actual, tu presupuesto para no presentar tu mejor imagen al mundo. Dime cómo vistes, y te diré quién eres. Tu imagen externa es un reflejo de tu imagen interna y la primera impresión siempre cuenta.

4. Aprende a maquillarte y peinarte según tu tipo de rostro y la ocasión, y lucirás más delgada, con menos años y más actual en cuestión de unos minutos.

SEGUNDO DESTINO

LA MENTE

CAPÍTULO 6

TU PEOR ENEMIGO

Bienvenido al segundo destino de nuestro gran viaje para vivir la vida de tus sueños: la mente. Al igual que el cuerpo funciona gracias al instinto, tu mente lo hace gracias al intelecto. Todos los seres vivos tienen un cerebro para coordinar las funciones del organismo, pero solo el ser humano tiene una mente con un poder muy especial que lo hace diferente al resto de las especies: el poder de elección. Por dicho motivo, la mente se puede convertir en un arma de doble filo: por un lado puede ser nuestro mejor aliado en la búsqueda y realización de los sueños, pero por el otro, también puede convertirse en el peor enemigo.

Nuestro objetivo en esta sección del libro, es desenmascarar todos los fantasmas de la mente, analizar nuestros pensamientos para poder interpretarlos correctamente, descubrir su verdad y actuar consecuentemente. En las próximas páginas, aprenderás cómo transformar un pensamiento negativo, una excusa por ejemplo, en un pensamiento positivo; descubrirás cómo atraer los sueños a través de técnicas de visualización; aprenderás los pasos para crear un plan de vida; y por último, te enseñaré ejercicios prácticos y muy fáciles de hacer para cuidar y sanar tu mente. Aprovecho para darte un aviso muy importante. A medida que vayas leyendo vas a encontrar que hay partes en esta sección de la mente que entenderás más fácilmente que otras, y partes que te va a sonar a cuentos chinos. No te preocupes, no te desesperes ni dejes de leer porque algo te parezca sin sentido. Muchas veces me ha pasado no entender algo en mi primera lectura, y cuando lo he repasado de nuevo con el tiempo, le he encontrado el significado que en un principio no pude ver. Simplemente sigue leyendo, y si lo deseas, haz una anotación del lugar que no entendiste para poder profundizar y encontrarle el sentido en otro momento. Al mismo tiempo, si encuentras una frase que te impacta mucho o sientes curiosidad, anótala o subráyala, pues recuerda que la mente es el puente de unión entre tu cuerpo y tu espíritu, y son esas señales las que despiertan tu verdadera consciencia y nos van a ayudar a encontrar las soluciones y respuestas que estamos buscando.

Al principio del libro, utilicé el ejemplo de cómo una computadora simbolizaba el cuerpo humano, y cómo era necesario mantenerla en buen estado si querías que funcionara correctamente. Usando el mismo ejemplo, visualiza ahora que tu mente es el disco duro de esa computadora y que contiene los mejores programas informáticos para el correcto funcionamiento de tu cuerpo. Sin un buen conocimiento de cómo funcionan estos programas que tienes en tu mente, te será imposible usar la computadora para lo que realmente fue creada. Ha llegado el momento de que tú mismo descubras el poder que tienes en tu propia mente y lo uses a tu favor para hacer realidad todas y cada una de tus metas. Hoy es el momento para resetear tu vida, empezar desde cero y convertirte en ese técnico que da una nueva vida a tu ordenador cuando empieza a fallar. Tu mente no es más que una simple herramienta a tu servicio, sin embargo en la mayoría de la gente la mente se ha ido convirtiendo en el amo y señor de cada decisión que tomas. Para que esto no siga pasando y tú te conviertas en el verdadero maestro de tu mente tienes que empezar por diferenciar los pensamientos negativos de los positivos, y así eliminar los primeros como si fueran un mal virus que se te coló en la computadora para dejar de funcionar.

¿Quién soy? ¿Cuál es mi destino? ¿Qué debo hacer con mi vida? Estas son algunas de las preguntas que todos nos hemos hecho en algún momento de nuestras vida. Esta será tu oportunidad para encontrar muchas de tus respuestas. Prepara tu diario personal, mantén tu mente lo más abierta posible para recibir toda la información, déjate llevar para encontrar a través de la intuición aquellos pensamientos que llegan a lo más profundo de tu ser, y haz los ejercicios que te propongo para descubrir tú mismo las respuestas. Hazte a la idea de que tu vida es una película maravillosa, pero con la fortuna de que tú no solo eres el protagonista principal, sino también el guionista, el productor y el director de la película. Por desgracia, existe un virus muy dañino en tu computadora que te ha hecho creer hasta ahora que solo eres uno de los muchos actores en la película, en lugar de tener el papel protagónico principal. Empecemos pues a analizar juntos algunos de los virus y fallos mecánicos más comunes que impiden que nuestro ordenador biológico funcione correctamente. No te sorprendas no reconocerlos con facilidad, ya que algunos de estos virus los tenemos implantados desde muy pequeños en nuestra mente, y por ello es difícil descubrirlos.

Te hago una promesa. Consigue entender profundamente este capítulo, y tu vida ya no será nunca más la misma. Considera este capítulo como el ecuador de tu viaje. Si consigues superarlo, ya estarás más del lado de tus sueños que del lado que deseas cambiar.

LOS PENSAMIENTOS NEGATIVOS

Uno de los peores enemigos que tenemos para alcanzar nuestros sueños, no viene desde fuera, sino de nosotros mismos. Se halla en nuestra propia mente. Estoy hablando de los pensamientos que creemos controlar, pero que en realidad dirigen el curso de nuestras vidas. Sin darnos cuenta, el parloteo mental de los pensamientos nos han quitado el papel de director, para convertirnos solo en actores secundarios sin decisión de elegir la escena que queremos actuar. Para recuperar el papel protagónico y de dirección tenemos que prestar una atención especial a cada uno nuestros pensamientos y escuchar el diálogo interno que existe en nuestra mente.

Si paras un segundo lo que estás haciendo y cierras los ojos te darás cuenta cómo en tu mente vas de un pensamiento a otro sin parar. Trata de hacer el ejercicio y te darás cuenta que es imposible estar sin pensar al cabo de unos segundos. Todo el tiempo estamos pensando algo, justificando, racionalizando, dando excusas, imaginando, planificando y creando historias. Lo hacemos mientras estamos conduciendo, mientras estamos en la ducha o preparando la comida. Ahora mismo estás leyendo e interpretando al mismo tiempo lo que estoy escribiendo, y sin darte cuenta puedes empezar a pensar en otras cosas que incluso no tienen nada que ver con el libro que tienes en las manos. Quizás piensas que sí puedes parar de pensar, pero a no ser que practiques un ejercicio consciente de meditación y respiración profunda o estés dormido, te aseguro que es muy difícil. Si no me crees, haz la prueba.

Si los pensamientos fueran siempre positivos y enfocados a la abundancia y la prosperidad podríamos vivir la vida de nuestros sueños, pues siempre estaríamos tomando las mejores decisiones y nunca nos limitaríamos ante nada. Pero lamentablemente, nuestros pensamientos también tienen otra cara: pueden ser negativos, conformistas y pesimistas, haciendo que no tomemos siempre las decisiones que deberíamos. Por desgracia para mucha gente, estos últimos pensamientos negativos son más poderosos y fuertes que los positivos, y tendemos a seguir su recomendación cuando llega el momento de actuar. Además, los pensamientos también tienen un fuerte poder energético y terminan atrayendo todo aquello que pensamos. Ese es el motivo por que a la gente que es muy positiva le va mejor que a la gente que no lo es.

Tienes que acostumbrarte a prestar atención al diálogo interno que se produce en tu mente con el fin de poder desenmascarar cuál es la raíz de tus pensamientos. Un buen ejercicio que puedes hacer es tratar de convertirte en espectador de lo que pasa en tu mente, como si estuvieras viendo una película. Trata de descifrar las justificaciones que tu mente hace para comerse un buen trozo de pastel. "Merezco tomar ese pastel después del difícil día que he tenido en el trabajo". "Si voy a caminar quince minutos me puedo comer ese pastel". "Estoy tan enfadada con mi novio, que si no me tranquilizo y como ese pastel voy a perder los nervios". "Qué más da si solo es un trozo de pastel". "A quien pretendes engañar, nunca estarás flaca, un pastel no va a hacer la diferencia". Si las razones para tomar el pastel son siempre las mismas y terminas cayendo en la tentación, pero después te azota un sentimiento de culpabilidad, es un claro ejemplo de cómo la mente puede estar dominando y dirigiendo tu vida. Tú no estás decidiendo qué es bueno o malo hacer; tu mente lo está haciendo por ti. Nos terminamos creyendo lo que más nos conviene en cada momento y encontramos una justificación para hacerlo aunque no sea positiva o nos beneficie.

Si quieres cambiar tu vida para mejor, las buenas noticias son que puedes recuperar el control absoluto y resetear tu mente para que vuelva a trabajar correctamente. La mejor manera de hacerlo es tomando consciencia primero de cuáles son los pensamientos que estás teniendo, descubrir en qué consiste su verdadera naturaleza y de dónde vienen, para así poder tomar la mejor decisión de acuerdo al estilo de vida que hemos decidido vivir. Una vez conozcamos mejor la razón por la que hacemos las cosas, entonces podemos tratar de encontrar otras soluciones para poner en práctica cuando se presente una situación similar y así no cometer los mismos errores de siempre.

Los pensamientos, tanto positivos como negativos, tienen un efecto directo en el carácter y en el cuerpo físico de cada persona. Un solo pensamiento tiene un poder inmenso sobre cada célula de tu cuerpo, hasta el punto que si tu pensamiento cree que estás enfermo, casi seguro que terminarás enfermo. Por el contrario, si tienes pensamientos regulares y consistentes sobre una buena salud, fortaleza, belleza y felicidad, todo tu cuerpo se transformará al instante y conseguirás lo que estás pensando. En la imagen que tengas de ti mismo en estos momentos está tu futuro. Tú eres la imagen que creas en tu mente. Por lo tanto, tienes que abandonar todos los pensamientos como "soy feo y gordo" y cambiarlos por "soy un ser hermoso y lleno de salud". Tu cuerpo refleja tus pensamientos. Todo lo que manifiestas externamente es una manifestación que primero has tenido que sentir internamente. Si tienes una naturaleza positiva, amorosa y bella, tu vida y tus relaciones estarán marcadas por la prosperidad y el amor. Cambia tu manera de pensar y tu vida se transformará al instante.

No dejes que el ruido incesante de tus pensamientos impida que descubras todo tu verdadero potencial. Tú eres mucho más que tus pensamientos. Tu mente siempre tiene una explicación para todo. Lamentablemente terminamos creyendo que todo lo que dice es verdad. Cada una de las metas que no has conseguido hacer realidad en tu vida se debe a que has terminado creyendo lo que tu mente te ha dicho y no siempre lo que te dice es la verdad. Para no vivir una mentira, tienes que reconocer que tú no eres lo que piensas, sino mucho más. Cuando te conviertes en testigo de tus propios pensamientos, estos pierden su fuerza sobre ti y eres libre para tomar la mejor decisión. Tienes que eliminar de tu mente todo lo que es falso y analizar tus pensamientos, temores, miedos e inseguridades de frente y con valor cuando se presentan en tu vida, en lugar de huir de ellos o evitar enfrentarte con la realidad porque es una solución mucho más fácil de tomar. Cuando puedas interpretar las razones por las que piensas de determinada manera, entonces estarás recuperando tu papel como director y guionista en la historia de tu vida.

EL EGO

El peor de nuestros enemigos en la búsqueda y realización de nuestros sueños es el famoso ego, que todos tenemos viviendo felizmente como un rey en el palacio de nuestra mente. En realidad, el ego es el creador de todos los virus en tu vida, y el responsable de que tu disco duro no funcione tan bien como debería. Para empezar, tenemos que entender mejor qué es el famoso ego, al cual yo prefiero llamar "el torito". Más adelante conocerás a un gran amigo del "torito", "la vaquita". Personalmente me gusta dar un nombre a diferentes partes de mi mente para así separarme de mis pensamientos y poder identificarlos más fácilmente, analizarlos mejor, y por último tomar las mejores decisiones por mi bienestar.

El ego es la imagen que creemos tener de nosotros mismos. Esta imagen empieza a crearse desde que somos muy pequeños y se desarrolla con los años como consecuencia de las experiencias que vivimos y todo lo que aprendemos en el camino, ya sea a través de la escuela, nuestra familia, el trabajo o el país que nos ha tocado vivir. Pero esta imagen no corresponde con el verdadero ser de la persona, sino con una interpretación sobre lo que las otras personas piensan de nosotros. Por lo tanto, el ego es un reflejo de la opinión de los demás que se va desarrollando con el paso de los años y con el cual nos sentimos identificados, y que en muchos casos está formada por pensamientos limitantes y de carencia. Por eso, mucha gente siente que para ser completo se necesita mucho dinero y posesiones, fama y reconocimiento, perfecta belleza externa, etc. A las personas que solo se ocupan de este tipo de cosas se les conoce popularmente como "egocéntricas". Pero por otro lado, el ego puede ser útil si se transforma en un sistema para ordenar tu vida, para traer estabilidad, y protegerte. La mejor manera de controlar el ego es primero conociéndolo y aceptándolo. Trata de conocer su lado positivo y negativo. Al fin y al cabo, el ego es una construcción tuya. Puedes identificarte con él o no y hacer que pase de ser un compañero de vida invisible, a una compañero que está a tu lado y al cuál es mejor conocer para poder cambiarlo o convertirlo en tu amigo. Aprende a manejar, construir y transformar tu ego y vivirás mejor.

Para conocer el ego, tenemos primero que reconocer que es parte de nuestras vidas. Personalmente para mí el ego es quien dirige toda la película y toma todas las decisiones, pero lo hace porque le hemos dado su poder. Normalmente, muchas de las decisiones que toma el ego no son las mejores para nuestro bienestar y felicidad pues se enfocan exclusivamente en aspectos de nuestro mundo físico, en lugar de ayudarnos a descubrir nuestro verdadero ser y potencial, el que se encuentra en nuestro mundo interior. Veamos ahora algunas técnicas para poder manejar el ego y convertirlo en nuestro amigo.

¿Quieres saber como consigue el ego engañarte la mayoría de la veces y no ayudarte a tomar las mejores decisiones? Muy fácil. El ego, de acuerdo al sistema de creencias que nos inculcaron desde pequeños, crea ciertas emociones ante situaciones que no se corresponden con su "realidad". Estas emociones como el miedo, el estrés, la ansiedad o la inseguridad, solo nos asustan y confunden y hacen que tomemos el camino más fácil en lugar del mejor camino.

Sé que posiblemente todo esto suene a cuento chino y sea difícil de entender, pero si tomas un tiempo para analizar tu propio pasado, posiblemente encuentres un buen ejemplo donde hubieras querido tomar otra decisión a la que tomaste, pero en ese momento te dejaste guiar por lo que alguien te dijo, por miedo a las consecuencias o porque te sentías inseguro. Bueno, todo eso, no fueron más razonamientos que en un momento de tu vida tu ego te hizo creer que eran tu mejor opción. Cada vez que te surge una excusa, una inseguridad o un miedo a hacer algo, te aseguro que tu ego está actuando para protegerse. ¿Por qué lo hace? Porque en el momento en el que no le haces caso, tu ego pierde su eje, su sentido de existir. Con el tiempo, puedes ayudar a construir un nuevo ego basado en tus propias interpretaciones, en tus propios deseos, en tus propias experiencias con el fin de convertirlo en tu amigo y protegerte en tu camino hacia la vida de tus sueños.

Vamos a ver, algunos ejemplos para ilustrar y reconocer más fácilmente el famoso ego y cómo superarlo para transformarlo.

1. No todo está siempre en tu contra

Si tienes la impresión que todo está siempre en tu contra es una de las muchas caras que el ego tiene para paralizarte y debilitarte. El comportamiento de los demás no es razón suficiente para darte por vencido y usarlo como excusa para no lograr tus objetivos. Todo el mundo va a sentir buenos y malos momentos, incluso en el mismo día, y experimentar momentos felices y también momentos muy difíciles a lo largo de la vida. Tanto lo bueno como lo malo es parte del ciclo de la vida para que podamos seguir creciendo y evolucionando. Si dejas de ver los problemas como algo negativo y los tomas como tus oportunidades para mejorar, entonces milagrosamente tu vida cambiará a tu favor.

2. No siempre tienes que ganar y tener la razón

A tu ego le encanta siempre ganar todas las batallas donde hay vencedores y perdedores, siempre y cuando sea el ganador. Siempre queremos ser los que tenemos la última palabra. En la vida siempre hay algo nuevo que podemos aprender. Aprovecha esos momentos en los que te has equivocado o fracasado, para mejorar y crecer. Para ganar de verdad, primero tienes que aprender a perder, y ver esta pérdida como algo positivo. Te aseguro que todas las personas que han tenido un gran éxito en sus vidas, han tenido que pasar primero por muchos momentos muy difíciles donde también se han equivocado. Equivocarse es bueno si aprendes y no terminas tropezando en la misma piedra varias veces. No tener siempre la razón o salirte con la tuya es algo positivo pues puedes ver las cosas desde otro punto de vista, y ver cómo puedes mejorar para acercarte más a tus metas. Por lo tanto, quítate de la mente eso de ganar o perder, pues todo el mundo es ganador por el simple hecho de tener la posibilidad de estar vivos. No tienes que probar nada a nadie, ni siquiera a ti mismo. No dejes que tu ego sea la razón por la cual no puedas solucionar unos problemas en tu relación de pareja, con la familia o en el trabajo. Apuesta siempre por el entendimiento, la comprensión, la bondad, el amor, la comunicación y todo el mundo saldrá siempre ganando.

3. Abandona tu necesidad de sentirte mejor que los demás

Yo siempre he dicho que mi mayor competencia en la vida, tanto a nivel profesional como personal, soy yo mismo. Enfócate en tu crecimiento personal, día a día, no en la vida de los demás. Lo único que tú puedes controlar con absoluta seguridad y garantía es *tu* vida. Aunque quieras controlar la vida de tus hijos, tu marido, o tus empleados nunca lo conseguirás, pues ellos, al igual que tú, tienen la última palabra. Todos venimos del mismo lugar y todos tenemos un destino que cumplir. Deja de juzgar a los demás por su aspecto físico, lugar de procedencia, sexo o nivel económico. No hay ganadores ni perdedores, mejores ni peores. Todos somos iguales y a la vez diferentes. En lugar de enfocarte en lo negativo, tener celos o ver solo problemas en los demás, enfócate en lo positivo, en el amor, ayúdales a alcanzar sus metas y celebra también sus victorias. Nadie es mejor que nadie.

4. No necesitas tener más, pues ya lo tienes todo

El ego quiere más cosas, más logros, más reputación, más fama, más dinero, más y más. Nunca está, ni estará satisfecho con lo que tiene y siempre va a querer más de todo. Deja de vivir deseando más y proyectándote siempre en el futuro, y empieza a vivir tu presente. Al desapegarte de las cosas, podrás dar más a los demás, ser tú mismo y te darás cuenta que ya tienes todo lo que realmente necesitas para ser feliz. No te obsesiones con tus logros y éxitos, pues estos vienen y se van, es parte del ciclo de la vida. Ganamos y perdemos, tenemos momentos buenos y momentos malos, al igual que hay un frío invierno y un cálido verano, una noche oscura y un día con luz. Aunque tu ego piense que ha sido él mismo quien ha conseguido todo lo que tienes y que le pertenece todo, en realidad no tiene nada. Las cosas que pasan en la vida no suceden por nuestra voluntad o están bajo nuestro control. No podemos controlar que los desastres y las tragedias pasen, pero podemos controlar como reaccionamos y como valoramos nuestras vidas. Agradece lo que tienes y sácale el mejor partido para ti y el de los demás.

LAS EMOCIONES NEGATIVAS

Las emociones se producen cuando un pensamiento entra en contacto con el cuerpo físico. Cuanto más conectado estés a un pensamiento, más energía emocional podrás sentir. Por ejemplo, si tienes un pensamiento negativo de venganza, este pensamiento va a generar una energía emocional de furia o rabia, con el fin de preparar tu cuerpo para pelear. Las emociones si son muy fuertes pueden incluso crear cambios bioquímicos en tu cuerpo y causar enfermedades. Detrás de cada emoción, hay un pensamiento. Por ello, tenemos que observar atentamente la raíz de nuestras emociones para encontrar el pensamiento que lo causó. Si te identificas con pensamientos positivos no tienes ningún problema, pues las emociones tendrán en su esencia cualidades positivas como amor, agradecimiento, bondad, compasión y perdón, y en consecuencia actuarás siempre positivamente para tu bienestar y felicidad. Pero si te identificas con tus pensamientos negativos, tienes el peligro de dejarte llevar por emociones negativas como el odio, los celos, la envidia, el resentimiento o la culpabilidad, y esas emociones harán que no tomes siempre las mejores decisiones.

Muchas veces no nos damos cuenta si estamos siendo negativos o pesimistas ante una situación en particular. Si estás sintiendo alguna emoción negativa, entonces es una señal de que el pensamiento no es positivo y que por lo tanto tienes que esperarte a tomar una decisión, pues esa decisión no será la mejor para ti. Si te encuentras en una situación límite en la que tus emociones son unas, pero tus pensamientos son otros, por ejemplo, si sientes pánico cuando te encuentras frente a una persona pero tu mente te dice que no tiene sentido, en esos casos, déjate guiar por tus emociones pues es tu mecanismo natural de defensa.

En realidad, una vez empieces a entender la diferencia que existe entre un pensamiento negativo y uno positivo, y de donde vienen tus emociones, va a resultar mucho más fácil tomar decisiones y también convertirte en la persona que deseas ser. Quizás no te has dado cuenta que eres una persona negativa, hasta que hagas este ejercicio, o eres una persona positiva que va a aprovechar este conocimiento para tener más seguridad en la vida. Si quieres conocer qué tipo de persona eres, simplemente explora las emociones que tienes. Un buen ejercicio diario que puedes hacer para comprobar cómo está tu mente es a través de una simple pregunta: "¿Qué está pasando dentro de mí en este momento?". Si sientes que te pones defensivo ante algo, es tu mejor oportunidad para descubrir el por qué y encontrar una solución. Hasta que no lo hagas, todo va a seguir igual que siempre o peor. Si desear cambiar el rumbo de tu vida, cambia el rumbo de tus emociones.

Pero las emociones negativas no sólo afectan directamente tu mente, sino también tu cuerpo físico. Estoy seguro de que alguna vez te ha pasado que cuando has sentido una intensa emoción la has llegado a percibir en alguna parte de tu cuerpo físico. Si alguien te ha hecho mucho daño ha sido como recibir una patada al hígado o un puñetazo al corazón. La emoción es tan fuerte que la podemos sentir físicamente. Eso es una señal que algo no está bien y tienes que buscar el tiempo para detener lo que estás haciendo y encontrar una solución. En la medicina holística se considera que detrás de las peores enfermedades que afectan al ser humano, como el cáncer, están como raíz las emociones negativas. Aunque es difícil de probar científicamente, es algo que cada uno de nosotros tendría que considerar y no menospreciar. Los celos, la envidia, el odio, la venganza, la culpa son todas emociones negativas que tienen un efecto directo sobre tu salud física y tu salud espiritual.

Para sentirte mejor y más positivo en tu vida, no te enfoques tanto en las cosas materiales como el dinero o la fama, sino en crear abundancia a través de la felicidad, la salud o el amor. Cuando tienes una emoción negativa como odio, resentimiento, culpabilidad, depresión, celos o furia, trata de descubrir su raíz, cual fue la razón principal que causó esa reacción, cual fue el pensamiento que lo originó. De este modo, estarás cooperando con esa emoción para entenderla y descubrir la verdad. Si no te deshaces de esa emoción vas a sentir dolor y vas a continuar sufriendo con serias consecuencias para tu salud física. Si la emoción es positiva, disfrútala lo máximo que puedas y extiéndela a otras áreas de tu vida. Te lo creas o no, es todo cuestión de actitud, pues si estás amargado, tienes la opción de hacerle frente a tus problemas, encontrar una solución y actuar de una manera diferente a como lo venías haciendo hasta ahora, para así transformar tu vida. Y eso, significa, vivir la vida de tus sueños.

Pasemos ahora a analizar tres de las emociones negativas más comunes y con mayores poderes para limitar nuestra búsqueda del éxito y la felicidad: el miedo, el dolor emocional y el estrés.

1. El miedo

Una de las herramientas más fuertes que han creado nuestra mente y nuestro ego para tener control de todas las decisiones, es el miedo. Gracias al miedo nos echamos hacia atrás ante la primera dificultad que encontramos pues pensamos que los problemas son fantasmas y enemigos que solo buscan hacernos daños. La única manera que podemos deshacernos del miedo es enfrentándonos cara a cara y hacer algo al respecto. Actuar. Todo, menos salir corriendo e ignorar la fuente de ese miedo.

El miedo psicológico no tiene que ver con un peligro real o inmediato, sino con algo que puede o no pasar en el futuro, es una proyección que nuestra mente hace para crear posibles escenarios con el fin de asustarnos. La preocupación de no saber cómo te van a tratar en un nuevo trabajo, la ansiedad que puedes sentir por no saber si vas a estar a la altura de las expectativas, o el temor al fracaso, son algunos ejemplos de cómo tu mente proyecta el miedo hacia algo que puede ocurrir, pero que no necesariamente está ocurriendo en estos momentos. Tú estás aquí, en el presente, y tu mente está en el futuro. El miedo emocional no tiene sentido y es la principal razón por la cual no estás viviendo la vida de tus sueños.

Cuando eres capaz de ver con claridad de dónde viene el miedo, cuáles son las dudas, o como yo prefiero llamarles "los dragones", qué ha pasado en el pasado para sentirte de este modo, y empiezas a conectar la raíz de ese malestar e inseguridad, entonces el miedo deja de tener su fuerza. En ese momento, tienes que tomar la decisión de simplemente darte una oportunidad, dar lo mejor de ti, y actuar para ganar completamente la batalla a ese miedo. Pero tienes que darte una oportunidad y lanzarte. Justo antes de actuar ante una situación de la cual tenías miedo, puedes sentir una sensación de vértigo, te late más deprisa el corazón, y sientes la adrenalina corriendo por tus venas. Mi única recomendación cuando llegue ese momento, y después de haber pasado por muchos momentos como ese, es dejarte llevar y lanzarte al vacío. Todo va a ir muy bien y aunque te caigas no pasa nada. No serás el primero, ni el último.

Ahora llegó la hora de hacer tu propia tarea. Clasifica cuáles son las causas de tus miedos y escríbelos uno por uno. ¿Qué es lo que te impide seguir adelante? ¿Miedo a estar solo, miedo a equivocarte, miedo al qué dirán, miedo a que te hagan sufrir? No necesitas juzgar tus miedos, ni tienes que tratar de buscar todo su esqueleto. Simplemente anótalos para revisarlos y atacarlos uno por uno cuando estés realmente preparado para ello. Si quieres llámales dragones o ponles tu propio nombre.

Otro buen ejercicio que puedes hacer para vivir la vida de tus sueños es analizar cómo te sientes frente a un tema delicado como la muerte. ¿Tienes miedo a la muerte? El miedo a la muerte es uno de los peores miedos que existe en todo el mundo, y es el más difícil de vencer, pero a través de una mente positiva y conectando con tu espíritu lo puedes vencer y tener una vida más plena y feliz. Cuando se pierde el miedo a la muerte, la vida se transforma al instante en una nueva realidad y todo es posible. Este sí que es un buen ejercicio para eliminar de un solo borrón todas las excusas que te limitan a vivir al máximo tu vida. Una pregunta similar que puedes contestar para encontrar un nuevo sentido a tu vida es: "Si hoy fuera el último día de mi vida, ¿cómo lo viviría?". Parece que es una pregunta muy fuerte, pero en realidad es una muy buena pregunta para enfocarte en las cosas que realmente son importantes en tu vida. Hazte esta pregunta y medita cómo reaccionarías ante los problemas que tienes hoy, cómo tratarías a la gente a tu alrededor, cómo aprovecharías las horas. ¿Qué cambiaría en tu día? ¿Tu actitud? ¿Tu energía? ¿Tus labores? Este pensamiento puede ayudarte a cambiar tu actitud ante la vida, aportar un nuevo entusiasmo a todo lo que haces, valorar y agradecer lo que tienes, y fijar cuáles son tus verdaderas prioridades. En un instante dejarás de perder tiempo en cosas que no tienen importancia para enfocarte en lo que realmente amas y dejarás de jugar con tu menta para pasar a tomar responsabilidad de tus acciones. Y terminarás aceptando que lo más importante es este preciso momento, cada instante de tu vida, y aprenderás a sacar el máximo provecho de tu presente.

2. El dolor

El miedo trae consigo otra emoción muy importante en la vida de las personas: el dolor emocional. No me estoy refiriendo al dolor físico, sino al dolor mental: el odio, la culpa, la ira, la depresión, los celos, la envidia. Ese dolor se transforma en energía negativa que a su vez puede tener incluso un impacto directo en tu salud física. Una de las enfermedades más comunes que resultan del dolor emocional es la depresión. A pesar de las drogas o medicamentos que tomes para sentirte mejor, la única manera de solucionar esta enfermedad es descubriendo su raíz, y al igual que con una mala hierba en el campo, la única solución es sacar la raíz por completo. El dolor emocional lo puedes crear en cualquier momento de tu vida, pero también lo puedes llevar encima desde hace mucho tiempo sin apenas darte cuenta de ello. Este dolor es el más difícil de descubrir pues suele estar muy enterrado.

Al igual que lo hemos hecho anteriormente para descubrir el origen de las emociones, presta atención a tu dolor emocional para encontrar los motivos y cuáles son tus pensamientos, que pueden o no ser verdaderos. Ten mucho cuidado de ignorar este tipo de dolor emocional, pues el dolor siempre quiere más dolor, necesita alimentarse para crecer y así poder desempeñar su papel favorito, el de víctima. Pero una vez descubres el origen de ese dolor, éste empieza a perder toda su fuerza pues no tiene sentido seguir sufriendo. ¿Para qué? ¿Eres masoquista? Haz algo al respecto y sal de ese dolor. Puedes dejar de ser una víctima aceptando la realidad y haciendo algo al respecto. Enfoca tu atención en lo que sientes, y como observador no trates de juzgar pues entrarás de nuevo en un jueguito mental con tu propio ego. La verdadera transformación sucede en la simple contemplación. No tienes que hacer nada más que observar. Puedes ver que hay muchas resistencias, especialmente si has desempeñado el papel de víctima por mucho tiempo, pero al descubrirlas, todas terminarán desapareciendo una por una. Observa el placer extraño que te hace ser infeliz, observa tu manera de hablar, pensar y reaccionar. Antes de poder cambiar positivamente algo en tu vida, el primer paso es aceptar que existe. Observa tu conducta, tu forma de expresarte, tus acciones, y así podrás tener un mejor conocimiento de ti mismo y tomar las mejores decisiones para actuar correctamente.

Si tienes identidad de víctima y muchas veces te has encontrado con el pensamiento de que "todo me pasa a mí", estás creyendo que el pasado tiene siempre más fuerza que el presente y que tú no puedes cambiar tu destino. Es creer que otras personas, y lo que hicieron, son responsables de quién eres ahora. Que tú no tienes ningún control sobre tu vida, ni responsabilidad por lo que te ha pasado. Que la culpa de todo lo que te ha pasado está siempre en los demás. Que tu vida nunca va a cambiar. Pero la única realidad que importa de verdad no es lo que ya ha pasado sino lo que está pasando en estos precisos momentos. La única realidad que existe es la realidad del presente, de lo que estás haciendo en estos momentos con lo que ya pasó, no puedes hacer nada. Pero con lo que está pasando, puedes hacer algo al respecto. No puedes luchar contra el dolor y la oscuridad que sientes, pero sí tienes el poder de elegir observar el presente, aceptarlo y dar un paso para a través de nuevas decisiones eliminar el sufrimiento y cambiar tu realidad para dejar ser una víctima y convertirte en un héroe. Esta es una de las lecciones más importante que he tenido la oportunidad de experimentar personalmente. El papel de víctima lo creas tú y solo afecta a una persona: a ti. Cuando asumas responsabilidad de tu propia vida, tomarás el control y el poder de convertirte en la persona que deseas ser.

Todas las peores adicciones en el mundo empiezan y terminan siempre con el dolor. Ya sea a través del alcohol, la comida, o las drogas, estás usando algo o alguien para encubrir tu dolor, pero no lo estás eliminando de tu vida. Si te quieres escapar del presente, es porque te quieres escapar del dolor, y si te quieres escapar del dolor, es porque temes enfrentar tu realidad. En el momento en el que dejas de juzgar y aceptas la realidad, liberas tu mente, y eliminas todos los pensamientos y emociones negativas, creas espacio para que el amor, la felicidad y la paz interna lleguen a tu vida. La aceptación es el primer paso hacia la transformación.

3. El estrés

Y por último, una de las emociones más conocidas por todas las personas en el mundo moderno, no es otro que el súper famoso estrés. Por su definición el estrés es una reacción fisiológica del organismo en el que entran en juego diversos mecanismos de defensa para afrontar una situación que se percibe como amenazante o de demanda incrementada, lo cual significa que el estrés se presenta cuando nos encontramos en situaciones difíciles que creemos que es peligroso o que no podemos resolver positivamente. Es importante que entiendas que cuando hablo de estrés en esta sección no me refiero a un estrés físico que podemos experimentar ante una situación de peligro y que nos ayudaría a actuar impulsivamente para evitar dolor, sino que me refiero a un estrés mental. Por lo tanto, para que lo entiendas mejor, el estrés mental aparece cuando, estando en una situación en particular, estás deseando estar en otro lugar, o, estás viviendo tu presente, pero desearías estar en otro momento de tu vida. ¿Sí o no? Es una separación que tú mismo has creado en tu mente, que te pone ansioso, nervioso y de mal humor porque estás con muchas cosas en la cabeza y piensas que tienes que hacerlo todo y no puedes. Para poder eliminar el estrés tienes que hacer una cosa detrás de otra lo mejor que puedas, sin enfocarte tanto en lo que pasará o dejará de pasar en el futuro. Lamentablemente, el estrés no solo causa que perdamos el control, sino puede tener un grave impacto en nuestra salud física, provocando insomnio, derrames cerebrales, subidas de presión o ataques al corazón por mencionar algunos. Si el estrés no se controla, tu sistema inmunológico se ve afectado y tu cuerpo, inevitablemente, se enferma. A nivel mental, el estrés te bloquea y no te deja hacer nada eficazmente. Cuanto más estrés, más difícil es encontrar una salida a nuestros problemas. Es como un círculo vicioso que va creciendo y creciendo dentro de nuestra mente como una bola de nieve que se va auto alimentando y termina por bloquear completamente cualquier capacidad de pensar coherentemente. Y por último a nivel espiritual el estrés nos impide conectar con lo que es importante en nuestras vidas y nos aleja poco a poco de lo verdadero y real para vivir una mundo ilusorio lleno de problemas.

Todos hemos experimentado el estrés en nuestras vidas y con el tiempo nos hemos dado cuenta que en realidad no solucionamos nada estando bajo ese hechizo, sino todo lo contrario, el estrés complica las cosas aún más. Cuando uno está alegre y feliz, todo está en paz y marcha muy bien. Uno se siente inspirado y capaz de alcanzar todo lo que se proponga por mucho trabajo que cueste. Todo resulta fácil y todo fluye. Sin embargo, si tenemos una vida estresada y llena de ansiedad, no podemos dormir, nuestra presión sube, el estómago lo tenemos revuelto, somos más agresivos, nos cuesta relajarnos. Este solo tiene razón de existir dentro de nuestra mente alimentada por pensamientos negativos y cuando existe un desequilibrio entre nuestro cuerpo, mente y espíritu. Si uno de los tres no está equilibrado, la desarmonía causa un conflicto interno, un estrés en las otras dos partes del cuerpo por tener que compensar por ese desequilibrio. Descubre tu balance, y tendrás el poder de vivir una vida libre de estrés. Para ayudarte con esta meta, tienes este libro en tus manos.

Tienes dos alternativas para vencer el estrés: cambiar la percepción del problema que te causa el estrés, o cambiar la percepción de ti mismo. Si empiezas a percibir el problema como algo que no te puede dañar, entonces eliminas las toxinas del estrés. Y si percibes que tú eres capaz de solucionar el problema, entonces el estrés disminuye. El estrés se convierte en un reto y deja de ser un problema. Cuando cambias la percepción, ganas en control.

El estrés aparece debido a pensamientos como "es mejor ganar que ser feliz", "la reputación es lo más importante en mi vida", "el éxito solo se mide por el dinero que gano". ¿Quién no se ha sentido estresado de repente ante un atasco en la autopista o una cola lenta en el supermercado? Pensamos que todo el mundo está siempre en nuestra contra y nos estresamos por tonterías como no llegar a casa para ver un partido o llegar tarde al trabajo por culpa del tráfico. No vale la pena que te estreses tanto, pues no vas a lograr nada. Lo único que puedes hacer es conectar con tu realidad, cambiar de actitud, disfrutar lo mejor que puedes de lo que te está tocando vivir y aprender para en el futuro no verte envuelto en una situación similar. Eso es todo.

Deja te tomarte las cosas tan en serio y verás como una situación estresante se puede convertir en tu oportunidad para descubrir nuevas cosas, para crecer. Quizás no te habías fijado en el hermoso paisaje a tu alrededor cada día que estabas de camino al trabajo, o tomando más atención a los empleados del supermercado. Haga lo que hagas, ya sea trabajar, comer, hacer ejercicio o las tareas domésticas, enfócate 100 por ciento en la actividad que estás haciendo. No vale la pena desperdiciar tu valiosa energía en algo que todavía no ha pasado, ni sabes con seguridad qué va a pasar. Estés haciendo lo que estés haciendo, dalo todo en ese momento, y disfrútalo pues es lo único que tienes. Decide hacer una cosa detrás de otra poniendo toda tu atención en lo que estás haciendo y verás, como por arte de magia, el estrés termina por desaparecer. Observa tu mente. Si te asaltan de repente las dudas o pensamientos negativos, sonríe y reconócelos como tu toro jugando con los dragones. No dejes que tu mente te controle y se desborde creando estrés en tu vida. Tú siempre tienes la última palabra y si decides sentarte y descansar unos minutos, eso es lo que vas a hacer. Cuando te comprometes y pasas a la acción y haces algo al respecto, en lugar de seguir echando leña al fuego, entonces el estrés se puede manejar más fácilmente. Poniendo en acción nuestra curiosidad y tomando responsabilidad de nuestras reacciones y respuestas, empezamos a darnos cuenta que tenemos la posibilidad de cambiar nuestra realidad.

LAS EXCUSAS

Para terminar este primer capítulo dedicado a conocer un poco más en profundidad los efectos negativos que nuestra mente puede tener en nuestra vida diaria, tengo que hacer una mención especial al enemigo número uno en lo que respecta a la búsqueda y realización de nuestros sueños: las excusas. Como dije a principios del capítulo, hoy ha llegado el momento de resetear nuestra computadora biológica de este terrible virus que nos impide hacer absolutamente nada y lograr alcanzar tus propios sueños.

Hubo un momento en mi vida, no hace muchos años, donde tenía una lista muy larga de excusas, y por cierto muy buenas, que me limitaban siempre en la persecución de mis sueños. Me las creí todas y cada una de ellas. Hasta que un día llegó un maravilloso libro a mis manos, y desde entonces, mi vida cambió al instante. Sigue leyendo que muy pronto te contaré cuál es ese libro que hizo de mí una nueva persona. Dicen que el maestro aparece cuando el estudiante está preparado. Y parece ser que ese fue mi caso. Espero que hoy sea el tuyo.

Si tienes una excusa es porque existe un motivo a lo cual no quieres enfrentarte bien sea por miedo, una inseguridad, una memoria traumática del pasado, temor al fracaso, al ridículo, enfrentarte a un dolor emocional. Obviamente es mucho más fácil poner una excusa para no hacer algo, que tener que enfrentarte a la realidad. ¿Cuál es tu excusa para no hacer lo que deseas hacer? Tarde o temprano, quieras admitirlo o no, las excusas pasan factura física, mental o espiritualmente, y nos damos cuenta que nosotros hemos sido los únicos responsables por tener la vida que tenemos.

Una excusa es como una barrera o un dique en medio de un río que impide que el agua pueda seguir fluyendo para llegar a su destino final. Lo mismo pasa con tu nuestras vidas. Todos somos ríos cuya agua fluye para llegar al mismo destino final, si surgen las excusas detenemos el curso natural del agua. Este es el momento perfecto para destruir cada uno de esos diques, de esas barreras que tienes y que tú mismo has creado, para que puedas seguir con el curso de tu vida. Al enfrentarte a tus miedos y tomar control de tu vida, estarás entrando en contacto con lo que es verdadero y natural. Tu salud mejora al instante, tus relaciones se consolidan, tu intuición guía las decisiones diarias, y tu conciencia está abierta a percibir todas las oportunidades que se te presenten en el camino para navegar con mucha más facilidad y llegar a tu destino final. Pero también es cierto que es mucho más fácil agarrarse a un tronco para no hundirnos o crear una barrera cuando no sabemos lo que va a pasar. Para vencer todas tus excusas vas a tener que encontrar fuerza en tu interior y tener fe en que todo va a ir bien, y como el agua, todo fluirá perfectamente hasta encontrar la mejor salida y seguir su curso.

¿Estás siempre preocupado? ¿Tienes dudas como "qué pasaría si..."? ¿Cuánto tiempo de tu vida te pasas esperando a que algo suceda? No te estoy hablando de la espera en una cola en el banco o en el supermercado, sino a posponer a hacer algo que sabes dentro de ti que tienes que hacer pero prefieres hacerlo en otro momento como después de terminar el verano, o cuando lleguen las vacaciones, o cuando los niños se vayan de casa o cuando ya no tengas trabajo. No creas que eres el único. Todo el mundo siempre está posponiendo sus decisiones para otro momento, perdiendo el valioso tiempo esperando que algo pase para empezar a vivir. ¿Tiene sentido? No. La espera solo es un estado mental. Significa que quieres algo del futuro, pero no ahora en el presente. Por lo tanto, nunca lo tendrás, pues el futuro es infinito y nunca se convertirá en tu presente.

Cuando te inventas excusas para justificar tu vida y consideras que tienes suficiente, ese pensamiento solo se convierte en tu cadena más pesada en el proceso de mejorar tu vida. Aceptas todo lo que la vida te trae como algo natural y te conformas con lo que es. Te da igual tener más o menos. Simplemente reaccionas ante las nuevas situaciones que la vida te va ofreciendo y te conformas con aceptarlas como parte de ti, sin cuestionarte sin son buenas o malas.

Te voy a dar un buen ejemplo. Si tienes un trabajo que no te gusta, pero tampoco te paga bien, es fácil dejar el trabajo que tienes y buscar otro para ganar más dinero y estar más feliz. Hasta aquí todo el mundo puede estar de acuerdo conmigo. Si no te gusta lo que haces, y no te pagan, puedes tratar algo mejor si se presenta la oportunidad. Pero, si el caso es un poco diferente y tienes un trabajo que no te gusta, pero te paga muy bien y puedes cubrir tus deudas y mantener a la familia, es mucho más difícil dejar el trabajo que no te gusta, pues sientes que tienes que estar agradecido de que al menos tienes un trabajo. "Mejor sacrificar mi felicidad para poder dar a mis hijos todo lo que desean", pensarás. "A quien estoy mintiendo, no hay un trabajo perfecto". "Más vale algo seguro, que lanzarme a ver qué puedo hacer". Estos son algunos ejemplos que usamos para justificar no buscar un nuevo trabajo. Te aseguro que si eres bueno en lo que haces, y es lo que te gusta, además de ser feliz, ganarás más dinero. Si lo deseas y quieres de verdad puedes tenerlo todo. "No soy bueno en esto", "No es el mejor momento", "No es mi culpa", "En realidad no estoy tan mal", son las excusas que están tomando el control de nuestras vidas y son un buen ejemplo de cómo tu mente puede limitarte a hacer tus sueños realidad a pesar de que tengas las cualidad, las habilidades, la personalidad y el cuerpo para llevar a cabo lo que tanto deseas. Ten mucho cuidado con tus excusas y tus pensamientos pues terminarás viviendo lo que estás siempre pensando.

Con este ejemplo no quiero que decidas inmediatamente dejar tu trabajo si no te gusta lo que haces, sino que dejes de creerte las excusas que das y te pongas a hacer algo para cambiar tu situación. Si te da miedo quedarte sin dinero si dejas el trabajo, entonces posiblemente tendrás que seguir trabajando hasta que encuentres ese otro trabajo que te garantice el mismo dinero, o tener dos trabajos. Si tienes miedo a que no te vaya a gustar mejor otro trabajo, no lo sabrás hasta que lo pruebes o te informes de cómo estás las personas que se encuentran en ese otro trabajo. Utiliza tu sentido común y tu inteligencia para encontrar una solución a cada una de tus preocupaciones, pero no te conformes simplemente con lo que tengas. No te limites con tus propias excusas y te conviertas en una víctima de las circunstancias. Tú puedes tener el trabajo que deseas y ganar mucho dinero. No te creas todas las historias falsas que tu mente te está haciendo crear como verdaderas o te dejes influenciar por personas cercanas a ti que están atrapados en su propio juego mental. Te garantizo que tú tienes la posibilidad de vivir la vida de tus sueños si lo deseas, te comprometes contigo mismo y decides encontrar la mejor solución.

Llegó la hora de hablar del libro que mi amiga Julie Stav me regaló para tener más fe en mí mismo y perseguir todos mis sueños. Quizás conozcas ya a Julie por la televisión o por su show de radio. Julie es una gran maestra en todos los temas relacionados con el mundo de las finanzas. Hace unos años tuve el honor de trabajar muy de cerca con ella en diferentes proyectos, y fue Julie quien me recomendó que leyera un libro para terminar con todas mis excusas para no hacer realidad mis sueños. Este libro, bien cortito y que puedes leer en una simple tarde, marcó para siempre mi vida y me ayudó a tomar control de mi destino. El libro se llama *La vaca* y es del autor colombiano Camilo Cruz. En el libro se narra la historia donde un maestro que mata la vaca que una familia pobre tenía como principal fuente de ingresos y alimentación, para enseñarle a un estudiante el poder de las excusas y así descubrir el verdadero potencial que todas las personas tienen dentro de ellas mismas. Me has oído bien, la pobre vaca es sacrificada y muere. Sé que parece una historia un poco sádica y quieres conocer la razón de por qué el maestro mató a la vaquita. Pero el libro es de Camilo Cruz y si quieres conocer todos los motivos te recomiendo que lo leas. Es un gran libro. Personalmente lo que sí puedo hacer es compartir el gran mensaje del libro, con el permiso de Camilo, para que nos pueda ayudar en nuestro viaje de la vida.

La vaca de la historia de Camilo Cruz representa cada excusa, hábito o justificación que cada uno de nosotros tenemos para no hacer lo que deseamos. Puedes tener una, dos, veinte o todo un ganado de vacas como llegué yo mismo a identificar en mi propio análisis de mi vida. Lo importante es descubrir y contar todas las vacas que tienes, pues detrás de cada una de ellas, detrás de cada excusa, hay un miedo o una inseguridad, y solo tú eres responsable de matar ese miedo para vivir con plenitud tu vida. Cuando eliminas cada una de tus excusas, podrás encontrar oportunidades en tu camino que desconocías. No os quiero ni contar el número de vacas que llevo eliminando en mi vida en los últimos años, porque necesitaría un nuevo libro, pero sí te diré que el simple ejercicio que recomienda Camilo en su historia es muy fácil de hacer y muy efectivo. Justo ahora mientras estoy escribiendo estas páginas estoy matando una vaca enorme, que a pesar de darme de comer y hacer muy feliz por muchos años, últimamente me estaba haciendo la vida imposible y al no querer dejarla ir no podía seguir con mi camino. Por favor, no tomes literalmente el tema de matar a la vaca, pues esta alusión no es más que un símbolo que el autor utilizar para ayudar al lector a identificar mejor las excusas que tiene en la vida y le impiden hacer su sueño realidad, con el fin de hacerles frente sin temores y tomar las mejores decisiones, que no siempre son las más fáciles y cómodas. Si prefieres regalar la vaca, donarla, mandarla a un santuario o matarla esa es tu decisión, pero no te aferres a la vaca como la única razón para seguir teniendo la vida que tienes y no luchar por lo que tanto deseas. Estoy seguro de que una vez supere esta etapa que estoy viviendo y me deshaga de esta gran vaca, la vida me va a sorprender con muchas nuevas y hermosas sorpresas. Ya estoy acostumbrado a este ejercicio y solo me ha traído beneficios personales y profesionales. Cada vez que veo una excusa, le doy un fuerte abrazo y me deshago de ella.

De nuevo, fijémonos en la gente con éxito, que triunfa y consigue lo que se propone, ya sea en el mundo del deporte, los negocios, el espectáculo o haciendo hermosas labores comunitarias por los demás, y verás que todas ellas tienen algo en común: no ponen excusas o se quejan para explicar por qué las cosas son como son. Simplemente aceptan la realidad y actúan para que las cosas pasen como desean que ellos pasen. No siempre funciona a la primera o al segundo intento, pero tampoco se rinden ante el primer fracaso. Se levantan de nuevo, y lo tratan de hacer otra vez, pero mejor. Si te conformas con lo que tienes pensando que es suficiente para tu vida, tú mismo estás cerrándote a nuevas oportunidades para mejorar y crecer. Además te aseguro que siempre vas a crear una excusa para todo lo que realmente quieras en la vida, y cuando encuentres una buena excusa para justificar no dar el intento y arriesgarte, te vas a aferrar a ella con todas tus fuerzas para no enfrentarte a la realidad. Lo peor de todo es que vas a tener incluso un grupo de gente se van a creer tus propias excusas también, y te van a apoyar en tu decisión. Basta ya. ¿Quién tiene el verdadero control de tu vida? ¿Tú o tu mente? ¿Tú o los demás?

A continuación te voy a decir todos los pasos que yo personalmente seguí para liberarme de todas mis vacas y apostar por todos mis sueños. Te contaré cómo pasé de lo imposible a lo posible.

1. Identifica tus excusas

Trata de pensar, meditar, recodar cuáles son las razones o justificaciones que tu mismo te das siempre para no tener lo que deseas. Te puede resultar fácil identificar estas excusas pues siempre son las mismas, o puede ser difícil encontrarlas si se han convertido en parte de tu vida por mucho tiempo, y has terminado por creerlas como parte de ti. A veces puedes encontrar que las excusas que tienes ni siquiera son tuyas sino que las has copiado, heredado o imitado de tu familia, la escuela o de los amigos. Si en la actualidad tienes un sentimiento de miedo, rabia, frustración, angustia, ansiedad, trata de ver si ese sentimiento ya lo tuviste en el pasado ante una situación similar.

Para hacer este ejercicio correctamente tienes que ser lo más honesto posible y reconocer cuál es tu verdadera excusa sin temor a lo que pueda pasar. Por ejemplo, algunas excusas muy simples son "la culpa la tuvo el tráfico", "no me siento bien", o "tengo mucho trabajo". Ahora que tienes algunos ejemplos, trata de encontrar otras excusas más personales. En mi caso, algunas de mi excusas eran "de niño todo el mundo se reía de mí", "quién soy yo para ser alguien en la televisión", "no estudié lo suficiente para terminar haciendo eso". Te doy algunos ejemplos para que te hagas una buena idea y tú mismo puedas identificar más fácilmente tus vaquitas.

2. Escribe cada una de tus excusas

Toma lápiz y papel y empieza a anotarlas. Busca un lugar tranquilo y sin distracciones, para poder pensar y concentrarte en tus verdaderas excusas. Muchas veces es más fácil escribir lo primero que te venga a la mente sin tratar de analizarlo o racionalizarlo en el momento. A esta técnica en marketing, en inglés conocido como "brainstorming", o como yo prefiero llamarlo, una "lluvia de ideas", consiste en escribir o dibujar todo lo primero que venga a la mente sin usar la consciencia y así poder tener muy buenas ideas. Simplemente escribe y trae a la luz tus pensamientos. Si te resulta más fácil, también puedes decir tus ideas en voz alta y grabarte la voz o tomarte un video. Lo importante es que saques de dentro de ti todas y cada una de tus excusas, por muy locas que pienses que son. No lo tienes que hacer de una tirada tampoco. Quizás empieces el ejercicio ahora, y luego te estés duchando y venga a tu mente una nueva excusa. O estás durmiendo y de repente te viene otra. Simplemente, asegúrate de anotarlas todas.

3. Analiza cada una de las excusas por separado

Una vez las tienes anotadas en un papel es mucho más fácil no sentir emociones y analizar cada excusa objetivamente como si se tratase de una tarea en el colegio o en el trabajo. Explora el problema con detalle para poder entenderlo y así después poner a buscar una solución.

Más ejemplos: ¿Estás completamente seguro de que no puedes ser abogado porque nadie en tu familia tiene estudios? ¿Estás completamente seguro de que no puedes practicar deporte porque estás en una silla de ruedas? ¿Estás seguro de que no puedes ser escritor pues no vas ganar dinero? ¿Estás seguro de que no puedes empezar tu propio negocio porque tienes hijos pequeños?

En realidad, te vas a dar cuenta que las excusas no te ayudan a solucionar nada, la vida sigue exactamente igual con o sin tus excusas. La excusa que tienes no es más que una preparación para el fracaso, te estás preparando para justificar porqué las cosas no salen bien cuando has fracasado, y sin darte cuenta estás creando una realidad ficticia. Lamentablemente la familia, la sociedad, los amigos muchas veces no nos ayudan. Trata de poner en duda todas las opiniones que te llegan de diestra y siniestra y encontrar tu mismo la auténtica verdad. Escribe todas las oportunidades que has perdido por aceptar esos pensamientos como verdaderos y qué has conseguido a cambio, cómo te sientes. Al mismo tiempo, haz un lista de todo lo que deseas y cuáles son lo beneficios positivos que aporta a tu vida hacerlos realidad una vez has eliminado todas tus excusas. ¿Cuál de las dos listas prefieres?

4. Confiésalo

Muchas veces no es suficiente con anotar y descubrir la raíz de las excusas. Es importante mostrarlas al público y confesar tus excusas, desenmascararlas. Cuando compartes tu excusa con una persona en voz alta podrás expresar mejor tus pensamientos y descubrir nuevos argumentos, obstáculos, miedos, que antes no habías visto. Además, al confesar pensamientos tan profundos y personales a otra persona, tu ego pierda fuerza y tu humildad crece. Al dejar ir, tu energía fluye y en tu vida entra compasión, aceptación, creatividad y lucidez. Si quieres hacer este ejercicio, te recomiendo que busques una persona muy positiva para hacerlo, una persona que siempre consigue todo lo que se propone, una persona a la que admires por haber alcanzado con éxito sus metas. Puede ser algún familiar, un amigo, un profesor o incluso una persona que admires pero que no conozcas. No pierdas nada por pedirle un consejo y puedes ganar mucho.

5. Actúa

Por último, tienes que hacer algo al respecto para no quedarte como estás y dar tu primer paso usando como guía tu intuición y todas las fuerzas que puedas tener en tu interior en estos momentos. Cualquier miedo, excusa o limitación que tengas, desaparece al instante cuando decides actuar y hacer algo. Aunque no sepas hacia dónde ir, simplemente toma un paso hacia una dirección, y si ves que no es la correcta, corrige tus pasos hasta que veas un poco más de luz, y poco a poco hallarás un camino bien iluminado que te llevará directito hasta tu meta. No te dejes vencer por tus pensamientos y emociones negativas, por las excusas de tu mente, y sigue con determinación tu propósito.

Si quieres ser escritor, pero no lo haces porque crees que no vas a ganar dinero, comprométete a ser el primer escritor que gane dinero. No tienes necesariamente que ganar dinero de la venta de los libros, puedes ganar dinero porque alguien te compra tu libro para convertirlo en película, o porque el libro es tu mejor tarjeta de presentación para hacer seminarios y ganar mucho dinero haciendo presentaciones, o escribiendo artículos para revistas y el Internet. O simplemente puedes ganar dinero haciendo otro trabajo y escribir como hobby en tu tiempo libre. Lo importante es que tú encuentres el camino para convertirte en la persona que deseas ser, de eso se trata vivir la vida de tus sueños.

No importa lo que has hecho hasta el día de hoy, lo que importa es lo que vas a hacer a partir de ahora. Todo es posible. Mi frase favorita cuando quiero hacer algo y tengo dudas es "¿Por qué no?". Tú puedes transformar tu vida, si realmente te lo propones y quieres hacerlo. No sigas cometiendo los mismos errores una y otra vez. Justificar todo lo que te pasa no te va a servir para superar los problemas. No puedes cambiar el pasado, pero sí puedes escoger cómo sentirte al respecto y qué acciones tomar en el presente. Cuánto antes aceptes tu realidad, tu verdad, más libre serás para elegir el rumbo de tu vida. Lo contrario del éxito no es el fracaso, sino la inacción.

Es necesario estar alertas a nuestras emociones, pensamientos y sentimientos para recibir cada día mayor bienestar. No podemos tener una visión inflexible de la vida. Tenemos que ser conscientes del lenguaje de nuestra mente y aceptar el cambio, la transformación. Ser capaces de cambiar nuestra actitud, de mala a buena, de negativa a positiva, es esencial para atraer prosperidad a tu vida. Cada minuto precioso de tu vida que utilizas para sentirte mal, es un minuto que pierdes para explorar, crecer, maravillarte, aprender, vivir. Al mismo tiempo, no esperes tener una respuesta o reacción inmediata a tu cambio de actitud, todo lo que siembras necesita su tiempo para cosechar. Adopta una actitud de agradecimiento constante y recibirás lo que deseas antes de lo que te imaginas. Para poder recibir, tienes que prepararte primero internamente, y recibirás cuando estés completamente listo para apreciarlo como se merece. Si piensas que algo está tardando más de lo que esperabas en materializarse, si la paciencia se te agota, si no ves que el cambio llega como lo esperabas, solo tienes que esperar un poquito más y tener fe que todo va a llegar en su justo momento. Es difícil de explicar, pero lo entenderás cuando tus sueños se empiecen a materializar. Porque no hayas recibido los frutos a tu nuevo y positivo estilo de vida, no quiere decir que no los vas a recibir. Simplemente te estás preparando a nivel físico, mental y espiritual para recibir todos los tesoros que tú te mereces.

Resumen

1. Tú no eres tus pensamientos, sino el observador. Aunque no puedas controlar los pensamientos que llegan a tu mente, sí puedes decidir como reaccionar ante ellos. Cuando te conviertes en testigo de tus propios pensamientos, estos pierden su fuerza sobre ti y eres libre para tomar las mejores decisiones.

2. El ego siempre va a ser parte de tu vida y por ello es mejor conocerlo para convertirlo en tu aliado en la búsqueda de tus sueños, en lugar de dejarlo que se convierte en tu peor enemigo.

3. Detrás de cada emoción, hay siempre un pensamiento. Si te identificas con pensamientos positivos, las emociones tendrán en su esencia cualidades positivas como amor, agradecimiento, bondad, compasión y perdón, y en consecuencia actuarás siempre positivamente para tu bienestar y felicidad. Pero si te

identificas con tus pensamientos negativos, corres el peligro de dejarte llevar por emociones negativas como el odio, los celos, la envidia, el resentimiento o la culpabilidad, y esas emociones harán que no tomes siempre las mejores decisiones.

4. Las excusas son tu mejor oportunidad para enfrentarte a los pensamientos negativos de tu mente y demostrar quien tiene el verdadero control de tu vida. Enfréntate con valor a cada una de tus excusas y verás como se convierten en tu mejor trampolín hacia la vida de tus sueños.

CAPÍTULO 7
LA MENTE A TU SERVICIO

Como todo en la vida, la mente también tiene dos caras. Tiene su lado menos bonito, el cual acabamos de ver, pero también tiene su lado hermoso y poderoso. Ha llegado el momento de ver cómo podemos poner este maravilloso instrumento que todos tenemos a nuestro servicio para alcanzar de verdad cada una de nuestras metas y así poder hacer realidad muchos de nuestros sueños. La mejor manera de controlar a la mente para que trabaje a tu favor es muy simple, solo tienes que tomar la costumbre de conectarte con el presente, de prestar atención especial a todo lo que estés haciendo en cada momento, y de ese modo permitirás a tu mente ser como es, sin necesidad de inventarse historias que no existen.

La mente por naturaleza no es disfuncional, sino una maravillosa herramienta que está a nuestro servicio. Instintivamente la mente permite a nuestro cuerpo hacer todas sus funciones, pero si usamos conscientemente nuestra inteligencia también podemos ponerla al servicio de nuestros sueños. Solo tu mente se convierte en disfuncional cuando tú mismo terminas por identificarte con tus pensamientos y cometes el grave error de creer que es verdad todo aquello que piensas. Entonces, dejas de tener la mente a tu servicio, para pasar a ser un instrumento de tu ego. Espero que ya estés captando la esencia de lo que te estoy contando para que veas la dualidad que todos tenemos en nuestro interior. Si eres capaz de separarte de tus pensamientos y conectarte con tu realidad, con el presente, entonces tu mente se convierte en la computadora más poderosa que tienes a tu disposición para enseñarte el camino de cómo lograr aquello que tanto deseas.

Aceptar 100 por ciento la responsabilidad de tu propio éxito es una de los logros más difíciles de conseguir en la vida. Todo el mundo quiere alcanzar sus sueños, pero pocos quieren comprometerse con ellos mismos. El éxito es posible, pero no es gratis. Para alcanzarlo tienes que ser responsable de las decisiones que tomes en cada momento, de las palabras que uses, de los pensamientos que tengas, y de tus acciones tanto si te dan buenos resultados, como malos. Parece una tarea imposible, pero no lo es. En las próximas páginas te voy a dar muchos ejemplos y técnicas de cómo hacerlo. Al principio te pueden resultar un poco difícil de llevar acabo, pero con la práctica se convertirán en parte integral de tu vida.

Cuando tomes control y responsabilidad de todas tus palabras, pensamientos y acciones con sus beneficios, errores y consecuencias, ya no vivirás buscando excusas para obtener lo que deseas o echando la culpa a los demás por no alcanzar tus metas. Tú te habrás convertido en el capitán de tu propio destino.

PROACTIVO VS. REACTIVO

Para poder alcanzar un deseo o una meta, solo tenemos que cambiar una cosa, dónde enfocamos nuestra atención. La buena noticia es que todo el mundo tiene la opción de elegir. Puedes elegir enfocarte en el vaso que está medio vacío, o enfocarte en el vaso que está medio lleno. Uno te hace sufrir, el otro te motiva a vivir. Puedes elegir hacer ejercicio o quedarte sentado en el sofá. Uno te da energías y salud, el otro te adormece. Puedes elegir comer una rica ensalada, o una bandeja de comida procesada. Uno te permite dormir bien, y el otro te da dolor de barriga. Puedes elegir estar triste todo el día, o enfocarte en las cosas hermosas que tienes. Elección, elección, elección. Tú eres el único que puede decidir. No tus padres, familiares, compañeros o jefes. La elección de cómo quieras vivir tu vida es tuya solamente.

¿Sientes que no tienes tiempo para terminar tu trabajo, que siempre hay algo que hacer en la casa, que estás más ocupado que nunca, que todo parece urgente y que el tiempo vuela pero parece que no adelantas? Bueno, eso se debe que vives tu vida reaccionando ante los acontecimientos, en lugar de ocuparte de ti mismo con la misma intensidad con que te ocupas del resto de tus actividades.

El primer paso fundamental para tomar control de tu vida es ser *preventivo* para actuar todos los días de la mejor forma posible antes de que las cosas sucedan. Por ello, el mejor remedio contra la enfermedad es la prevención. El segundo paso, es saber cómo actuar correctamente una vez las cosas sucedan y para ello es importante aprender cómo pasar de ser *reactivo* a ser *proactivo*. Ser *reactivo* es reaccionar ante una situación externa en el momento en que se te presenta, mientras que ser *proactivo* es ver como ese estímulo externo impacta tu vida y cuál es tu mejor respuesta para un mayor beneficio a corto y largo plazo. Cuando cambies la manera como te ves a ti mismo y actúas a tu favor en lugar de siempre reaccionar sin ningún objetivo, pasas a ser *proactivo*, entonces tu vida se convierte en tu propia aventura y tu pasión la principal guía en tu camino hacia el éxito y la felicidad.

¿Cómo puedes ser más proactivo en tu vida? Primero tienes que descubrir a dónde quieres llegar, cuáles son tus valores y principios, y reconocer todas tus hermosas cualidades. Cada persona tiene sus cualidades únicas y especiales que tienen un efecto positivo siempre en las demás personas. Esos atributos o cualidades te hacen quien eres son la base de tu personalidad, lo que hace que seas una persona auténtica con un claro propósito. Cuando sientes pasión por algo, tu energía se desborda a través de todo lo que haces y dices, y por lo tanto, no importa los obstáculos que encuentres en el camino, cuando cualquier situación se presente ante ti tu ya no reacciones porque sí, sino entiendes que es parte de tu camino para llegar a tus metas, y por lo tanto, siempre actúas encontrando una solución. Eso es ser *proactivo*. En lugar de perder el tiempo y energías tratando de saber por qué no tienes lo que quieres, trata de buscar otras alternativas para conseguirlo. Eso es ser *proactivo*. Toma consciencia de cuáles son tus pensamientos, analízalos y decide con cuáles quieres quedarte. Tú eres el maestro. Puedes decir "presente" ante cada actividad que hagas durante el día, desde que te levantas, cuando estás en el coche, en el trabajo, preparando la comida o vistiéndote hasta que te acuestas, y aprovechar al máximo y dando lo mejor de ti en ese momento preciso. No vale para nada pensar en el futuro o quedarte paralizado pensando en el pasado. Si quieres avanzar en la vida, concéntrate en lo que estás haciendo y hazlo de la mejor forma que puedas.

Las personas tienden a vivir con el piloto automático pasando de una actividad a otra, haciendo muchas cosas a la vez, pero sin tomar consciencia al mismo tiempo de nada. No le prestamos atención a lo que hacemos pues estamos enfocando nuestra mente en cosas que hicimos o haremos. No paramos de pensar en el pasado y el futuro. Podemos estar deseando como locos que llegue el verano para tomarnos unas vacaciones en pleno mes de marzo. Y cuando llega el verano y estamos de vacaciones, en lugar de disfrutarlas, estamos pensando en qué haremos cuando regresemos. Entre tú y yo, esto no tiene ningún sentido. Ahora es un buen momento para analizar tu vida y encontrar ejemplos en los cuales hayas deseado hacer cosas, pero al obtenerlas en lugar de celebrarlas por todo lo alto, simplemente lo hayas aceptado como algo normal y regreses a tu sentimiento de no tener suficiente.

A continuación tienes una lista de ocho recomendaciones para que puedas pasar de ser *reactivo* a ser *proactivo* en cada decisión que tomes en tu vida.

1. Antes de poner el dedo y señalar a terceras personas o situaciones externas como las razones de tu propio bienestar o malestar, empieza por ver dentro de ti, cómo has contribuido para estar donde estás. Toma responsabilidad de tus decisiones y tus acciones y descubre cuáles son tus mejores cualidades y qué tipo de persona te gustaría ser. Por ejemplo, si no te gusta como tu jefe te trata en el trabajo, mira a ver cómo tú tratas a tu jefe u otras personas en el trabajo y qué podrías cambiar. Cambia tu manera de actuar y tu actitud, y te aseguro que notarás una mejoría.

2. Examina la historia de tu vida hasta estos momentos para descubrir tu propósito en la vida, tus verdaderas pasiones y aprender de tu potencial. Al observar tu trayectoria podrás darte cuenta mejor de quién eres y cómo has vivido tu vida hasta ahora. Si creas tu propio mapa de la vida y te fijas en cada etapa, puedes darte cuenta de cosas que antes no habías percibido. Fíjate en todo lo bueno que te ha pasado hasta ahora, y trata de encontrar los motivos que hicieron posible llegar a donde estás, y por último, toma nota de cómo superaste los momentos difíciles. Deja que tu propia historia de vida se convierta en tu guía, te inspire y te ayude a encontrar nuevos caminos. Si quieres conocer tu futuro, analiza y aprende de tu pasado, pero siempre actúa en el presente. Todo lo que estás viviendo y experimentando hoy, es resultado de decisiones que tomaste en el pasado, en un día que en aquel entonces fue tu presente. Por lo tanto, si deseas un futuro mejor, el mejor momento para actuar no es mañana, sino ahora, en el presente. Personalmente, cuando llega un momento difícil a mi vida trato de ver qué situaciones similares viví en el pasado y me ayuda a entender que es parte del proceso.

3. Crea tu lista de prioridades personales en la vida y trata de ver cómo puede beneficiarte a ti, a tu entorno y el mundo en donde vives. Anota cinco cualidades tuyas que te convierten

en una persona especial, y explica por qué. Y por favor, no me digas que no puedes encontrar cinco cualidades tuyas, porque entonces sí tenemos un verdadero problema de autoestima y tendrás que volver a revisar con más profundidad de nuevo el capítulo anterior. Después empieza a buscar actividades en tu vida que estén relacionadas con esas cualidades. Por ejemplo, si eres una persona a la que le gusta comer sano y ser responsable por el medio ambiente, quizás quieras crear tu propio jardín orgánico en el patio de tu casa.

4. Muchas veces nos resulta difícil ver nuestras propias cualidades y talentos, por ello, un buen ejercicio que puedes hacer es preguntar a aquellas personas a las cuales realmente admira y respeta que te digan qué ven en ti que hay de especial. Diles que no es broma y que realmente quieres saber cuáles son tus cualidades para enfocarte más en ellas. Estoy seguro de que estas personas estarán felices de ayudarte y te orientarán en el camino correcto. Si preguntas a varias personas y las respuestas son siempre las mismas, esas son tus cualidades. Enfócate en cultivarlas y sacarlas a relucir de la mejor forma posible.

5. En todo lo que hagas, cualquier tipo de actividad, trata de ser lo más auténtico posible, y no adoptar un papel que no sea el tuyo. Para poder exprimir cada minuto y dar lo mejor de ti a un proyecto tienes que ser lo más fiel posible a ti mismo. De ese modo, podrás conectar con tu voz interna la cual te guiará a conseguir los mejores resultados. Estoy seguro que muchas veces te has comportado de una manera diferente de quien eres frente a una persona a la que admiras o respetas. Trata de ser fiel a ti mismo en esas situaciones y fíjate qué pasa.

6. Para dar sentido a tu vida es importante que encuentres una causa o servicio al que quieras dedicar tiempo y tu talento, sin esperar nada a cambio. Ya sea dar comida a los pobres, proteger a los animales, trabajar con empresarios dueños de

pequeños negocios, organizar eventos, leer libros a niños enfermos, tú puedes encontrar una causa que esté vinculada a
tus pasiones. Cuando lo hagas, mucha gente te va a querer
seguir y ayudar, y tú te vas a sentir más seguro y feliz. Además, todo lo que das, el universo te lo va a recompensar.

7. En lugar de apoyarte solo en las cosas materiales que tienes,
   enfócate y apóyate también en tu sabiduría interna. Seguro
   que puedes recordar algún momento de tu vida donde hiciste algo de lo que te sentiste realmente orgulloso desde el
   principio hasta el final. Trata de recordar ese momento, todos los detalles, qué hiciste, cómo te sentías. Descubre cuáles
   fueron los pasos que seguiste y qué pasó en aquel entonces
   para que lo llevaras a cabo con éxito. Estoy seguro que encontrarás en lo más profundo una intuición interna que te
   dijo que sí era posible lograr ese proyecto. Quiero que te
   quedes con ese sentimiento. Anótalo.

8. Mucha gente piensa que el futuro es mañana, cuando en
   realidad, tu futuro lo estás construyendo en cada momento.
   Lo más hermoso de vivir el presente, es que puedes ensayar
   y ver un resumen de tu futuro antes de que llegue. Al igual
   que hay ensayos antes de una puesta en escena de una obra
   en teatro, podemos ensayar cómo queremos el futuro pero
   viviendo en el presente. Para ello tendrás que imaginar con
   todo lujo de detalles cómo quieres que sea tu vida, y luego
   vivirla ahora como si realmente ya estuviera pasando. Crea
   el famoso *vision board* o cuadro de los sueños y empieza
   por plasmar a través de imágenes, palabras, objetos cómo
   quieres que sea tu futuro.

Una de las lecciones más importantes que he recibido en mi vida es
saber dejar ir, confiar en el destino y que todo tiene una razón de ser.
Con el tiempo me he dado cuenta de que no estaría donde estoy hoy,
sin haber vivido ciertas experiencias, algunas buenas, otras malas. Por
eso los abuelitos siempre son tan sabios. Las cosas pasan cuando y

como tienen que pasar. Quizás no encuentras ahora las respuestas a muchas de tus preguntas, pero con el tiempo las encontrarás y entenderás mejor por qué tenías que vivir ciertas experiencias. No desperdicies lo único que tienes, el tiempo, lamentándote de tu situación o viviendo con la esperanza de que pase algo pero sin hacer nada al respecto. Acepta tu vida en estos momentos y empieza ya mismo a tomar decisiones. Hay cosas que tienes que hacer todos los días te guste o no te guste, acepta esa realidad y ponte a hacerlas. No ofrezcas resistencia y adopta una actitud positiva y de entrega a todo lo que te suceda durante el día, pero primero tienes que ser responsable de tu cuerpo, de tu mente, y de tu espíritu. Como dijo San Francisco de Asís: "Empieza a hacer lo que se espera de ti, después lo que es posible hacer, y muy pronto estarás haciendo lo imposible".

CAMBIA TU MANERA DE PENSAR

Ha llegado el momento de pasar de la teoría a la acción. Aquí tienes una fórmula, que primero la oí personalmente de mi amigo Jairo Álvarez Botero, autor del libro *Nada es imposible* hace unos años cuando estuvo invitado en mi show de radio "Hola Martín", y luego lo encontré con términos similares numerosos ensayos y libros dedicados a la autoayuda y superación. Estas tres palabras claves son: Aceptación, Adaptación y Acción. Me encanta esta regla porque es muy fácil de memorizar y es la más efectiva para superar cualquier momento difícil que tengas en tu vida. Repítela conmigo: aceptar, adaptarse y actuar. Nunca falla si quieres encontrar una salida a una situación difícil. Cuando sientas que no hay nada peor que te pueda pasar, entonces es un muy buen momento para adoptar esta regla y transformar tu vida.

1. Aceptación

Ante una situación difícil, una desgracia, una enfermedad o crisis, el primer paso que tienes que dar para encontrar una solución al problema que estás viviendo, es hacer todo lo posible para conectarte con la realidad y aceptar lo que te está sucediendo. Por mucho que lo desees, no puedes evitar lo que te ha pasado, y no puedes hacer nada al respecto. El pasado no se puede tocar. Posiblemente hubieras podido hacer las cosas de forma diferente para evitar encontrarte en la situación que te encuentras, pero ya no puedes hacer nada. Cuando antes te conectes con la realidad y dejes de engañarte a ti mismo que lo que estás viviendo no tendría que estar sucediendo, antes podrás recuperar de nuevo tu vida. Toma consciencia de tu dolor físico, mental o espiritual. Aunque la verdad sea muy cruel y dolorosa de aceptar.

Este primer paso de aceptación es el paso más difícil que tienes que dar cuando estás sufriendo. Quizás necesites de un poco de tiempo para aceptar lo que te estás pasando, para poder expresar todas tus emociones y digerir lo sucedido, pero tarde o temprano, vas a tener que entrar en contacto con la realidad y aceptarla. Cuando te rindes a lo que es, aceptas la situación y estás plenamente presente. El pasado, el dolor, el miedo empiezan a perder su poder poco a poco, y en su lugar, empiezas a ver una pequeña luz para salir de la oscuridad. Cuando decides aceptar lo que te está pasando de repente sientes una quietud dentro de tu ser, un sentimiento de paz. En ese momento, empieza tu gran transformación.

Acepta tus propios sentimientos de rabia, desesperanza o el miedo que estés sintiendo. No reprimas tus verdaderas emociones, reconócelas, y de ese modo te liberarás de ellas y tendrás más lucidez para pensar y tomar decisiones. A medida que estas emociones van aflorando, van al mismo tiempo perdiendo su poder destructivo. Al ser consciente de tus sentimientos, reaccionarás de manera distinta y descubrirás una nueva actitud que te sanará.

Al igual que las cosas vienen hacia ti, crecen y se desarrollan, también las cosas se pueden alejar, marchitarse e irse. Las cosas vienen, y las cosas se van. Es el flujo de la vida. Detrás de cada éxito hay un fracaso, y detrás de cada fracaso hay una gran lección. Todos terminamos fracasando tarde o temprano, es ley de vida. Por ello, no te puedes apegar tanto a todo lo que tienes, pues cuando ya no estén contigo vas a sufrir mucho. Una situación que te hace feliz ahora, puede convertirse al mismo tiempo en una situación de desgracia. O una situación muy difícil, se puede convertir al mismo tiempo en tu mayor regalo. Seguro que encuentras muchos ejemplos en tu propia vida. Si estás apegado a una situación y esta cambia, entonces tu mente se resistirá al cambio y surge la infelicidad. Te cuento todo esto, para que veas que nada es por casualidad, y así puedas crear tu propio estilo de vida guiado por buenos hábitos y valores humanos. Acepta lo que te venga y no te resistas a la vida. Cuando desaparece la dependencia, desaparecerá también el miedo a la pérdida y tu vida fluirá con tranquilidad pues encontrarás paz en tu interior.

2. Adaptación

El segundo paso para transformar cualquier situación de negativa a positiva después de aceptar lo que te está pasando es adaptarte a tu nueva realidad. Tienes que empezar por ser consciente de lo que estás sintiendo. ¿Cómo te sientes? ¿Qué parte de tu cuerpo te duele? ¿Qué es lo que más rabia te da? Reconoce tus emociones. Respira profundamente y en tu propia soledad, en tu silencio, y acepta lo que en verdad te está pasando para hacer algo al respecto. Cuando sinceramente te hagas este tipo de preguntas, te darás cuenta que al final sigues estando bien dentro de tu nueva situación. Escucha tu voz interna que te dirá que no tienes nada que temer pues lo peor ya ha pasado y todavía estás aquí. Sé compasivo contigo mismo, con tu dolor y sufrimiento, y conéctate con la fuente del amor que existe en tu interior. Una de las maneras más rápidas que tienes para poder adaptarte es a través de la meditación y una profunda respiración para eliminar las tensiones y encontrar un estado de relajación y paz.

Durante el período de adaptación puedas explorar todo lo que te ha pasado y puedes ver cuáles son las posibilidades de superación. Surge la voluntad de querer salir de la difícil situación en la que te encuentras metido. En lugar de explorar qué hubieras hecho diferente antes de lo que te ha pasado, ahora vas a ver qué puedes hacer para poder superarlo. Piensa en el mejor y peor de todos los resultados posibles que tienes en estos momentos. Preferiblemente empieza por el peor caso posible. Por ejemplo, ante una noticia como que te han diagnosticado cáncer, la peor posibilidad es morir, dejar a tu familia y convertirte en una carga para ellos. Aunque lo sientas muy duro de leer, sabes que en lo más profundo siempre tienes un sentimiento o un pensamiento relacionado con la peor situación posible. Cuanto antes reconozcas cuál es la peor situación posible, más rápida será tu sanación, pues de ahí en adelante todas serán buenas noticias. Hay que sacar desde adentro los peores miedos, para exteriorizarlos y liberarnos de su mala energía. Al aceptar que existe esa posibilidad, transformamos al instante esa energía en un uso más proactivo. Así encontrarás una nueva luz, una nueva solución. Haz las paces contigo mismo y te darás cuenta que alimentando el sufrimiento y el dolor, no llegas a ninguna parte. Ahora que has explorado lo peor, explora todo lo contrario, qué es lo mejor que te puede pasar. Enfoca toda tu atención en visualizar cuál sería tu sueño, cómo te gustaría salir de esta situación. Cuando te das permiso para pensar en lo mejor y tener nueva visión, das una oportunidad a que los milagros lleguen a tu vida y que puedas superar con éxito la difícil situación en la que te encuentras.

3. Acción

Y por último, llegamos al paso que te ayudará a superar cualquier obstáculo en tu vida: la acción. Puedes visualizar todo lo que deseas, aceptar tu situación, ser una buenísima persona con increíbles cualidades, pero no vas a conseguir transformar tu vida si no pasas finalmente a la acción. La única manera de dejar de ser una víctima de las circunstancias y convertirte en un ganador es siendo proactivo y encontrando la forma de superar ese obstáculo tomando decisiones y actuando con responsabilidad. La actitud positiva será vital en esta etapa de cambios. Para ponerte en acción vas a tener que desprenderte primero de todos tus sentimientos de culpa y odio que están reprimiendo tus energías y no te permiten ver con claridad cuáles son tus opciones.

Una técnica que te puede ayudar mucho a transformar cualquier problema en una oportunidad, es tomar la decisión de tener un estilo de vida sano y positivo. Hacer ejercicio, comer sanamente, escribir un diario, meditar, dormir, conectarte con la naturaleza, son algunos de las cosas que puedes empezar a hacer para pensar con más claridad y sentirte mejor. Otra forma de salir del laberinto en el que te encuentras es crear un plan de salida. Te aseguro que no eres la primera persona que ha pasado por la misma o una situación similar a la que estás viviendo. Aprende de las experiencias de otros. Consulta el Internet, profesionales, gente que ha vivido situaciones similares, y fija tus propias metas. Si la meta es muy grande, entonces divídela en metas más pequeñas. Haz una lista de todo lo que quieres hacer y encuentra las respuestas a cada una de tus preguntas, una por una, hasta que tengas toda la información y te sientas seguro. Escribe en un papel la lista de todas las cosas que puedes hacer en los próximos días, meses y años. Cada vez que estés escribiendo una nueva tarea, es un buen paso para comprometerte a tomar decisiones. Crea esa lista, como hemos visto en los capítulos anteriores, es como si hicieras una lista para ir a comprar al supermercado, pero en lugar de poner los productos que te hacen falta en la nevera, estás escribiendo aquellas cosas que crees que deberías hacer para salir de la situación en la que estás. Es importante que en tu lista escribas también las cosas que te hacen sentir bien. La lista te permitirá tener un orden, y te sirve también como un buen recordatorio para mantenerte enfocado y no perder el tiempo en otros asuntos que no son importantes. Una vez tengas la lista, entonces tienes que buscar las fuerzas en tu interior para completar el primer punto que escribiste, y cuando lo hayas logrado, el segundo, y así sucesivamente, hasta que termines completando todos los puntos de tu lista. Ya verás que pronto habrás llegado al final de tu lista, y sin apenas darte cuenta habrás salido con éxito de la dura situación que estabas viviendo. Posiblemente estarás disfrutando de uno de los mejores momentos de tu vida.

Ahora que ya estás camino de tu gran transformación, has aprendido como ser proactivo, y conoces las reglas de las 3AAA, me viene a la mente otro buen libro que recomienda tomar cuatro compromisos importantes si quieres ser feliz. Este libro basado en la sabiduría tolteca, que es una antigua civilización que existió en el sur de México hace miles de años, fue escrito por Dr. Miguel Ruiz y se llama *Los cuatro acuerdos*. Mucha gente conoce a este gran autor y el mensaje de la sabiduría tolteca que dice que se puede tener una vida libre de sufrimiento. En resumidas cuentas, el mensaje del libro es que el único motivo por el cual sufrimos, es porque así lo elegimos hacer.

Si observas realmente tu vida, encontrarás muchas excusas para sufrir, pero ninguna razón válida para seguir sufriendo. Lo mismo ocurre con la felicidad. La única razón por la cual cada persona decide sufrir o ser feliz es por su propia elección. Este pensamiento es muy poderoso pues te da el control absoluto de decidir y elegir cómo deseas vivir.

Para elegir vivir una vida en armonía y sin sufrimiento, el Dr. Miguel Ruiz recomienda cuatro acuerdos o compromisos que tienes que tomar para no dejarte confundir por tu ego (el famoso toro) y los pensamientos negativos (los dragones). Estoy seguro que si reflexionas sobre estos cuatro acuerdos, tu mismo puedes cambiar tu manera de ver las cosas y actuar de otra forma para alcanzar tus metas.

1. Sé impecable con las palabras

Muchas veces hablamos por hablar y no nos damos cuenta del poder que tienen nuestras palabras. A través de las palabras tenemos el poder de expresar y comunicar lo que sentimos, plasmar nuestros pensamientos y sueños en la realidad y crear acción en nuestras vidas. Pero al igual que las palabras pueden crear, ésta también pueden destruir. Una sola palabra puede cambiar el resto de tu vida.

Las palabras son los sonidos que producen la vibración de símbolos en nuestra mente. Por ello, es en la mente donde tenemos que tener cuidado con los pensamientos negativos, pues estos terminan transmitiéndose al exterior a través de palabras negativas, las cuales a su vez tendrán un efecto negativo en tu mundo físico. A esto se le conoce como el efecto dominó. Por ello es importante que te comprometas siempre a hablar desde el pensamiento más alto y positivo, para que las palabras actúen siempre a tu favor y no en tu contra. La palabra es una forma de energía que proviene desde tu interior para transformar tu mundo exterior.

Por ejemplo, unas simples palabras que digas a un niño pequeño en un momento donde pierdas el control de tus emociones, por ejemplo: "No cantes más porque no tienes una buena voz" o "Deja de hacer el ridículo pues no llegarás nunca a ser famoso", puede tener repercusiones muy serias en la autoestima y la seguridad de ese niño por el resto de su vida, pues esas palabra se quedan grabadas en su mente y se las puede terminar creyendo como verdaderas. Estoy seguro que también podrás encontrar ejemplos en tu vida en los que dijiste malas palabras a alguien porque perdiste el control de ti mismo y luego te sentiste mal. Ya sea por nuestras propias inseguridades o miedos, o por no poder controlar nuestras emociones, tenemos que tener mucho cuidado con las palabras que usamos, voluntaria o involuntariamente, para no tener un efecto negativo en la vida de otras personas, porque puedan terminar creyéndose como verdad lo que hemos dicho. Las palabras son como pócimas mágicas, hechizos, que usamos tranquilamente sin darnos cuenta del gran poder que tienen.

Para transformar tu vida tienes que tomar responsabilidad de las palabras que salen de tu boca y estar seguro de lo que realmente quieres decir. Puedes empezar a practicar primero contigo mismo. Tienes que respetarte y empezar por no decir malas palabras contra ti mismo, que terminen siendo parte de tu realidad y tus creencias. Si te dices a ti mismo "soy feo y gordo" o "no valgo nada" estás creando un falso pensamiento que guiará tus pasos a lo largo de tu vida, ya sea conformándote con no hacer nada y viviendo una vida de sufrimiento o justificando malos hábitos ante esta actitud tan pesimista. Pero si por el contrario eres impecable con tus palabras y todo lo que sale de tu boca son palabras positivas, llenas de amor y esperanza, entonces tendrán un efecto positivo en tu vida. Tienes que utilizar la energía que las palabras transmiten correctamente y a tu beneficio y el de los demás. Tú tienes la opción de fomentar el caos, el odio, la confusión a través de las palabras que eliges, o fomentar la verdad, la luz y el amor.

Cuanto más cuidadoso seas con tus propias palabras, más inmunidad tendrás frente a las palabras negativas de otras personas. Tarde o temprano vas a recibir malas palabras, pero al ser consciente de lo que significan, podrás entender al instante que no son verdaderas y tú mismo te podrás proteger. Solo vas a poder recibir ideas negativas si tu mente es un campo fértil para ellas. Cuanto más amor sientas por ti y más positivo sean tus pensamientos, mejor serán tus palabras y bienestar atraerás a tu vida. Al mismo tiempo, elimina todas las palabras negativas de tu vocabulario que refuerzan el sentimiento de culpabilidad por el pasado y miedo al futuro. Todas las palabras que tengan una connotación negativa trata que desaparezcan completamente de tu mente y de tus pensamientos para no mencionarlas, ni siquiera pensarlas. En su lugar, llena el vacío que han dejado en tu mente por palabras positivas como:

◆ armonía	◆ integridad	◆ tolerancia
◆ balance	◆ optimismo	◆ alegría
◆ compromiso	◆ solución	◆ posibilidad
◆ esperanza	◆ honestidad	◆ seguridad
◆ vida	◆ verdad	◆ agradecimiento

Especialmente, llena cada rinconcito de tu mente con las cuatro palabras universales: *amor, paz, dicha* y *abundancia*. Si piensas frecuentemente estas palabras, aumentarás en ti sus cualidades en tu vida. Si las hablas, aumentarás su poder.

2. No tomes nada personalmente

Fácil de decir, pero tan difícil de hacer. Todo el mundo piensa siempre que todo lo que nos pasa es por nuestro propio bien o por nuestra propia desgracia. En realidad este pensamiento está muy relacionado con el anterior sobre las palabras, pues simplemente se refiere a que no te puedes creer todo lo que te dicen. Cuando nos creemos las palabras, suponemos que lo que dicen es la verdad, y que por lo tanto, todo gira a nuestro alrededor. Si alguien te da una opinión diciéndote, por ejemplo, que estás gordo, y te la tomas personalmente, te ofendes y reaccionas defendiendo tus propias creencias y entrando en un conflicto personal con la persona que te ha ofendido y sintiéndote internamente acomplejado. Tienes que entender que cada ser humano tiene su propia opinión e interpretación de cómo son las cosas según su sistema de creencias y valores. Algo que consideras bueno desde tu punto de vista, puede ser malo para otra persona de acuerdo a su cultura, religión o educación. De modo que nada de lo que piensen las otras personas sobre ti, en realidad tiene que ver contigo, sino con sus interpretaciones de la realidad. Sea lo que sea lo que la gente haga, piensa o diga sobre ti, no te lo puedes tomar personalmente, pues ellos han llegado a sus propias conclusiones de acuerdo a sus creencias. Entender este punto es muy importante para poder defenderte de todas las críticas y comentarios, que en lugar de animarte a perseguir tus sueños solo te limitan.

Pero no tomar las cosas personalmente, no solo significa que tengas cuidado a lo que los demás puedan decir o pensar sobre ti, sino lo que tú mismo te puedas decir sin tomar consciencia de ello. No te puedes creer y tomar personalmente como verdad cada pensamiento que tengas. La mente tiene la capacidad de hablarse a sí misma y crearse sus propias historias y dramas sin que tengan que nada ver con la realidad. Las personas somos adictas a sufrir y pensar siempre lo peor. Todos lo hacemos. Cuando no estamos seguros de algo, lo primero que hacemos es pensar en lo peor. Pero a estas alturas del libro, ya sabes que tú tienes el poder y el control de poner en tela de juicio tus propios pensamientos, para desenmascarar su verdad, y decidir como actuar correctamente. Cuando dejes de tomarte las cosas personalmente, tus celos, tus envidias y tu tristeza desaparecerán por completo, pues no dependerás de lo que te digan los demás para ser feliz, sino solo dependerás de ti y de tomar consciencia que eres un ser perfecto que ya tiene a su disposición todo lo que necesita para ser feliz. Nadie te tiene que probar nada. Tú ya lo sabes.

3. No hagas suposiciones

Después de tener cuidado con las palabras que salen de nuestra mente y no tomar nada de lo que nos digan personalmente, debemos dejar de hacer suposiciones, el jueguito favorito de nuestro ego. Una vez nos hemos creído todo lo que nos dicen, o nos decimos a nosotros mismos, empezamos a crear nuestras propias fantasías y películas de ficción en nuestra mente. Cuando suponemos y creemos que sabemos la verdad, entonces empezamos a tener serios problemas. Si tienes una duda sobre algo, siempre es mejor preguntar que suponer. Muchas veces tenemos miedo a pedir más información ya sea por timidez, por miedo al ridículo o porque creemos que lo sabemos todo y nos resulta mas fácil imaginar lo peor. ¿Qué ganas pensando lo peor cuando con una simple pregunta puedes eliminar todo ese sufrimiento y conocer la verdad?

Muchas veces es nuestra propia mente la que hace que vivamos en un estado permanente de caos y sufrimiento. Nos creamos nuestras propias historias y decidimos que queremos ver y escuchar. Preferimos usar la imaginación, en lugar de ver y escuchar la realidad. Por ejemplo, vas a una fiesta y una persona que te gusta te sonríe. Automáticamente empiezas a suponer que le gustas mucho y que existe una atracción entre los dos y que esa es la gran oportunidad que estabas esperando por tanto tiempo. Puede ser cierto y puede no serlo. Tu mente empieza a crear un sueño personal lleno de fantasías y muy pronto empiezas a sentirte ansioso, nervioso, inseguro de ti mismo simplemente por una mirada. Otro ejemplo que estoy seguro alguna vez tu mismo lo has hecho, suponer que sabes a la perfección lo que tu pareja está pensando en un momento en particular, o peor aún, pensar que tú sabes lo qué es lo mejor para tu pareja. Te suena, ¿verdad? Ahora ya lo sabes, cuando estás suponiendo, solo estás buscando más problemas.

La razón por la que hacemos suposiciones es porque nuestra mente siempre está buscando respuestas, y si no las encuentra, se las crea ella misma. Y si en el proceso de buscar una respuesta, no encuentra una que sea de su agrado, entonces se inventa una respuesta que le convenga mejor. ¿Qué te parece? Así de sutil trabaja nuestra mente. Espero que poco a poco estés empezando a despertar y tomar consciencia que una cosa eres tú, tu ser, y otra cosa muy diferente son tu mente y tus pensamientos. Cuando deseamos algo desde lo más profundo del corazón, digamos una meta, un deseo o un sueño, y llega el momento de la verdad en el que tenemos que ponernos a actuar, nuestra mente empieza a crear sus propias suposiciones del proceso y del resultado final, para que podamos desistir de nuestro deseo incluso antes de intentarlo. La mejor solución que tienes ante una suposición es encontrar toda la información que puedas para tener muchas respuestas a todas tus preguntas mentales. Si algo no te queda claro o tienes una inquietud, saca el valor para preguntar sin tener miedo o sentirte inseguro. Todo el mundo tiene derecho a contestar, o decirte sí o no, pero tú también tienes el derecho a preguntar para recibir la información que necesitas con el fin de evitar malentendidos. A veces por no hacer una simple pregunta para aclarar una duda creamos una suposición completamente ajena a la realidad.

Un ejemplo de una suposición difícil de cambiar es cuando creemos que sabemos lo que los demás desean de nosotros mismos y pensamos que sus deseos son la única solución y salida. Queremos hacer felices a nuestros padres, familiares y amigos por encima de nuestra propia felicidad asumiendo que sus pensamientos y deseos son los verdaderos y los nuestros son los falsos. Qué vas a estudiar, dónde deberías vivir, con quién tendrías que casarte, cuando es el mejor momento para tener hijos, son algunos de los tantos ejemplos que los demás imponen en nuestras vidas y suponemos que tienen razón. Mucho cuidado si tú te has visto en esta situación. Si tu vida está continuamente enfocada en lo que los demás esperan de ti, dejarás de vivir tu propia vida para vivir la de ellos sacrificando tu felicidad.

4. Haz siempre lo mejor que puedas

Este es uno de mis compromisos favoritos. Yo mismo lo he adoptado desde hace muchos años en todas las cosas que hago. Cualquier cosa que te encuentres haciendo siempre hazla lo mejor que puedas, poniendo no el 100 sino el 200 por ciento. Cuanto más amor, pasión y calidad le pongas a las cosas, mayor recompensa recibirás. Pero para poder dar lo mejor de ti, primero tienes que estar muy bien contigo mismo y tener una buena salud física, mental y espiritual. Es muy difícil hacer un buen trabajo si te faltan las fuerzas porque estás enfermo, no puedes pensar con claridad o te quedaste sin energía. Por eso, para poder dar lo mejor de ti, primero tienes que darte todo lo mejor, y eso significa comer bien, hacer ejercicio, dormir todas las noches y todas las recomendaciones que has ido tomando nota poco a poco hasta llegar aquí. Cuando das lo mejor de ti, tendrás la conciencia tranquila que siempre diste lo mejor y no te juzgarás internamente por no haber hecho todo lo que estaba en tus manos. Vivirás con una consciencia tranquila, estarás más conectado al presente y serás más productivo.

Y por último, hagas lo que hagas, no esperes nada a cambio. El mayor beneficio después de hacer un buen trabajo es siempre personal. Saber que hiciste todo lo que podías hacer. Cuando termino de hacer algo por lo que he trabajado mucho y me he dedicado en cuerpo y alma, como puede ser el caso de este libro, el sentimiento de satisfacción interna es tan grande que es la mayor recompensa que pueda recibir. Es bueno saber que el libro será bien recibido y que tendrá éxito, pero me conformo con leer el resultado final y sentirme feliz con mi propio trabajo. Lo que he escrito ha sido con las mejores intenciones, con todo mi amor y pasión, y con mi verdad en el momento de escribirlo. Mañana puede ser que sea otro día y que vea las cosas de otra manera, pero eso no quita todo mi esfuerzo, todo lo que di, ni pongo en duda mi verdad en el momento que lo escribí. Hoy por hoy, miro hacia atrás todo lo que he hecho con mi vida, y aunque hay momentos que hubiera podido escoger mejor otros caminos, no cambiaría un minuto todo lo que viví, pues siempre di lo mejor de mí, y esas experiencias me han convertido hoy en la persona que soy. Siempre que des lo mejor de ti en todo lo que hagas y le pongas todo tu amor, nunca te arrepentirás y tarde o temprano cosecharás los frutos de todos tus esfuerzos.

Cada persona es responsable de su propia felicidad y de su sufrimiento. No responsabilices a Dios, a la vida, al mundo, a las personas o la sociedad por tu sufrimiento. Solo tú puedes decidir dejar el sufrimiento y vivir en paz, sin crisis ni conflictos. Es tu decisión. Existen tres tipos de sufrimientos y tres maneras de evitarlas:

1. Si el sufrimiento aparece como resultado a una causa externa que está fuera de tu control y es ajeno a ti, por ejemplo ser víctima de un accidente de tráfico, puedes cambiar tu actitud ante esa circunstancia y tomar la decisión de no seguir sufriendo para eliminar el conflicto interno que sientes. En su lugar, puedes tomar la actitud y la decisión de usar esa circunstancia para ayudar a otras personas para tener más cuidado al conducir, promover la importancia de conducir con seguridad entre tus amigos y familiares o ver como puedes ayudar a las personas involucradas en el accidente. Lo importante que tienes que saber es que si sufres, no puedes evitar lo que ya pasó, ni actuar de acuerdo a tus habilidades en estos momentos. Estás encerrado dentro de una tormenta que tú mismo no puedes salir y dejar atrás.

2. Si el sufrimiento es debido a algo que tú mismo has causado, por ejemplo, faltaste el respeto a una persona mayor o estás sufriendo porque fuiste infiel a tu pareja, entonces tienes que tomar la decisión de aprender de tu error y no volverlo a repetir. Puedes confesar tu error, puedes pedir perdón, puedes tratar de ser una mejor persona. Lo que está claro es que si sigues con el sentimiento de culpa y sufrimiento no vas a llegar a ninguna parte y puedes terminar con una seria depresión. El perdón será tu mejor herramienta para liberarte del sufrimiento. Más adelante, en la sección dedicada al espíritu, entraremos con más detalle a conocer el poder del perdón en tu vida y cómo perdonar para liberarte del sufrimiento.

3. Y por último, si el sufrimiento es debido a cosas en tu vida que te hacen infeliz, entonces la única opción que tienes, a no ser que prefieras seguir siendo una víctima y vivir sufriendo, es limpiar y eliminar de tu vida de todo lo que te hace sufrir. Parece fácil pero no lo es. Por ejemplo, si estás sufriendo con tu propio sobrepeso o estás en una mala relación. Al principio te va a costar tomar este tipo de decisión pues todos estamos atados a nuestros miedos e inseguridades. Una persona o una situación puede hacerte sufrir, pero si a la tercera, cuarta o quinta vez sigues sufriendo, la única persona que lo está permitiendo eres tú. Si alguien te causa dolor, esa persona es responsable de su conducta, pero tú eres responsable por permitir que esa conducta te haga sufrir. Tú no puedes cambiar lo que ha pasado, pero puedes cambiar tu actitud. Por el bienestar tuyo, y el de los demás, tienes la obligación moral de dejar de sufrir y ser feliz. Pero muchas veces este sufrimiento no se debe a causas externas, sino al conflicto interno entre el ego y tu "yo" verdadero. Si la causa de tu sufrimiento eres tú mismo porque no puedes tomar decisiones, no te gusta algo de ti, o te conviertes en tu peor enemigo, entonces tienes que aprovechar el sufrimiento como tu oportunidad de crecimiento en la vida.

Como has visto hasta ahora, tú puedes transformar tu mente para ponerla a tu servicio y ayudarte a mantener enfocado positivamente para tomar control de tu vida y lograr alcanzar lo que te propongas. De nada sirve una buena computadora si no sabes cómo usarla correctamente. Todo depende de ti y solo tú puedes sacarle el mejor partido. Espero que estos consejos te hayan ayudado a tener una nueva visión de cómo actuar antes las situaciones que día a día tienes que enfrentar. Ahora ha llegado el momento de revelarte el mejor secreto y mayor beneficio que tu mente tiene en tu camino para vivir la vida de tus sueños.

Resumen

1. Para alcanzar cualquier deseo o meta que te propongas solo tienes que cambiar el lugar donde enfocas tu atención. Descubre cuáles son tus verdaderas cualidades, tu pasión y tus deseos, y así podrás encontrar una buena y positiva solución ante cualquier situación que la vida te presente, en lugar de simplemente reaccionar en el momento.

2. Los tres pasos que te pueden ayudar para salir de una difícil situación en tu vida es primero aceptar y reconocer lo que te ha pasado, segundo adaptarte a tu nueva realidad para observar tus emociones y despertar tu voluntad por mejorar, y tercero actuar con determinación, valor y fe.

3. Para elegir vivir una vida en armonía y sin sufrimiento sigue la regla de los cuatro acuerdos del Dr. Miguel Ruiz: sé siempre impecable con tus palabras, no tomes todo personalmente, no hagas suposiciones y siempre da lo mejor de ti.

4. Después de un evento traumático en tu vida es normal tener sentimientos de tristeza pues son parte del proceso de curación. Pero no es lo mismo sentirse triste que sufrir. El sufrimiento se produce al no aceptar el desenlace de una situación y dar una interpretación diferente a lo acontecido, normalmente con sentimientos de culpa y rencor. Si estás sufriendo, es tu oportunidad para transformar tu vida analizando el origen de ese dolor.

CAPÍTULO 8
LA CONEXIÓN

El secreto que voy a compartir a continuación es muy importante porque va a ayudarte a acercarte muchísimo a cada una de tus metas. Ya hemos visto como el cuerpo tiene una tendencia natural a ser sano y perfecto. La mente también lo es. Una de las mejores cualidades de la mente es que funciona como si fuera una perfecta antena para mandar y recibir señales energéticamente. Funciona exactamente igual que la antena de tu televisor cuando decides ver tu película favorita. Cuando decides apretar un canal en tu control remoto, entonces tu televisor envía una señal al satélite, y al instante, puedas ver la película que deseabas. La mente tiene el mismo poder que tu televisor. Enviando órdenes concretas y seguras, la mente puede codificar ese mensaje en señales para mandarla al universo y luego materializarlas en tu mundo real. Suena a una película, pero es verdad. Ya sabes, mente abierta, corazón abierto. Todos tenemos un campo energético y estas energías captan señales que tú y yo no podemos recibir a través de los sentidos.

Veamos paso a paso cómo a través de una actitud positiva, una intención, una visualización y una afirmación tú puedes desencadenar una serie de acontecimientos en tu vida que te permiten en un plazo de tiempo muy pequeño vivir la vida de tus sueños. Por ello, tanto si crees en el poder de las energías, como si crees que todo esto no tiene sentido, presta mucha atención pues posiblemente este capítulo encuentres algo que necesitas para alcanzar lo que tanto deseas.

ACTITUD POSITIVA

El primer requisito imprescindible para conectar con el satélite, y así poder atraer lo que tanto deseas, es tener una actitud siempre positiva y optimista. Una persona no nace siendo positiva o negativa. Por lo tanto, es nuestra responsabilidad programar la actitud correcta en nuestra mente, cultivarla y alimentarla para que se convierta en un buen hábito en nuestra vida.

Ya hemos visto muchos ejemplos donde tienes el poder de elección, la actitud positiva siempre te ayudará a ver oportunidades en los obstáculos, tener la esperanza de encontrar soluciones ante los problemas para hallar nuevas soluciones y sentir un profundo agradecimiento por la vida. Pase lo que pase, una persona optimista tiene una fe inquebrantable en que todo siempre va a salir bien. La diferencia entre una persona optimista y una persona negativa ante un difícil problema, es que la primera te dirá que sí se puede encontrar una solución, mientras que la persona negativa te dirá que es realista, lo cual cierra automáticamente la opción a poder cambiar de actitud y mejorar la situación. No te dejes engañar por la idea de ser "realista". Seguro que te ha pasado más de una vez. Normalmente las personas que se autodenominan "realistas" no tienen muchas expectativas ante la vida, no esperan mucho de ella.

Otra cualidad de las personas que tienen una actitud optimista es que no se convierten en víctimas de las circunstancias y siempre ven el lado positivo de las cosas. Simplemente aceptan su realidad como es y dan lo mejor en ese momento sabiendo que tarde o temprano llegarán tiempos mejores y recibirán la recompensa por su esfuerzo y dedicación. Además, también tienen en común que visualizan su propio éxito. Mientras que la gente pesimista vive en un mundo triste y depresivo, la gente optimista vive en un mundo lleno de luz y oportunidades. En realidad se trata del mismo mundo, pero con diferentes visiones. ¿Cuál es la tuyo? Todo depende del ambiente que predomina en tu mente. Si pudieras señalar del 1 al 10 qué tipo de actitud tienes, siendo 1 el más negativo y pesimista y 10 el más optimista, ¿en qué lugar te encuentras? Si estás en un 10, ¡felicidades! Si no lo estás, lo cual es absolutamente normal, trabajemos juntos para conseguir esa meta.

Si quieres lo mejor, busca siempre lo mejor. No te conformes con menos. Cuando sientes que todo va mal y estás en la peor situación posible, siempre existe una salida. Imagínate que tienes una espina clavada que te duele en el dedo. Hasta que no te la saques, no te vas a sentir mejor. Solo tú puedes tomar la mejor decisión para hacer un cambio positivo en tu vida y hacerle frente a todas las espinas. Sé que da un poco miedo pues crees que te vas a doler la espina, pero una vez empieces a sacarla irás sintiéndote en la cima del mundo. La mayor lección que tuve que vivir personalmente es darme cuenta que yo era el único obstáculo que existía para hacer mi sueño realidad y que yo mismo me había dejado clavar muchos espinas. No hay mejor aliado, mejor amigo y compañero en este mundo que tú mismo. Siente la transformación de tu propia vida como una gran aventura. El secreto está en tu actitud. Cuando eres positivo tiene un impacto directo en tu vida, no solo mental, sino también físico y espiritual. Así que, de ahora en adelante, nada de caras largas, gestos tristes y actitudes pesimistas. La vida es hermosa y hay que celebrarla. Si quieres, haz tú mismo el ejercicio y trata de identificar varias situaciones en las que actuaste negativamente y busca la forma que hubieras podido actuar positivamente. O imagínate una lista de cosas negativas que te pueden pasar y a su lado escribe tres cosas positivas que pueden suceder como consecuencia de ellas. La manera como yo lo veo es cuestión de actitud. Si esperabas ir al parque y sale un día lluvioso, entonces acepta la situación y crea un mejor plan cómo un día en casa en pijamas leyendo un buen libro, escuchando música y viendo tus películas favoritas. Empieza poco a poco y pronto te darás cuenta que es cuestión de elegir cómo quieres vivir.

EL PODER DE LA INTENCIÓN

Ya tienes una buena actitud y estás listo para comerte el mundo. ¿Cuál es el próximo paso? ¿Por dónde empezamos para vivir la vida de nuestros sueños? Hasta ahora puede ser que estés haciendo todo lo correcto, tienes un estilo de vida sano, eras una buena persona y tienes una actitud positiva. Pero entonces, ¿por qué no tienes todavía lo que tanto deseas? ¿Qué está fallando? Posiblemente, algo tan sencillo como las pilas del control remoto de tu televisor. Este es el momento que estabas esperando, el momento de la revelación y darte cuenta que todo era mucho más sencillo de lo que esperabas. Pensabas que el televisor o tu computadora estaban rotos y que no funcionaban, y lo único que te faltó por comprobar después de romperte tanto la cabeza, era ver si el control remoto tenías pilas o si el cable estaba conectado al enchufe. Es posible que lo único que te hace falta para vivir la vida de tus sueños es una cosa, conectarte con tu poder de intención.

Una intención es tener un propósito claro de lo que realmente deseamos y estar comprometidos a poner todo nuestro esfuerzo para hacerlo realidad. Existe una gran diferencia entre desear algo y desear hacerlo realidad. Puedes soñar todo lo que quieras, pero hasta que no te comprometas contigo mismo y te responsabilices por ponerte en acción, ese sueño nunca se materializará. Aquí está la gran diferencia entre la gente que convierte sus sueños en realidad, y la gente que no lo consigue. El sentimiento de compromiso personal de que sí se puede conseguir y que sí es posible es vital para conectarse con éxito a la red y vivir la vida de tus sueños.

Un requisito o cualidad importante que ya tienes dentro de ti para cambiar las baterías o conectar con tu intención es tu fuerza de voluntad. Aunque pienses que tu no la tienes, la fuerza de voluntad es un estado que consigues cuando eres capaz de controlar tu mente y sabes lo que quieres, y con la práctica y la experiencia has visto que ha dado buenos resultados. La fuerza de voluntad, que viene desde lo más profundo de tu ser te permitirá ganar la batalla contra todos los pensamientos negativos y excusas que tu ego crean para que no puedas ver con claridad la pantalla de tu televisor y tu monitor. Solo conectándote correctamente, con fuerza y determinación, podrás eliminar las malas interferencias, recibir una buena señal y ver con claridad tu vida. Cuando tienes fuerza de voluntad lograrás alcanzar tus objetivos sin importar los obstáculos que lleguen en el camino. Pero al tener una intención conectas al mismo tiempo con las fuerzas ocultas que existen en el universo, un campo invisible de energía al cual todos tenemos acceso y está en todas partes. Al contrario que pasa con la naturaleza, con los animales y las plantas, los seres humanos somos la única especie en la naturaleza que se ha desconectado de esta fuente de energía. El ego nos ha hecho creer que somos superiores al resto del universo, que somos los más inteligentes, y para poder justificarse ha creado su propio mundo.

Tú puedes volver a conectar con la fuente de energía original si consigues acallar a tu ego y conectar el poder de la intención. Para darte un buen ejemplo de lo que estoy hablando te recomiendo que veas la película *Avatar* del director James Cameron, donde se simboliza muy bien el poder de la energía universal que lo envuelve todo y da la vida. Si no has visto la película, anótala en tu cuaderno de ejercicios o diario como una de las tareas que tienes que hacer en las próximas semanas pues te ayudará mucho a entender este capítulo.

Para recuperar esa conexión con la fuente de energía y utilizarla constructivamente en nuestras vidas, tenemos que tener mucha disciplina, fuerza de voluntad, y un estilo de vida sano y positivo. También tenemos que utilizar todos nuestros medios para recibir el mayor conocimiento posible sobre lo que pretendemos alcanzar para que nuestra mente pueda procesar la información y encontrar planes de acción y soluciones para lograr con éxito nuestras metas. Con una fuerte y poderosa intención no importa los tornados y huracanes que vengan a tu vida pues tú estarás fuerte para superar todas las tormentas con éxito.

La mejor manera de comprobarlo por ti mismo es a través de la experiencia. Cuanto más metas te propongas conseguir, y más lo consigas, más fuerte será tu fe, tu poder de intención, tu seguridad y tu fuerza de voluntad. ¿Cuántas veces he visualizado una idea, un concepto, un deseo, y luego ha terminado por hacerse realidad? Si estoy escribiendo este libro es porque yo mismo he tenido la oportunidad de experimentar y vivir este proceso y si yo lo puedo hacer, te aseguro que tu también. Ante cada nuevo proyecto que me propongo alcanzar, por muy loco que sea en boca de otras personas o por imposible para otras, primero pongo mi intención y luego paso a concretar un plan para hacerlo realidad sin dudar un segundo, pues sé que la fuerza y energía del universo están a mi lado para hacerlo posible.

El único requisito que tienes que hacer para recibir resultados garantizados es nunca dudar, en el momento que tengas la más mínima duda, el poder de la intención deja de funcionar, pues mandaste la señal de que prefieres otro canal de televisión. Por lo tanto, el *zapping* no es bueno cuando deseas algo. Una vez te lo propongas conseguir, contra viento o marea, nunca dejes de tener fe en que lo vas a lograr, aunque tengan que pasar dieciocho años como fue mi caso personal con el show de televisión. Si te propones algo, y a la mitad del camino te entran las dudas, para de hacer lo que estás haciendo y no ignores ese sentimiento, analiza de dónde viene, busca su raíz y luego elimínala, para así poder seguir adelante con éxito. Quizás la duda sea porque te tienes que enfocar en algo que no habías visto antes y sea tu oportunidad para hacer algún cambio en tu vida. Como te dije, a los enemigos hay que tenerlos muy cerquita, y cuando se presente el toro (ego), la vaca (excusas) o los dragones (dudas), no los ignores sino que invítalos a dar un paseo. Si no lo haces, estos poco a poco van a ir ganando más poder y entonces si que limitarán tus posibilidades.

Muchas personas tienen inseguridades sobre sus cualidades o si son capaces de llevar a cabo con éxito sus metas. Todos las tenemos. Pero el guerrero se hace atacándolas de frente y no saliendo a correr en sentido contrario. Tú eres un gran guerrero que tienes una meta donde llegar, vivir la vida de tus sueños. Por lo tanto, no tienes tiempo que perder y tienes que enfocarte en como conseguir tu propósito. Aunque no creas que estés viviendo la vida que te mereces en estos momentos, no dudes de tu potencial y de lo que puedes obtener. Si tú mismo empiezas creyendo que vas a fracasar, tengo malas noticias para ti, vas a fracasar. Esas palabras no existen en mi vocabulario. Cámbialas por vas a ganar, vas a tener éxito, vas a triunfar. No te limiten sin intentarlo primero. Como lo haces, muy fácil, enfócate en tu bienestar a través de una buena salud, una menta en paz y un espíritu positivo. La intención es creativa, creadora y siempre positiva. La verdadera cara de la intención se manifiesta a través del amor, que es la luz que todo lo puede. Cuando te conectas con la belleza a tu alrededor y la belleza en tu interior, te sintonizas con el poder creativo de la intención. Ver la belleza, hasta en la peor de las circunstancias, te conecta con la energía divina.

Para poder experimentar el verdadero impacto del poder de la intención tienes que estar en un profundo contacto contigo mismo y tu experiencia de vida. La decisión de vivir la vida que estoy compartiendo en este libro es muy personal y privada. Solo tú puedes hacer la diferencia y tomar la decisión. Al decidir comprometerte establecer una conexión contigo mismo y el poder de la energía universal dejas que la mente se relaje para que el corazón actúe y guíe tu camino. La mejor manera para desarrollar el poder de la intención es nada más te levantes o antes de irte a dormir, cuando estés meditando, cuando estés en la ducha, cuando estés haciendo algo que te guste mucho, cuando hagas ejercicio o cuando tengas cinco minutos para simplemente respirar y soñar despierto. El primer paso es colocarte en una posición cómoda, cerrar los ojos, y respirar profundamente por un minuto. Ahora, conscientemente, pregúntate a ti mismo, con todo el amor del mundo, qué es lo que realmente quieres, cuál es el sueño que te gustaría ver hecho realidad. Permite a tu niño interior manifestar qué deseo tiene. Trata de crear una imagen, una sensación, una emoción, un pensamiento; concéntrate en qué es lo que deseas de verdad que pase en tu vida. Crea esa intención. No te apresures. No juzgues. No pongas límites por muy imposible que te parezca. Para conseguir algo, primero tienes que saber lo que quieres. Sorpréndete. Recuerda, estás soñando conscientemente, ahora no estás dormido, esto es un ejercicio para con toda tu fuerza mental atraer desde lo más profundo de ti lo que quieres conseguir. Imagínate lo imposible. Cuando tengas claro lo que deseas, trata de ver y sentir ese deseo con todo lujo de detalles. Quédate donde estás sintiendo esa intención en tu mente, en tu cuerpo, y en tu espíritu como si realmente hubiera pasado. Siente tu felicidad. Cuando lo creas necesario di en voz alta o a ti mismo "Lo voy a conseguir", "Ahora sé lo que quiero", "Sé lo que me merezco" y por último di "Gracias". Abre tus ojos.

Para tener ejemplos del poder de la intención solo tienes que pensar en todos los maravillosos inventos que disfrutas hoy en día y que no existían apenas hace unos años. Todos estos inventos fueron creados por las mentes de personas que tuvieron una intención y pudieron manifestarla en sus vidas para hacerla realidad. Piensa en Thomas Edison con la invención de la luz eléctrica, en los hermanos Wright a la hora de inventar el vuelo o más recientemente Steve Jobs, fundador de Apple. Todos ellos tuvieron una intención y se entregaron a lo que todos creían que era imposible. Para hacer que una idea, una meta, un propósito se haga realidad, tienes que saltar de lo imposible a lo posible, y entregarte, contemplando y visualizando lo que deseas conseguir.

Para que la fuerza del universo pueda enviarte la señal de regreso es necesario también que el control remoto o cable de conexión esté en buen uso. Tú tienes que ser una persona fuerte, positiva y bondadosa para que esa energía se expanda en tu interior. Una persona bondadosa es una persona que vive haciendo el bien y ayudando a los demás, en lugar de generar sufrimiento, más caos y dolor. Recuerda, lo positivo atrae lo positivo. Todo lo que piensas, sientes y haces tiene que estar orientado hacia el bien, lo positivo, el amor, empezando primero con uno mismo, hacia los demás y hacia todas las formas de vida. Yo soy amor. Tú eres amor. Al despertarte ante tu naturaleza divina, entonces empiezas a apreciar, ver, tocar y sentir la belleza en todos lados. Cuando aprecias la belleza, te conectas con la verdad, y esta llega en abundancia a tu vida.

Al igual que una flor y un árbol nacen de una simple semilla y se entregan a la voluntad de la naturaleza para germinar y florecer en el momento oportuno, lo mismo ocurro contigo. Tú tienes que plantar esa semilla llamada intención en lo más profundo de tu mente y después tienes que dejar que el universo haga su tarea para enviarte las condiciones más oportunas para que esa semilla crezca y florezca. Entre tanto tú también tienes que hacer todo lo que está de tu parte para alimentar correctamente esa semilla. No tienes control del tiempo que va a tardar en madurar y florecer, pero sí tienes el control de tener las mejores condiciones posibles para dar las frutas más sabrosas o las flores más hermosas. Tú haz lo que tienes que hacer, que el universo hará su parte.

Deja que todo siga su curso natural y no te aferres a tus pensamientos o cosas materiales como algo sin lo cual no pudieras vivir. Tienes que aprender a ser flexible y dejarte llevar por las energías y la sabiduría del universo. Siempre creemos que sabemos qué es lo mejor para nosotros, pero muchas veces nos damos cuenta con el tiempo que es necesario vivir ciertas experiencias para apreciar lo que tenemos. La vida es más simple de lo que parece. Déjate llevar y acepta lo que la vida tiene preparado para ti. A veces puedes tener la impresión de que te desvías completamente de tu camino, pero siempre todo termina sucediendo por un motivo que en ese momento no eres capaz de ver. Cuántas veces te ha pasado pensar "si supiera entonces lo que sé ahora las cosas serían muy diferentes". Es ley de vida. Déjate llevar por la corriente, no en su contra, y llegarás más pronto a tu destino final.

VISUALIZACIÓN CREATIVA

Llegó la hora de convertirnos en los mejores artistas, pintores, guionistas y arquitectos de nuestras propias vidas. Antes de empezar su obra, los planos de una casa o escribir la historia de una película, un artista, un arquitecto o un guionista tiene que primero usar su imaginación para visualizar lo que va a hacer. Ahora es tu momento de visualizar cómo quieres que sea la vida de tus sueños. A esta técnica para atraer lo que tanto deseas a tu vida, se le conoce con el nombre de "visualización creativa". En realidad tú ya lo estás haciendo todos los días. Por ejemplo, antes de comer, tu mente ya se está imaginando lo que desea comer y luego manda órdenes a tu cerebro para preparar la comida y satisfacer tu apetito. Todo lo consigues durante el día lo haces primero gracias a un pensamiento. "Me gustaría comprarme un nuevo vestido" es un pensamiento que tienes antes de ir a comprar el vestido. Primero tienes la idea y luego ves lo que tienes que hacer para materializar esa idea. Un ejemplo negativo de cómo un pensamiento negativo puede impactar tu día es si te levantas y por algún motivo te dices a ti mismo 'hoy no va a ser un buen día". Te aseguro que ese día no será nada bueno. Por el contrario, si estás de camino al supermercado y tienes un pensamiento como "voy a encontrar un buen parking cerca de la entrada", posiblemente te ha sucedido muchas veces que el parking estaba esperando a que tu llegaras. Estos son algunos ejemplos muy simples de cómo funciona la visualización creativa.

A través de tu imaginación tienes la posibilidad de crear una imagen mental de una idea, o un sentimiento sobre algo. Si esa imagen la repites constantemente en tu mente en un estado de paz y tranquilidad, la puedes llegar a materializar. Alguna gente también denomina este tipo de técnica como "la ley de la atracción". Visualiza lo que realmente quieres con todo lujo de detalles, como si realmente hubiera pasado en tu vida, y luego sigue con tu vida normal. Puedes cerrar los ojos y ver con claridad lo que deseas, o puedes sentir algo, o simplemente tener un pensamiento muy profundo con muchos detalles. Estoy usando el término visualizar para que lo entiendas mejor, pero en realidad es como si te dijera que soñaras despierto y me contaras cuál es tu sueño. Esta técnica te ayuda a tener un concepto claro de a dónde quieres llegar, tener un destino, y por lo tanto, estarás más seguro para aprovechar las oportunidades que la vida te puede estar enviando en diferentes momentos para acercarte a tus sueños.

Para que esta técnica funcione, no puedes controlar lo que los demás hagan o digan de ti, o pretender que alguien haga algo fuera de su propia voluntad. Por cierto, tampoco tienes que ser una persona muy espiritual para poder empezar a recibir los frutos de esta técnica. Simplemente tienes que tener la mente bien abierta para abrirte a las posibilidades. No pierdes nada con probar si funciona o no. Desde hace varios años practico conscientemente y con determinación todas estas técnicas y me están dando grandes resultados y satisfacciones. Por ello, es mi deber poder compartirlas con vosotros en el caso de que puedan servirte en la búsqueda de tu felicidad y tus sueños. Imagínate que trates de explicar a una persona que nunca ha visto el mar en su vida, ni en persona, ni en la televisión o el cine, cómo es el mar. Puedes tratar de explicar el movimiento constante de las olas, la cantidad de agua, el sabor salado, el efecto relajante de un atardecer, la sensación de bañarte en el mar. Pero si esa persona nunca ha tenido la oportunidad de ver el mar, por mucho que intentes explicárselo con todo lujo de detalles, pensará que estás exagerando o te has vuelto loco. Muchas veces me pasa lo mismo con el tema de la visualización creativa y del poder de la intención, que no es más que tener un sueño y tener la fe de que lo vas a lograr. Pero para poder entenderlo, lo tienes que vivir.

El universo, tu cuerpo y tus pensamientos son energías y por ello tienes que tener en cuenta que puedes usar este ejercicio de la visualización creativa con fines positivos o negativos. Al igual que puede atraer abundancia, prosperidad y posibilidades positivas a tu vida, también puede crear el efecto contrario y traer más confusión, sufrimiento y dolor. El universo no sabe diferenciar entre un tipo de energía y el otro, no existe la dualidad de bueno y malo, positivo y negativo. Para el universo energía es energía y simplemente te va a dar más de lo que pidas. Por eso tienes que tener mucho cuidado con cómo son tus pensamientos y hemos hablado anteriormente de cómo transformar los pensamientos negativos en positivos. Todo lo que manifiestes tiene el poder de regresar hacia ti. Normalmente atraes a tu vida todo aquello en lo que estás pensando. Pero si por el contrario, normalmente piensas en amor, abundancia, riqueza, bienestar, estoy seguro de que eso será lo que estarás manifestando y viviendo en tu vida. Si tu mundo está basado en pensamientos negativos, y pesimistas, muy probablemente ese será tu mundo. En definitiva, tú eres todo aquello que piensas. Las buenas noticias es que puedes empezar ahora mismo a cambiar el destino de tu vida, simplemente cambiando tus pensamientos negativos en positivos y visualizando tus sueños. No pierdas el tiempo y energías pensando en cosas y situaciones que no quieres una y otra vez. Es hora de que enfoques toda tu atención en pensar las cosas que realmente quieres y eliminar cualquier tipo de duda que encuentres. Cada pensamiento positivo que tengas es un acto de creación, y tarde o temprano, cosecharás lo que ahora estés sembrando con tus pensamientos.

Hagamos juntos un ejercicio de visualización creativa para que lo puedas practicar por tu cuenta cuando lo necesites:

1. Primero relájate en un lugar tranquilo y libre de distracciones. Puedes estar sentado o tumbado. Respira profundamente por un minuto, inhalando y exhalando, sintiendo el aire llenar todo tu cuerpo. Cierra los ojos. Relaja tus músculos, relaja tu mente, y entrégate al silencio. Toma tu tiempo y no tengas prisas. Si tienes que tomar unos minutos para relajarte, concéntrate en tu respiración y déjate llevar por el ruido relajante de las olas del mar que hace tu respiración cuando te enfocas profundamente.

2. Cuando sientas que estás tranquilo, en paz, relajado, empieza por visualizar, que es lo mismo pensar o soñar con los ojos cerrados pero despierto al mismo tiempo, algo que realmente deseas conseguir. No pongas límites a tu deseo,

puede ser un sueño material, personal o profesional. Un sueño es un sueño. No trates de juzgar lo primero que venga a tu mente. Déjate llevar por el sueño del niño que todos llevamos dentro de nosotros. Imagínate que te han dado el poder de hacer tu sueño realidad, ¿cuál sería? Para este ejercicio en particular voy a poner como ejemplo el visualizar sueño muy concreto como "el hogar de tus sueños".

3. Una vez tengas tu deseo, visualízalo con todo lujo de detalles. Tómate todo el tiempo que quieras. Cuantos más detalles pongas a tu sueño mucho mejor. En el caso de mi ejemplo visualizaría dónde me gustaría vivir, de cuántas habitaciones es la casa, con o sin piscina.

4. Sigue entregado a tu sueño o deseo y profundiza un poquito más para entrar en contacto con tus sentidos. Visualiza que ya el sueño se ha hecho realidad. ¿Qué sientes? Siguiendo el ejemplo de la casa de tus sueños, estoy viendo y sintiendo como paseo de una habitación a otra, cómo es la decoración, la luz que entra por las ventanas, los árboles del jardín.

5. Profundiza un poco más y observa qué está pasando por tu mente, qué pasa por tu corazón. Cuáles son tus pensamientos y sentimientos en estos momentos. En mi visualización me siento que ya estoy viviendo dentro de la casa, y también me siento orgulloso de tener a mi familia viviendo conmigo y disfrutando de este nuevo maravilloso hogar. En realidad me siento orgulloso de ser dueño de mi casa. Realmente me lo merezco.

6. Una vez ya hayas visualizado y sentido tu sueño con todo lujo de detalles, trata de mantener esta imagen firme en tu mente por unos segundos y decreta en tu mente lo agradecido que estás por tener en verdad lo que tanto deseas. "Estoy feliz con mi nuevo hogar".

7. Para terminar este ejercicio puedes decir en voz alta o en silencio dentro de tu mente la siguiente frase: "Deseo que lo que acabo de visualizar y manifestar, o algo mejor, se haga

realidad de una manera positiva y armoniosa para el bien mío y el de los demás".

8. Y por último, abre tus ojos y sigue con tu vida normal. Repite este ejercicio cuantas veces quieras y sientas hacerlo, preferiblemente temprano por la mañana o por la noche cuando es más fácil relajarse completamente.

Si durante este ejercicio te asaltan las dudas de que lo que estás haciendo, piensas que te has vuelto loco y que todo esto no tiene sentido, no te resistas, no te preocupes, deja que esos pensamientos lleguen y regresa al ejercicio de nuevo enfocándote en tu respiración. Tarde o temprano los pensamientos se irán. Si te siguen molestando, vuelve a intentarlo. Si te paras a argumentar o racionalizar esos pensamientos, bloquearás negativamente tu visualización. Verás que es muy normal que te vengan mil pensamientos haciendo el ejercicio. Simplemente recuerda que no es más que un juego de tu mente para distraerte, pero tú ya sabes que eres más que esos pensamientos. Regresa a la visualización.

El objetivo de la visualización es primero conectar con tu ser para luego enfocarte en las acciones y finalmente alinearte con tus metas. Para que tu visualización tenga éxito tienes que realmente desearlo de verdad, con el corazón y tener la fe de que eres capaz de conseguirlo. Pero tienes que aceptar también qué es lo que quieres. Es increíble cuántas veces deseamos algo y luego nos damos cuenta de que en realidad no era lo queríamos. La combinación del deseo, la fe y la aceptación forma la intención que hace que se manifiesten tus deseos en tu vida.

AFIRMACIONES POSITIVAS

Como acabas de leer, una vez que has visualizado tu sueño, el último paso de la visualización fue la afirmación en positivo y en presente. A esa afirmación, yo también le llamo "decretar". Una afirmación o un decreto es un pensamiento que expresas verbalmente o mentalmente y que apoya categóricamente una actitud. Estás afirmando o decretando en voz alta o a través de un pensamiento una posición segura de que algo es como es.

Nuestra mente no para nunca de hablar y de pensar. Es como un disco rallado que nunca termina. Cuando tomas conciencia de este ruido interno, te das cuenta de que hay muchas cosas sobre las cuales tú no tienes nada de control. Pensamos constantemente con la mente, al igual que respiramos constantemente por el cuerpo. Son funciones innatas con las cuales hemos nacido. Es importante que te acostumbres al hábito de sorprender a tu mente de vez en cuando, para observar si se ajusta a la realidad o si tienes que reprogramarla. Una de las maneras más efectivas hacerlo es a través de las afirmaciones positivas pues ayudas a tu mente a enfocarse en lo que realmente es importante para ti, en lugar de estar distraído en otras cosas.

Cuando quieras afirmar o decretar lo puedes hacer en silencio como si estuvieras orando, o en voz alta como si repitieras un mantra. Lo que te resulte más fácil. El proceso no es nada complicado. Simplemente necesitas estar en un estado relajado y tranquilo para enfocarte en tu afirmación, decretarla con toda seguridad sin ningún tipo de dudas, y tener la disciplina para repetirla cuantas veces sea necesario. Yo estoy todo el día repitiéndome constantemente tres afirmaciones: "Todo es posible", "Soy una persona positiva, sana y feliz" y "Merezco lo que tengo". Por supuesto, cada vez que lo hagas, tienes que hacerlo con un tono y significado positivo y orientado al bien tuyo y el de los demás, pues si utilizas las afirmaciones con una intención negativa, el efecto será el mismo y atraerás lo que estás decretando.

Tanto si te encuentras actualmente sumergido en un mundo muy negativo, como si quieres multiplicar cosas positivas y beneficiosas a tu vida, tú puedes cambiar tu situación y mejorarla a través de tu actitud y decretar afirmaciones positivas consistentemente. Como ves, todos estos ejercicios están conectados uno con el otro, pues al afirmar conscientemente cosas bonitas y positivas a lo largo del día, será un ejercicio que te ayude a cambiar de actitud y ser positivo, y al mismo tiempo tomar mejores decisiones para ti mismo, tener una mejor energía, y aprovechar al máximo las oportunidades que tienes, y sin apenas notarlo, terminarás viviendo la vida que habías soñado. Para que las afirmaciones positivas tengan impacto en tu vida tienes que tener disciplina y decretarlas cuantas más veces mejor. Cuanto más profundas sean tus afirmaciones y más arraigadas estén con tu corazón, más poder tendrán. Cuando hagas este ejercicio no pierdas la fe en que Dios, el Universo o la energía misma te concederá lo que deseas. No son las palabras las que logran el resultado que buscas, sino tu convicción interna y tu entusiasmo. El poder de la fe es importante durante tus afirmaciones porque de ese modo consigues dejar a un lado completamente cualquier duda o desconfianza que tengas. Lo estás dando como por hecho real, como algo que de seguro va a pasar.

Por último, siempre que vayas a decretar o afirmar algo positivo en tu vida utiliza el presente y no el futuro. El universo tiene que tener claro que lo que quieres es ahora, en tu presente, y no en el futuro, pues este nunca llegará. Escribe o di en voz alta tu deseo como si ya se hubiera echo realidad y lo estuvieras viviendo. Esto me resultó a mi un poco difícil al principio, pero con la práctica y algunos ejemplos lo logré superar y afirmar en presente. En lugar de decir: "Algún día tendré una cuerpo con talla 4" tendrás que decir "Tengo sí o sí un cuerpo de la talla 4". Como ves el cambio está en la sustitución de la palabra "tendré", por la palabra "tengo". Estoy seguro de que piensas que esto es de locos, pero yo para poder tener lo que tengo hoy en día, primero he afirmado que lo tengo. Por ejemplo, no soy diseñador de ropa en la actualidad, pero te puedo afirmar "que soy un muy buen diseñador de ropa con un gran éxito mundial entre las mujeres". En realidad, y para hacerte sentir que no te has vuelto loco, trata de pensar que lo que quieres y deseas ya realmente sea tuyo, ya lo es pues lo tienes en tu mente, es real, solo que no se ha materializado físicamente. Para que tu afirmación sea realmente efectiva, trata de que sea corta y simple y enfocada en tu bienestar. Cada vez lo hagas será como un rayo de luz que penetra en el inconsciente de tu mente para transformar cualquier pensamiento que esté causando algún problema o interferencia. La afirmación puede ayudar a cambiar tu pensamiento de negativo a positivo, al igual que una pastilla el dolor de cabeza. Cuando afirmas con seguridad y optimismo es porque deseas algo nuevo en tu vida, pues ya has aceptado plenamente como eres ahora. No estás tratando de cambiar tu vida, sino estás tomando nuevas oportunidades para mejorarla.

A continuación tienes unos ejemplos de las afirmaciones y decretos positivos que puedes anotar en tu cuaderno o diario y repasar diariamente:

+ "Soy un ser de luz y lleno de amor"
+ "Me quiero como soy"
+ "Soy perfecto como soy"
+ "Puedo conseguir todo lo que me propongo en la vida"
+ "Soy por naturaleza un ser hermoso y bello"
+ "Decreto salud, abundancia y amor en vida"
+ "Decreto prosperidad y éxitos"
+ "Soy libre de decidir cómo quiero vivir mi vida"
+ "Soy una persona feliz"

Para resumir lo primero que tienes que hacer es tener muy claro qué es lo que quieres y por qué lo deseas. Para decretarlo con más fuerza y consistentemente puedes escribirlo en un trozo de papel que puedas guardar en un lugar que lo puedas revisar con facilidad, como en una billetera. Confía que lo que quieres ya es tuyo y nadie te lo puede quitar. Así fue como los grandes inventores y aventureros no se dieron nunca por vencidos y descubrieron lo que tantas personas no podían hacer, ni incluso soñar. Al tener esa seguridad interna, te será mucho más fácil seguir con tu vida y tus quehaceres diarios y podrás estar más alerta a las oportunidades que de repente se pueden presentar ante ti. Si tu intuición se conecta con esa oportunidad, no tengas miedo y déjate llevar. Mueve tus pasos hacia allí y deja que la vida te lleve de su mano. Cuando lo hagas de esta manera, sentirás que no es trabajo lo que estás haciendo, sino que estás siguiendo el curso natural de las cosas. No trates de ir en contra de la corriente. Déjate llevar. Ahora es el momento de confiar en tus instintos, la mejor brújula en tu vida que nunca te va a fallar, y así elegir las mejores decisiones para encontrar tu propio camino. No tienes que ver todo el camino, simplemente toma un paso detrás del otro.

Para convertirte en la persona que sueñas ser, primero te lo tienes que creer. Una vez lo hagas, y lo sientas en cada célula de tu cuerpo, te aseguro que lo vas a lograr porque todas tus decisiones y acciones estarán guiadas por ese propósito. Hoy decreto que mi mente, mi corazón y mi alma alcancen un estado de perfecta serenidad. Que todos mis pensamientos y acciones reflejen mi deseo de alcanzar una existencia pacífica y tranquila. Hoy decreto recibir inspiración para plasmar sabiduría y amor en todo lo que haga.

¿Cuál es tu decreto?

Resumen

1. **Una actitud positiva te permite ver siempre el lado positivo de las cosas y encontrar soluciones a tus problemas. En lugar de convertirte en una víctima de las circunstancias, una buena actitud puede ver soluciones y oportunidades donde nadie las ve. Todo es parte de un plan divino que actúa siempre a tu favor.**

2. **Una intención es tener un propósito claro de lo que realmente deseas y estar comprometido a poner todo tu esfuerzo para hacerlo realidad. Existe una gran diferencia entre desear algo y desear hacerlo realidad. Puedes soñar todo lo que quieras, pero hasta que no te comprometas contigo mismo y te responsabilices por ponerte en acción, ese sueño nunca se materializará.**

3. La visualización creativa consiste en tener una clara imagen mental de una idea, concepto o sentimiento en un estado de paz, como si realmente se hubiera hecho realidad, y luego seguir con tu vida real. Cuanto más consistente y detallista seas con esa imagen, más pronto el universo te presentará las oportunidades para que puedas hacer realidad tu sueño. A esta técnica se le conoce también como "ley de la atracción".

4. Una afirmación o un decreto es un pensamiento que expresas verbalmente o mentalmente y que apoya categóricamente una actitud positiva. Estás afirmando o decretando en voz alta o a través de un pensamiento una posición segura de que algo es como es.

CAPÍTULO 9
PLAN DE VIDA

En esta segunda sección del libro dedicada a la mente hemos visto cómo interpretar correctamente los pensamientos, tanto negativos como positivos, con el fin de tomar las mejores decisiones y también hemos descubierto cómo usar nuestra mente para soñar conscientemente con el fin de hacer más tangible nuestros deseos. Ahora ha llegado el momento, donde tú te vas a convertir en el director de tu propia vida para crear todas las historias que deseas hacer realidad, y poner a tu mente a trabajar, pues para ello fue creada.

Cada capítulo que has leído es vital para lograr vivir la vida de tus sueños. Si en el capítulo anterior fue la llave del coche que encendió el motor, en este capítulo, te voy a contar paso a paso, todo lo que hago para conseguir hacer realidad mis metas, personales y profesionales. Aquí tienes posiblemente el método que necesitabas para finalmente pasar de una idea a una realidad. Saca el diario personal porque aquí sí que lo vas a necesitar. Manos a la obra.

Es importante comenzar con un plan. Para construir una buena casa, hermosa por fuera y con fuertes cimientos, primero tienes que empezar por contratar a un arquitecto para que te haga unos buenos planos antes de pasar a la construcción. Para que una empresa venda sus productos, primero tiene que tener un buen plan de marketing para promocionar los beneficios de esos productos a los clientes a los que va dirigido. Exactamente lo mismo sucede en nuestras vidas. Si quieres que las cosas pasen de una determinada manera, tienes que acostumbrarte a planificar. En realidad, todos ya somos ya buenos planificadores sin darnos cuenta. Planificamos qué vamos a comprar para la cena, planificamos qué vamos a hacer en nuestro tiempo libre este fin de semana y planificamos qué ropa nos vamos a poner para ir al trabajo. Ahora vamos a hacer el mismo ejercicio, pero conscientemente poniendo a trabajar nuestra mente en proyectos más ambiciosos y complicados de conseguirla. Obviamente cuanto mayor sea tu meta, más esfuerzo de planificación vas a tener que poner de tu parte, y más difícil será conseguir. Pero si haces un buen plan, podrás llegar a tu destino final. Al fin y al cabo, si les funciona a las grandes compañías, ¿por qué no habría de funcionarte a ti también?

Lo primero que tiene que hacer antes de iniciar un buen plan es tener una "intención", que significa saber qué es lo que quieres hacer, y eliminar todas las dudas y pensamientos negativos que puedas tener al respecto. Si desde el principio te vas a poner a dudar, olvídate de tu sueño o deseo. Ya hemos recorrido juntos la mitad del camino y sabes perfectamente lo que tienes que hacer para eliminar todos esos miedos, excusas e inseguridades. Cuando existe una posibilidad de algo, una intención, entonces nos volvemos más creativos. Tienes que sacar de tu vocabulario y de tu pensamiento la palabra "imposible". Cuando piensas que algo es imposible los sueños se olvidan, los proyectos se abandonan y tu bienestar está en peligro pues no puedes lograr grandes cosas en la vida. Pero si sustituyes la palabra "imposible" por "posible", al instante empiezas a ver todo con una mayor claridad. Todo el mundo tiene el mismo potencial. No te preocupes si hasta ahora has podido conseguir muchas o pocas de tus metas, lo importante es que no dudes de que tú puedes alcanzar con éxito todo lo que te propongas. Solo necesitas tener esa seguridad interna, tener fe de que lo puedes conseguir, adoptar una actitud positiva, dar siempre lo mejor de ti, ponerle ganas o pasión, y seguir los consejos que te voy a dar en estas páginas para planificar la historia de tu vida.

Dentro de un buen plan de la vida, tenemos muchas metas que conseguir para encontrar el balance y equilibrio entre cuerpo, mente y espíritu. Las metas van a ser tan grandes, que tendrás que crear metas más pequeñas para conseguirlas. Por ejemplo, si quieres tener una buena salud, vas a tener que fijarte un plan para mejorar tu alimentación y un plan para hacer ejercicio. Cuando consigas alcanzar con éxito cada una de estas metas más pequeñas, entonces estarás más cerca de tu meta en el plan original de tener buena salud. Pero si consigues mejorar tu alimentación, pero nos has superado las metas en tu plan de ejercicio, vas a tener que regresar a ese plan para ver qué es lo que no ha funcionado y corregirlo pues hasta que no lo hagas, las metas en tu plan original no se van a cumplir.

La gente le tiene terror pánico a planificar conscientemente, pues piensa que va a tomar mucho esfuerzo y tiempo, y que no funciona. Al principio cuesta un poco, pero empezando de poco a poco, con metas pequeñas, puedes empezar a tomar práctica y eventualmente te tomará un par de semanas en escribir un buen plan, después de un par de semanas investigando sobre la materia para tener buena información. Para estar seguros, daría un mes de tiempo para escribir un buen plan si dedicas unos treinta minutos al día. Lo cual no es nada si tienes en cuenta las repercusiones que el plan puede tener en tu vida. Si las metas son más grandes, puede ser que necesites más tiempo para planificar. Te aseguro que cuanto más tiempo y amor dediques al período que te toma la planificación, mejor resultados obtendrás, porque sabrás perfectamente qué pasos tomar y te anticiparás a todos los imprevistos que puedas encontrar en el camino.

LOS OBJETIVOS

Una vez sepas qué es lo que quieres, el siguiente paso es fijarte unas metas, ya sea a corto plazo, para cumplir en los próximos meses, por ejemplo pintar tu casa o bajar diez kilos, o a largo plazo y que tardes un par de años en conseguirlas como tener tu propio negocio o fundar una familia.

La definición de un objetivo o meta es el lugar donde pretendes llegar. Establecer objetivos es esencial para tener éxito en todo lo que hagas, pues te muestra el lugar al que quieres llegar y te sirve de motivación para alcanzarlo. Personalmente, yo veo los objetivos como pequeños sueños, pero con un periodo de tiempo o plazo determinado para hacerlos realidad. Otro aspecto positivo de establecer los objetivos en tu vida es que te sirven de guía para fijar la manera cómo los vas a conseguir, qué recursos vas a asignar para acercarte a ellos y qué tareas tendrás que hacer para obtenerlas. Tener objetivos te ayuda a establecer prioridades y tomar mejores decisiones cada día.

Para saber si estás creando o escribiendo un objetivo correctamente, asegúrate que todas tus metas reúnan las siguientes cuatro características:

1. Claro y conciso

Cuando escribas tu meta u objetivo tienes que poder entender fácilmente de qué se trata y tiene que estar relacionada también de alguna manera con tus verdaderos deseos, intenciones y pasiones. La definición del objetivo tiene que ser sencilla, directa y que no sea confusa. No puede haber espacio para una falsa interpretación. Cuanto más corta, pero completa, mejor.

2. Medible

Para que sea un buen objetivo tiene que ser fácil de medir si lo has logrado o no. Si la meta que te propones no es medible, es muy difícil que puedas ver si estás progresando o no hacia su realización, y puede ser que pierdas la motivación pues no sabes si realmente o no estás progresando en el buen camino. Por ello, es muy importante fijar un período de tiempo para ver si lo alcanzaste o no en el plazo que te propusiste. No pasa nada si te equivocas y escribiste un plazo más corto del que en realidad necesitas. Recuerda que las equivocaciones y los fracasos son los escalones anteriores al éxito. Aprende de los errores y fija una fecha más realista. Si tu meta no se puede medir, entonces vuelve a revisarla hasta que encuentres una manera de poder comprobar si estás progresando o no.

Uno de los beneficios que más me gusta de fijar objetivos es la sensación de desafío personal y motivación para llevarlos a cabo. Si no tuviera metas y plazos para conseguirlas, sería muy difícil vivir la vida de mis sueños. Pero si acepto una fecha límite para completar un proyecto, no tengo otra opción que enfocarme en mi tarea, fijar prioridades y dar lo mejor de mí.

3. Realista

El objetivo tiene que referirse siempre a algo que sea real, que se pueda observar y que puedas alcanzar tú mismo de acuerdo a tus posibilidades, pero sin competir con tus creencias y valores. Tiene que ser realista. Por ejemplo, si quieres ser abogado, tendrás que estudiar la carrera de derecho y eso está dentro de tus posibilidades, pues puedes ir a la universidad, encontrar una beca y trabajar en un bufete de abogados. Pero si quieres ser cantante de opera pero no tienes una voz especial, esta meta no será realista. Por lo tanto tienes que regresar a revisar la meta y fijar otros objetivos más objetivas relacionadas con tu pasión por la música clásica y ver si quieres convertirte en profesor de música, director de orquesta o productor de operas. La meta tiene que ser un desafío, pero sin perder la realidad y el sentido común.

4. Flexible

Por último, es importante que tengas en cuenta que el objetivo no tiene que ser estático, escrito en piedra, sino tiene que tener suficiente flexibilidad para que puedas adaptarlo a los cambios inesperados que podrían suceder a medida que te acercas a tus metas. No quiero decir que cambies tus metas todo el tiempo, sino que tengas la posibilidad de cambiarla si descubres una forma mejor de alcanzarlas. También recomiendo que establezcas prioridades, pues hay objetivos más importantes que otros en determinados momentos, y vas a tener que ser flexible con algunas metas a favor de otras. A veces es mejor enfocarse en una o dos cosas bien hechas, que en muchas mal hechas. El típico ejemplo lo pasamos todos los años cuando llega enero y nos fijamos una larga lista de resoluciones. El problema es que no alcanzamos hacer nada y nos olvidamos de la lista en febrero porque tendemos a abarcar mucho en poco tiempo. Fíjate una o dos metas, y cuando ya las estés cumpliendo, sigue a por más.

Si vas a escribir un plan de vida puede ser que te cueste un poco al principio fijarte las metas, pues no estamos acostumbrados a preguntarnos a qué es lo que en verdad queremos. Y cuando lo hacemos, nos damos cuenta que todavía no somos lo suficiente específicos, pues nuestros objetivos no eran concretos, medibles, realistas y flexibles. Por último, siempre tendrás más éxito para lograr tus metas si éstas tienen alguna relación con tu misión y pasión en la vida.

LA ESTRATEGIA

Una vez has formulado las metas que pretendes realizar, pasamos al siguiente paso que es establecer un poco más en concreto cuál es la solución o el camino que vas a seguir para llevarlas a cabo. A esta fase de tu plan se le conoce como "estrategia". La estrategia reúne la información básica de cómo vas a lograr lo que te propones. Por ejemplo, si tu meta es cambiar de profesión y convertirte en abogado, tu estrategia tendrá que ver en cómo piensas hacerlo, por ejemplo "trabajar y estudiar por las noches", "dejar el trabajo y vivir en casa de mis padres", "cambiar de ciudad y trabajar solo media jornada".

Ya te ha quedado claro la diferencia entre misión y objetivo. Ahora tienes que tener claro cuál es la diferencia entre una "estrategia" y una "táctica". Mientras que las tácticas son los pasos concretos que vas a dar para cumplir con tu objetivo, la estrategia es el método o condiciones que tú mismo propones para dirigir todas esas tácticas.

Una buena estrategia establece el criterio o principios que vas a seguir para tomar las mejores decisiones. Son las reglas del juego.

El secreto para escribir una buena estrategia es tener a tu disposición la máxima información posible sobre el proyecto que tienes entre manos para ser lo más objetivo y realista posible de acuerdo a tus cualidades y compromisos actuales. Solo tú eres capaz de saber qué puedes hacer y cuánto esfuerzo puedes dar, sin perjudicar las otras prioridades importantes en tu vida a las cuales ya estás comprometido. Para escribir una estrategia no importa el número de palabras que uses, siempre y cuando se pueda convertir en un camino claro que puedas seguir si te sientes perdido. La estrategia es como uno de esos mapas que encuentras dentro de los grandes almacenes que a veces necesitas consultar para ver dónde estás y a qué tiendas quieres ir. Por último, al igual que en el caso de los objetivos, nada está escrito con fuego. La estrategia tiene que ser también flexible en el caso de que surjan imprevistos importantes que hagan que tengas que modificar tu estrategia, especialmente si el proyecto es muy ambicioso.

Tienes que tener mucho cuidado de no caer en la tentación de vivir los sueños de otras personas. Muchas veces pensamos que estamos haciendo algo que queremos, cuando en realidad estamos persiguiendo los sueños de nuestros padres o nos contagiamos con los sueños de otras personas. Por eso fracasamos. Para hacer tus sueños realidad, primero tienen que ser verdaderamente tuyos, pues de lo contrario, no tendrás la fuerza de voluntad o la motivación necesaria para alcanzarlos por tu cuenta cuando el camino se ponga cuesta arriba. Si la estrategia es débil, aunque te apuntes al gimnasio o decidas comprar productos orgánicos en el supermercado, nada va a cambiar.

Si tu meta es bajar diez kilos en seis meses, tu estrategia es adoptar un estilo de vida sano y positivo haciendo ejercicio cinco días a la semana con un entrenador personal y cambiando tu alimentación con la asistencia de un nutricionista. En este caso, he escrito la estrategia un poco más precisa para fijar el método y así obtener el objetivo propuesto. Las tácticas serían: buscar entrenador, buscar lugar para hacer ejercicio, planificar agenda, comprar ropa, buscar nutricionista, organizar productos cocina, comprar nuevos alimentos, escribir un diario para documentar el progreso, comunicar decisión con la familia y círculo de amigos, fijar un presupuesto, investigar posibles efectos secundarios, crear Plan 'B' para tentaciones y excusas, libros de apoyo, hablar con personas que han pasado por la misma situación y han logrado su meta, meditar diariamente por el éxito de la meta.

TÁCTICAS

Las tácticas, o si prefieres llamarlas "acciones", son todos aquellos pasos que tienes que llevar a cabo para lograr tus metas. Casi con seguridad te puedo decir que uno de los primeros pasos que vas a tener que poner siempre en tu lista, como tu primer paso en cualquier proyecto, es investigar y recopilar información. Necesitas de mucha información sobre la meta que deseas alcanzar para poder analizarla y ser lo más realista posible. Una buena prueba para saber si has podido anticipar todas tus opciones, es compartir tu meta con alguien de confianza, y si te hacen preguntas y no sabes con seguridad la respuesta, es una señal de que necesitas hacer más investigación y buscar más información. No tomes ninguna decisión hasta que tengas muy claro qué es lo que necesitas hacer para lograr tus metas, cuánto tiempo te va a tomar realizarlas, qué herramientas necesitas y cuánto dinero, inversión o esfuerzo vas a tener que poner de tu parte. Usando el ejemplo de querer ser abogado, de nada sirve decir que quieres ser abogado si primero no sabes cuánto cuesta estudiar la carrera, los grados que necesitas para ser admitido en la facultad, las opciones que tienes la carrera de abogado, dónde tendrás que cursar los estudios, cuánto tiempo te va a tomar, y otros muchos puntos.

El propósito de hacer un plan, aunque no sepas por dónde empezar, es tomar tiempo de tu día para enfocarte en analizar algo que quieras hacer pero todavía no has logrado. Al sentarte y tratar de encontrar cómo funciona este rompecabezas, surgen nuevas ideas y preguntas que no hubieras tenido en cuenta si no te hubieras tomado el tiempo de otro modo. La mejor solución es escribir en un papel todos los pensamientos o ideas que se te ocurran para después tratar de encontrarles sentido. Analiza cuáles son tus cualidades, tus debilidades, tus puntos más fuertes y puntos más débiles, para así anticiparte a lo que puede pasar. Por los minutos que te sientes a escribir un plan, estás jugando a ser un adivino, usando tu experiencia, tu imaginación y la investigación que puedas encontrar como tu juego de cartas para decidir qué camino tomar.

Cualquier proyecto que tengas en tus manos, prepárate para poner siempre más esfuerzo del que te imaginas. Siempre habrás cosas que no habías previsto y por ello es importante tener un margen de error para recuperar ese tiempo perdido. Una vez tienes toda la información que necesitas, tu próximo paso es sentarte a escribir en un papel o ordenador cuáles son tus tácticas para lograr alcanzar lo que te propones, siempre siendo realista y lo más objetivo posible. Cuanto te sientas con papel y lápiz a hacer esta tarea, tu intención de escribir las tácticas te abre un nuevo abanico de posibilidades que posiblemente no habías tenido en cuenta. Escribe todo lo que te venga en mente para después analizarlas y desarrollarlas un poco más. Te va a pasar que te surge una idea, y cuando la escribas y la explores, te salen nuevas ideas que no habías pensado. Eso es muy normal. Esta es la etapa de tu plan donde tienes que pasar un poquito de tiempo. Disfrútalo. Es como encontrar la salida a un laberinto, pero te aseguro que tienes todo lo que necesitas para encontrar ese caminito.

Una vez tengas más claras tus opciones, organízalas de más importante a menos y dales también un plazo de tiempo para ejecutarlas. Habrá acciones que te lleven más tiempo, o acciones que son tan grandes que incluso necesiten de su propio plan para llevarlas a cabo. Después simplemente tienes que revisar el plan regularmente y completar una por una cada táctica que has escrito en tu plan. Esta lista te mantendrá enfocado y te ayudará a conquistar cada paso que te propongas. Si la acción que vas a llevar a cabo es muy grande, divídela en acciones más pequeñas. Cuantos más logros consigas, por pequeños que sean, más motivado estarás para seguir adelante. Con el tiempo, un paso detrás de otro, una acción detrás de otra, irás cumpliendo tus objetivos y tu plan se habrá hecho realidad.

La mejor manera de actuar es aceptando dónde estás en ese momento y tomando responsabilidad de tu compromiso. Tienes que planificar tu día y poner prioridades para llevar a cabo todos tus proyectos con éxito. Si encuentras problemas, trata de encontrar la mejor solución posible en el momento. No intentes escapar de la realidad. Si te equivocas, corrige, pero no repitas la misma equivocación más de tres veces. Analiza que está pasando, toma tu tiempo para crear un nuevo plan si es necesario para conquistar ese problema u obstáculo, y siempre sigue motivado y enfocado en lograr tu propósito. La razón principal por la que planificas es porque quieres cambios positivos en tu vida. Todos los cambios llevan un periodo de ajustes y de adaptación, y es ese momento el más difícil por el que tienes que pasar. Pero mientras sepas en todo momento qué es lo que quieres y por qué lo quieres hacer estoy seguro que lo vas a lograr.

TU EQUIPO

Ya hemos visto cómo establecer en un plan las siguientes partes: primero *qué* queremos obtener, que son los objetivos; segundo *por qué* lo queremos hacer, que es nuestra visión y misión; y en tercer lugar, *cómo* lo vamos a lograr, que es la estrategia. Antes de pasar a definir con todo lujo de detalles cada acción que vamos a tomar, es importante que conozcamos muy bien cuál es el equipo que tenemos a nuestra disposición para ayudarnos a alcanzar con éxito las metas.

En el mundo del marketing a esta etapa del plan se le conoce con el nombre de "público objetivo". En la realización de cualquier tipo de proyecto nunca lo hacemos solos, siempre cuentas con un grupo de personas que te van a apoyar y un grupo de personas que son los que se van a beneficiar por tu trabajo o tus servicios. Por ejemplo, para escribir un libro yo puedo ser el escritor, pero necesito también un editor, una editorial, un ilustrador, un distribuidor, un abogado, un promotor y muchas más personas para publicar el libro. Y por supuesto, necesito de un público al que va dirigido el libro que es la razón por la cual lo escribo, que son todos ustedes. Para que mi proyecto se cumpla con éxito, no solo necesito tener unas metas definidas y una estrategia para lograrla, sino también tener en cuenta en qué momento de mi plan involucrar a cada grupo para asistir en la ejecución de las diferentes acciones que eventualmente me llevarán a conseguir el propósito final.

Si tu proyecto es un plan personal, tu público objetivo más importante siempre serás tú, y en segundo lugar, las personas que se verían afectadas por tus decisiones o las personas cuyo apoyo vas a necesitar para conseguir tus metas. Como la persona más importante de tu proyecto, necesitas hacer todo lo que esté en tus manos para mantenerte siempre en buen estado de salud y poder pensar claramente. No te puedes apresurar en hacer un plan y al hacerlo tienes que ser lo más realista y honesto posible. Para tener éxito en tu vida y con todos tus planes tienes que tratar de unir tres cosas que harás lo máximo posible: el talento, que son las cualidades y habilidades innatas o aprendidas que tienes; la pasión, que es el amor que le pones a las cosas de acuerdo a tus valores y motivaciones; y las obligaciones, que son los compromisos y deberes que puedas tener con el trabajo y la familia. Cuando consigues que tus obligaciones estén más cercas de tus cualidades y tus pasiones, más posibilidades tienes de que el plan se lleve a cabo con gran éxito.

¿Estás usando tus mejores cualidades en los proyectos que tienes en tus manos? ¿Tienes algún compromiso personal, familiar o social que puedes cambiar para obtener con más facilidad tus metas? ¿Has encontrado como unir tu pasión con tus mejores cualidades? Tus habilidades, pasiones y atributos positivos son innatos, son parte de ti, no los puedes controlar, pero sí puedes desarrollarlos. Tendrás que planificar, tendrás que compartir tu plan con las personas afectadas por ese cambio, pero es posible mejorar también tus obligaciones y compromisos.

Una vez has prestado toda tu atención a la persona más importante del plan de tu vida, ahora tienes que enfocarte para analizar también a cada miembro del equipo que va a ayudarte en la realización de tus metas. La razón por la que empecé hablando de ti como el miembro más importante de tu equipo es porque tú vas a ser el líder, y conociendo tus puntos fuertes y débiles, podrás elegir al mejor equipo, las personas que necesitas a tu lado para compensar por esas áreas en las cuales no te sientas tan fuerte. Eso significa ser un líder. Todas las personas con éxito tienen a su lado un grupo equipo formado por personas muy talentosas para superar sus limitaciones. Rodearte de gente buena y positiva es una señal de fuerza. Ya sea tu familia, amigos, compañeros en el trabajo o mentores, tienes que crear tu propio equipo para poder llegar más allá incluso de tus metas. Pero para que el equipo funcione y no se convierta en un obstáculo necesita haber liderazgo, confianza, transparencia, pasión e identificación con tu misión y proyecto. Tú eres el mejor ejemplo de cómo actuar. Trabaja y esfuérzate como deseas que los demás actúen. Si tú no tienes plena fe en ti y en que vas a conseguir lograr tus metas, tu equipo lo estará tomando como un sueño pasajero y no te estará tomando en serio. Cuando te comprometas con un proyecto, da lo mejor de ti, y si te equivocas vuelve a intentarlo de nuevo. Aunque planifiques mucho, no todo va a salir siempre como esperas, y te aseguro que te vas a equivocar. Habrán muchos fracasos antes de conseguir tu meta. No rompas tus promesas, pues perderás la credibilidad de tus decisiones y la confianza de tu equipo. Y siempre actúa, enfocándote en el bien común. Si tú ganas, ganan todos.

Hay un refrán que dice "Dime con quien andas y te diré quien eres". A lo largo de los años me he dado cuenta que es verdad. La calidad de tu vida es directamente proporcional a la gente con la cual te relacionas. En mi caso, siempre he querido relacionarme con gente que supiera más que yo, que fuera exitosa y muy positiva. Tarde o temprano acabas contagiándote de esa actitud y terminas siendo uno más del grupo. Un buen amigo o compañero de trabajo vale más que el oro, pero también puede convertirse en tu carga más pesada si no comparten tus mismos valores y pasiones. Por ello, la elección de tu equipo es muy importante para tener éxito con tu plan. A la hora de seleccionar tu grupo de apoyo o prepararte para empezar un proyecto es importante que tengas la mejor información posible. Muchas veces puedes hacer tú mismo la investigación a través del Internet o leyendo libros, pero puedes ganar mucho tiempo y energías si empiezas a preguntar a gente que haya pasado por una situación similar a la tuya. No tengas miedo a preguntar, al ridículo o a qué pensarán de ti. Hace mucho tiempo que puse en práctica esta técnica y me di cuenta que la gente está feliz de ayudarte. Si lo pides, encontrarás una respuesta. En determinados proyectos puede ser que conozcas gente muy especial que no solo te da la mejor orientación, sino sientes que hay una conexión especial. Estas personas se le conocen con el nombre de mentores y las tienes que mantener muy cerca de ti en todo momento. En una baraja de cartas, serían tu comodín.

CALENDARIO

Crear un calendario puede ser una buena idea para tener en una simple hoja una visión clara de todo lo que tienes que conseguir en un determinado espacio tiempo. Definitivamente, tener un calendario con fechas claves es una importante fuente de motivación como recordatorio para ponerte las pilas si andas retrasado. Todos los días puedes revisar por unos minutos este calendario para establecer tus prioridades y revisar por dónde te encuentras en tu progreso.

Para que el calendario sea efectivo tiene que ser objetivo y tuyo. Los demás no pueden decidir cómo va a ser tu calendario o de lo contrario nunca llegarás a ningún lado. Puedes tener en cuentas las opiniones y sugerencia de los demás, pero tú decides qué quieres hacer con tu propio tiempo. El tiempo es el bien más preciado que tienes. Si tú no te preocupas por tu tiempo, nadie lo hará por ti.

Cuando vayas a crear tu calendario trata de ser lo más realista posible para no cansarte demasiado o desmotivarte por no ver tus objetivos cumplidos. Muchas veces, es en esta etapa cuando tienes los meses y las semanas frente a ti, cuando te das cuanta de que algunos de tus objetivos no son realistas o que tienes que cambiar de estrategia o de tácticas. Es muy normal que cuando llegues a este punto después de pasar tanto tiempo haciendo el plan que tengas que regresar al principio y ver dónde te equivocaste y qué puedes cambiar. Aunque te parezca trabajo vale la pena seguir este proceso y tener el calendario para el final como filtro de prueba. Una vez hayas terminado con tu calendario, lo veas en su totalidad, y lo apruebas, ya no hay marcha hacia atrás.

Mis últimas recomendaciones ahora que ya tienes todos los pasos para crear el plan de tu vida, o cualquier tipo de plan para llegar a cabo tus metas, es que por encima de todo siempre seas honesto contigo mismo y fiel a tu compromiso. Cuando te propongas hacer algo, hazlo. Ya no son válidas las excusas, los temores, los miedos, las inseguridades, la salud y todas las razones que quieras poner para justificar que no logras algo que deseas hacer con todo tu corazón. En este libro te he dado muchos ejemplos de cómo conquistar cada obstáculo que puede presentarse en tu camino y cómo prepararte lo mejor posible física y mentalmente para alcanzar todo lo que te propongas. Dedica todos los días unos minutos a revisar tu plan y adaptarlo si es necesario, ver tu progreso y fijar nuevas prioridades. Conviértelo en uno de tus hábitos más importantes.

Al igual que tu cuerpo necesita de una buena sana alimentación, ejercicio diario y buenos hábitos de higiene, tu mente también tiene sus necesidades, y una de ellas es haciéndola trabajar a tu favor. Pero tampoco son buenos los extremos. Evita llenar demasiado tu agenda diaria de actividades y no dejar tiempo para ti, para encontrar el equilibrio entre tu cuerpo, mente y espíritu. Si pierdes este balance tan importante, te será muy difícil conseguir los proyectos que te propongas. Por encima todo, primero tienes una responsabilidad con tu vida, y sin afectar negativamente la vida de los demás, tú tienes que tomar las mejores decisiones por tu cuerpo, mente y espíritu. Sin un cuerpo con salud, una mente clara y un espíritu energético son pocas las cosas que vas a conseguir. Parece que es mucho trabajo ocuparte de todo esto, y al mismo tiempo de tu familia, amigos y trabajo, pero si te organizas y planificas sí es posible. Al igual que pasa con un jardín al cual no te has ocupado por mucho tiempo, al principio te parecerá imposible encontrar el tiempo para poner todo en orden, pero cuando te deshagas de todo lo que no es bueno, las malas plantas y la maleza, entonces tendrás espacio para dedicarte a ti y todas tus metas. Para ganar tienes que eliminar primero lo que no necesitas en tu vida y ser selectivo en lo que haces.

Eso es todo. Quizás lo único que te falte en el "Plan de tu vida" es un apartado dedicado al presupuesto o finanzas donde incluirás todos los gastos que vas a tener que poner de tu parte para lograr tu propósito, y así prepararte económicamente para las posibles inversiones que tengas que hacer. Cuentas claras un futuro mejor.

Felicidades. Ya tienes ante ti una herramienta muy poderosa para hacer realidad la vida de tus sueños. Recuerda ponerle toda tu actitud positiva, y también ofrecer a tus proyectos los poderes especiales de la intención, la visualización creativa y los decretos afirmativos. Ponte en acción, ofrece siempre lo mejor de ti, y el universo se encargará del resto. Por experiencia después de realizar muchísimos planes primero para mis clientes y ahora para hacer realidad mi sueños te puedo garantizar que la verdadera felicidad no la vas a encontrar cuando obtengas las metas, sino en descubrir tu potencial durante el camino y las experiencias que la vida te va a regalar. Aprovecha cada segundo, porque mientras estás buscando el éxito, estarás recibiendo al mismo tiempo tu mayor regalo.

Resumen

1. Para hacer realidad cualquier tipo de sueño primero necesitas tener claro qué es lo que realmente deseas alcanzar, y luego crear un plan de acción para llevarlo a cabo.

2. Las metas u objetivos son los lugares donde pretendes llegar. Para tener éxito en la vida tienes que fijarte estos destinos para estar bien enfocado y motivado.

3. La estrategia es el camino que vas a seguir para llegar a tu meta y establece los criterios y principios que vas a seguir durante el proceso.

4. Una vez tengas claro el destino final y el camino, entonces el próximo paso consiste en ponerte a caminar. Cada paso constituye una táctica, una acción.

CAPÍTULO 10
MEDITACIÓN EN ACCIÓN

En esta sección del libro dedicada a la mente hemos descubierto tres áreas muy importantes. La primera de ellas es poder identificar el lado negativo de la mente, que nos limita a ver con claridad la realidad, y cómo transformar los pensamientos negativos en positivos para impulsarnos a tomar las mejores decisiones en la búsqueda del éxito y la felicidad. La segunda gran lección, es utilizar el máximo potencial de nuestra mente para visualizar nuestros más profundos deseos, y con el poder de la energía de los pensamientos positivos, conectar con la fuente universal, atraer esos sueños hacia nosotros. Y por último, hemos descubierto cómo usar nuestra mente para planificar el camino para llegar a ellos. Para terminar la visita a este gran destino de la mente me gustaría compartir contigo un ejercicio que a mí personalmente me ha cambiado la vida: la meditación.

Al igual que tenemos que hacer ejercicio físico para mantener un cuerpo sano, tenemos que meditar para tener salud mental. La meditación es un ejercicio mental que haces para encontrar paz, tranquilidad, cambiar de actitud, pensar mejor e incluso sanar. Lo puedes hacer en cualquier momento del día. La única forma que tienes para descubrir los verdaderos y enormes beneficios que la meditación puede tener en tu vida diaria es a través de la experiencia personal. Como todo ejercicio, siempre cuesta empezar y convertirlo en un buen hábito, pero a medida que lo vas practicando, vas tomando más soltura y descubres que poco a poco estás ganando control sobre ti mismo. El límite de a donde quieres llegar con la meditación lo pones tú. Por un lado, la meditación te puede ayudar a organizar mejor tus pensamientos, diferenciar los pensamientos negativos de los positivos, descubrir la raíz de tus emociones, encontrar soluciones a tus problemas, mejorar tu autoestima y reducir el estrés en tu vida. Por otro lado, y por eso este capítulo se encuentra al final de esta sección, profundizando aún más en tu meditación puedes entrar en contacto con tu ser, con tu espíritu, para conectarte con esa energía universal y tener acceso a la sabiduría universal y a la fuente de la felicidad.

Todo el mundo puede aprender a meditar. No importa si tienes diez años o noventa. Aunque parezca y suene difícil, en realidad es muy sencillo. Si no lo has practicado nunca, primero tienes que quitarte de tu mente que la meditación es una religión extraña o solo para personas que no tengan nada mejor que hacer. La meditación es una técnica que tienes a tu disposición para ocuparte de tu mente, al igual que puedes hacer ejercicio o comer sanamente para ocuparte de tu cuerpo. Como te he mencionado, si quieres profundizar, la meditación puede hacer que conectes aún mejor con tu Dios. En cierto modo, es muy similar a la oración pero en lugar de orientar el mensaje hacia a fuera de nosotros, lo hacemos hacia dentro. Hay personas que meditan simplemente para acallar la mente y encontrar solución a los problemas de la vida diaria, y personas que utilizan la meditación para entrar en una íntima comunión con su espíritu. Tú puedes empezar a meditar por la razón que más te guste y poco a poco descubrir a dónde quieres llegar.

Un requisito importante cuando vayas a meditar es siempre hacerlo voluntariamente y no tener expectativas, dejarte entregar a la experiencia de meditar para que te abrace y te reconforte. Imagínate el lugar donde te has sentido más feliz en tu vida. Esa sensación la podrás descubrir cuando quieras cuando practiques la meditación. En estas páginas te voy a contar mi experiencia y los pasos que tienes que hacer para que tú puedas ir a ese lugar y renovarte de paz y amor. Como hemos visto hasta ahora, nuestra mente es la fuente de nuestros placeres y dolores, de nuestros fracasos y éxitos, de nuestro bienestar y de nuestras enfermedades. Por ello es nuestro deber entenderla y vigilarla para que no domine nuestras vidas. Si deseas realmente experimentar un cambio sustancial en tu vida, la meditación será tu mejor herramienta para conectarte con tu fuerza de voluntad. Aunque sean tan solo cinco minutos al día, la práctica de la meditación te ayudará a vivir una vida más profunda, con sentido y responsabilidad. Al caminar hacia el interior de tu mente, conectas con el poder del silencio y descubres cómo dejar ir todas tus preocupaciones para recibir solo paz y seguridad.

Para meditar correctamente solo necesitas tu cuerpo y estar en un estado de reposo profundo, de relajamiento físico, para que la mente tenga la oportunidad de desarrollarse y expandirse en toda su plenitud. Esa expansión va a tener un gran efecto sobre todo tu organismo. A nivel mental, los estudios médicos han demostrado que con la práctica de la meditación puedes reducir considerablemente el nivel de estrés en tu vida y disminuir los efectos de la depresión. Físicamente, al meditar tu ritmo cardiaco se reduce, permites una mayor entrada de oxígeno en tu sangre y activas conscientemente el poder sanador de tu cuerpo.

La primera imagen que nos viene a la mente cuando oímos la palabra "meditar" es la de una persona sentada con las piernas cruzadas, en una posición que parece incómoda, por mucho tiempo. En realidad, la meditación la puedes practicar sentado en una silla, tumbado en el suelo o incluso de pie y caminando. Meditar no es más que el ejercicio consciente de querer descansar la mente por unos momentos para acallar los pensamientos. Personalmente yo tengo la manía que si no limpio la suciedad de mi casa o mi oficina no puedo trabajar correctamente. Para mí sucede lo mismo con la meditación. Es como si tomara una escoba en mis manos y barriera toda la suciedad que se ha acumulado por los pasillos de mi cerebro fuera de mi cuerpo. Al igual que siento cuando limpio en casa, elimino toda la mala energía y recupero buena energía, la luz es completamente diferente. Si te gusta limpiar, ahora ya sabes lo que puedes sentir cuando practicas la meditación.

Otro ejemplo que puedo usar para que entiendas mejor cómo funciona la meditación es usando una simple cebolla, con la única diferencia que esta cebolla es gigantesca. Cada capa de la cebolla es una capa que vas a tener que pelar para poco a poco llegar al corazón de la cebolla, que representaría tu verdadera esencia. Cuantas más capas logres quitarte de encima, más te vas acercar a verdadero "yo" y más te alejarás del terrible ego. Las primeras capas más manchadas, secas, y arrugadas son todos los pensamientos y emociones negativas. Las segundas capas que se ven casi transparentes y no tienen consistencia son todas las ilusiones y fantasías que hemos creado en nuestra mente. Y poco a poco, pelando una tras una, llegamos al corazón puro de la cebolla, donde están las capas más blancas y duras. Tan solo con llegar a tocar la buena parte de la cebolla podrás sentir una gran paz al haberte conectado con tu verdad y recibirás mucha claridad mental para poder tomar las mejores decisiones y recuperar todas tus energías pues ya eliminaste toda esas pieles y capas que no necesitabas.

Pero antes de compartir contigo cada uno de los pasos para meditar es muy importante que abandones cualquier tipo de expectativas que puedas tener. Lo mejor es no esperar absolutamente nada de la meditación, salvo quizás tomártelo como un momento que puedes desconectarte por unos minutos, respirar profundamente y cerrar los ojos. Esa es la mejor actitud que puedes tener para empezar a meditar. Si tienes expectativas, tus pensamientos van a estar alertas para ver qué es lo que va a pasar y luego van a empezar a jugar contigo para distraerte de este ejercicio. No dejes que tu mente esté esperando algo a cambio de la meditación pues te estarás anticipando al futuro el cual nunca se podrá manifestar. Tampoco esperes que al empezar a practicar la meditación todos tus problemas se vayan a solucionar por arte de magia o tu vida se transforme al instante. Al igual que no puedes esperar bajar cinco kilos simplemente por ir una o dos veces al gimnasio, lo mismo sucede con la meditación. Para entender los resultados, tendrás que esperar un poco de tiempo y dejar que tu práctica te vaya guiando.

A continuación, te voy a contar los pasos que yo sigo para meditar todos los días. Mi recomendación es que primero leas todos los puntos, y si puedes al final, toma unos minutos para practicar este ejercicio.

1. Busca un lugar tranquilo. Puede ser en una habitación de tu casa, en el jardín, en un parque o en algún lugar que te sientas cómodo y puedas cerrar los ojos por unos minutos y relajarte. Puedes tomar diferentes tipos de posiciones. Lo puedes hacer de pie, con los dos pies bien plantados sobre la tierra y con todo tu cuerpo bien recto, lo puedes hacer sentado en una silla con los dos pies también en el suelo y la espalda recta, lo puedes hacer sentado en el suelo en posición de buda con las piernas cruzadas o lo puedes hacer tumbado boca arriba y dejando caer tus manos hacia los lados con las palmas hacia arriba. Elije la posición que te resulte más cómoda. Puedes bajar las luces de la habitación, encender una vela si quieres y poner música relajante, aunque es preferible que primero lo hagas sin música, para poder disfrutar del sonido del silencio. Por último, apaga todos los aparatos eléctricos que tengas a mano y estírate un poco para acomodar tu cuerpo en una de las posiciones que te mencioné, pero siempre sintiendo que la posición es cómoda.

2. Una vez ya estás situado, cierra tus ojos y pon toda tu atención e la respiración. Empieza a sentir el aire entrar en tu cuerpo, el cual al mismo tiempo se expande para recibir todo ese aire, todo ese amor, y luego siente como el aire sale de nuevo. Cuanto más calmada sea tu respiración, más silenciosa estará tu mente. Meditar es un proceso gradual, primero

empiezas con la concentración, para seguir en la contemplación y luego te entregas al estado verdadero de la meditación que es la conexión con el todo.

3. Toma un fuerte y profundo respiro. Hazlo un par de veces para eliminar tensiones y relajarte. Sacude tu cuerpo, estira tu cuello y acomódate mejor si es posible. Ahora empieza a respirar rítmica y profundamente por tu nariz. Deja que todo el aire entre a tu cuerpo, que te hinche como si fueras un globo y salga sin resistencia de nuevo por tu nariz. Una vez te sientas un poco más relajado y siempre respirando por la nariz y con la boca cerrada, trata de poner tu lengua en la parte de atrás de tu paladar para conectar todos tus centros de energías, o conocidos también como chakras, de esa manera tu energía fluirás desde tus pies a la coronilla o parte superior de tu cabeza y de arriba hacia abajo. Si te resulta incómodo doblar la lengua hacia atrás, también puedes simplemente dejarla apoyada contra la parte posterior de tus dietes delanteros pero sin poner ningún tipo de presión o tensión. Respira. Toma aire muy despacio y expúlsalo de nuevo. Crea un ritmo suave, lento y profundo. Concéntrate en la respiración.

4. Para profundizar aún más en tu relajación, toma aire muy despacio contando cinco segundos, aguántalo en tu interior por dos segundos y déjalo ir en tres segundos. Haz este ejercicio diez veces y te ayudará a sentirte más ligero y relajado. Déjate llevar por la respiración hasta el momento en el que tú mismo no notes que estás respirando. Te has convertido en uno con tu respiración y todo es un gran vacío en tu mente, sin pensamientos, preocupaciones o miedos. Estás flotando en tu propia mente como si fueras una simple pluma volando con tu respiración, sin control, sin destinos, ni obligaciones. Llena tus pulmones de aire hasta que el cuerpo sienta la necesidad de expulsarlo, y entonces déjalo ir. Tú no tienes el control, resígnate y entrégate a este milagro que está

con nosotros todo el tiempo pero que no apreciamos. Ahora es el mejor momento de agradecer a nuestro cuerpo y al universo el regalo de la vida. Tu cuerpo tarde o temprano va a respirar. Cuando de nuevo sueltas el aire, siente el placer, porque tu cuerpo se siente bien al expulsar el aire, y de nuevo a tomar el aire para llenarse de energía. Dar y recibir son cualidades naturales de nuestra respiración. Reconoce que lo uno no puede vivir sin lo otro: Sigue respirando.

5. Con los ojos cerrado, sin cambiar de posición y respirando profundamente, presta atención al sonido de tu respiración cuando estás tomando y soltando el aire. Si prestas atención al ritmo de tu respiración notarás cómo el sonido es ascendente al tomar el aire y descendente al dejarlo ir. Y si te fijas un poco más y usas tu imaginación ese sonido te recordará a las olas de un mar muy tranquilo cuando llegan a la orilla. Imagínate que estás sentado en una playa y podrás notar más fácilmente ese sonido tranquilo, relajante, consistente del ir y venir de las olas. Si durante el ejercicio sientes que pierdes la concentración, siempre puedes regresar a escuchar el sonido de las olas del mar en tu interior y regresaras a relajarte al instante. Déjate llevar por esa paz y tranquilidad de estar junto al mar.

6. Si te resulta difícil mantener los ojos cerrados, también puedes hacerlo con los ojos abiertos, pero trata de enfocar tus ojos hacia algún objeto que tenga un significado especial o la llama de una vela para no distraer tu mirada fácilmente hacia otros lugares. El movimiento de la llama, junto al movimiento de tu respiración, es también una muy buena técnica de relajación. Con el tiempo aprenderás mucho de una simple llama. A medida que te estás relajando, tus propios ojos terminarán también por cerrarse para entregarse a la experiencia de la meditación.

7. A medida que te vayas relajando, empieza por deja ir la tensión que estás sintiendo en tu cuerpo. Empieza por prestar

atención a los grandes músculos de tu cuerpo y enviarles una orden directa para que se relajen. Cuando lo hagas músculo a músculo, tómate tu tiempo para decirles que se relajen y notarás cómo se relajan al instante y te sientes más ligero. La espalda y los hombros son lugares donde tenemos normalmente muchas tensiones, al igual que las piernas y los brazos. Poco a poco, ordena a tu cuerpo a dejar ir toda la tensión y entregarse a la práctica de la meditación. Deja que el aire de tu respiración llegue a cada parte de tu cuerpo llenándolo de vida y eliminando todas tus tensiones al salir. El aire te da la vida, es aire es amor que todo lo limpia. Entrégate a tu respiración y con tu cuerpo más relajado envía ahora una orden mental de "dejar ir" toda tensión a todos los músculos pequeños de tu cuerpo, incluyendo los músculos de la cara. Imagínate que eres una vela que se está consumiendo y cuya cera se está llevando todas las tensiones de tu cuerpo. Haz el mismo ejercicio con cada órgano, cada célula y cada hueso. Tu cuerpo está completamente relajado y pesado como si fuera una gran roca contra el suelo.

8. Si durante el transcurso de este ejercicio de meditación sientes que te asaltan los pensamientos o tu mente se distrae por un momento, no te preocupes. Es muy normal. A tu mente le gusta sorprenderte y estar en control todo el tiempo, pero cuando tú te conviertes en el observador, entonces tendrás el control sobre tu mente. En la meditación la mente no tiene que hacer nada. Posiblemente sea un buen ejercicio cuando empieces a meditar enviar una orden a todos tus pensamientos y a tu mente para que te dejen enfocar en tu práctica y les pides un descanso. Si algún pensamiento llega a tu mente, "esto no tiene sentido", "lo estaré haciendo mal o bien", "Martín ya me avisó que esto iba a pasar, qué es lo que tengo que hacer ahora", "se me olvidó sacar la carne del congelador", "se me acaba de ocurrir una idea", sea lo que sea, simplemente sonríe, acepta que están ahí, y regresa a enfo-

carte en tu respiración. Tú tienes todo el control. Después del ejercicio podrás volver a prestar atención a tus pensamientos y decidir lo que tienes que hacer. El mundo no se va a caer porque te dediques unos minutos a enfocarte en tu respiración. Todos los problemas que tengas que solucionar lo podrás hacer después de la práctica. No te preocupes y no te sorprendas que nunca dejen de molestarte. A mi me pasa todo el tiempo. Diles "hola" y "adiós" y ten paciencia con ellos, envíales tu amor. No trates de analizar el pensamiento o abrir los ojos y anotar en un cuaderno lo que te venga en mente. Obsérvalos como si estuvieras viendo una película, como si fueran nubes pasando por el cielo. Cuando tomas conciencia de tu respiración, la mente no puede pensar y puedes regresar al estado donde te encontrabas antes de que llegasen esos pensamientos. Al principio te puede resultar difícil meditar pues tu mente no va a querer que la desconectes, pero recuerda que tú tienes todo el control y con práctica y consistencia en tu respiración terminarás ganando la batalla a tu mente.

9. Cuando hayas hecho una radiografía interna por todo tu cuerpo y hayas eliminado todas las tensiones, convierte en una pluma y déjate flotar en el aire, subiendo y bajando como las olas del mar, en una oscuridad que ya no es oscura sino llena de luz, y disfrutando de un sonido muy especial, el sonido del silencio. Quédate ahí por unos minutos.

10. Cuando lo consideres necesario y antes de regresar a retomar control de tu cuerpo, finaliza tu meditación con una oración interna, una intención, un agradecimiento o un decreto pidiendo a esa energía tan pura que te conceda tu petición. Poco a poco, toma aire más profundamente un par de veces para despertar a tu cuerpo y abre muy despacito tus ojos. Es en ese preciso primer segundo de contacto con la realidad cuando tendrás la oportunidad de reconocer lo especial que de verdad eres y te darás cuenta de que tú eres

mucho más que un cuerpo y una mente. Esta sensación de estar, pero no estar al mismo tiempo, es muy difícil de describir hasta que la experimentas. Ese momento es puro balance y armonía entre cuerpo, mente y espíritu y tu estado natural. Date unos segundos para entrar en contacto de nuevo con tu cuerpo y empieza por mover los dedos de tus manos y de tus pies. Posiblemente notes al principio que te cuesta moverlos y sientes que tu cuerpo está completamente entumecido. No te preocupes. Si es así, es muy buena señal, y quiere decir que has meditado y conseguido dejar tu cuerpo y tu mente por unos instantes para enfocarte en tu ser. Tómate unos minutos para regresar a la normalidad y conectar de nuevo con tu mundo externo. Disfruta de esos primeros sentimientos y emociones en el momento de despertar, y recuerda que siempre puedes regresar cuando lo desees a sentirte de esta manera.

¿Qué te pareció? ¿Te gustó? Si haces de este ejercicio una práctica diaria, aunque sea por cinco minutos, te aseguro que tu vida se va a transformar completamente y te sentirás renovado. Bienvenido a tu verdadero estado natural. Desde este estado puedes ahora regresar a tu vida normal y tomar las decisiones que tienes que tomar. Tu mente estará mucho más tranquila para pensar con claridad y encontrar la solución a los problemas que tenías. Es desde este estado donde realmente puedes tomar un serio compromiso con tu estilo de vida, con tus proyectos y con tus sueños. Ahora la mente sí que está realmente a tu servicio. Habrá días que podrás meditar mejor que otros. Quizás te cueste un poco al principio concentrarte o no tienes mucho tiempo, pero si te comprometes a hacerlo todos los días por 21 días en el mismo lugar y a la misma hora, creo que al final te puedo asegurar que la meditación será una parte integral de tu estilo de vida. Tú me dirás. Presta mucha atención a lo que sucede a tu alrededor en las próximas horas o días después de practicar la meditación. Posiblemente empieces a sentir fuertes intuiciones o aparecerán ante ti oportunidades que antes no habías visto o explorado. Al establecer un contacto directo con tu ser a través de la meditación, abres un nuevo canal de comunicación contigo y todo tu entorno, y tu mente estará mucho más tranquila para captar las oportunidades y aprovecharlas si son las piezas que te faltaban en el plan de tu vida.

A través del ejercicio de la meditación, te habrás dando cuenta que la mente, además de ayudarte a alcanzar el éxito en la vida, puede tener también una función muy especial y muy importante en la búsqueda de tu felicidad. Tu mente se convierte en un gran puente que une dos orillas, la orilla donde está tu cuerpo, y la orilla donde está tu espíritu o ser. Para poder cruzar el puente, y pasar de la orilla donde nos pasamos todo el tiempo, la orilla del cuerpo, y visitar la otra orilla donde están todos los tesoros y regalos que te puedas imaginar, necesitamos de un guía pues justo donde está el puente hay una niebla tan densa y espesa que no es imposible ver que hay en el otro lado y cómo llegar. Esa guía es la meditación.

TIPOS DE MEDITACIÓN

1. Meditación en presente

Una de las mejores prácticas de meditación es el de estar plenamente conectado y enfocado con todo lo que está sucediendo en el presente, dejando ir los pensamientos y aceptando todo lo que está ocurriendo. Para hacer este tipo de meditación empieza por seguir los mismos pasos mencionados anteriormente para relajarte. Como dije, lo puedes hacer de pie, sentado o tumbado. Al cabo de uno minutos, cuando estés completamente relajado, hayas terminado de dar las órdenes a todo tu cuerpo para eliminar sus tensiones y te encuentres disfrutando del silencio con los ojos todavía cerrados, despierta tu consciencia para percibir todo lo que está pasando a tu alrededor. Te vas a convertir en un observador, en un testigo, que está entrando en contacto con su realidad. Siente tu cuerpo, siente el suelo donde estás, siente el aire, la temperatura, los ruidos de fondos. Agudiza tus oídos para captar nuevos sonidos. Siente tu presencia en este momento y en todas las cosas que hay a tu alrededor.

Una vez en este estado pierdas la noción del tiempo, los remordimientos del pasado, las preocupaciones del futuro. Lo que importa es que estás aquí. Nada más. Esto es lo único que tienes de verdad. Este preciso momento. Conectándote con tu realidad, podrás encontrar paz en cualquier momento del día que lo necesites. Si quieres explorar un poco más este ejercicio, también lo puedes hacer con los ojos abierto. Cuando estés en un parque o tengas la oportunidad de sentarte en un lugar público que sea seguro, en una posición cómoda, entra en estado de meditación. Imagínate que nos vamos al cine y estás sentado en la mejor butaca del cine listo para ver una película. Cuando ya te hayas sentado y estés relajado abre lentamente tus ojos y mantén tu vista clavada al frente. En ese preciso momento te has convertido en espectador viendo una película de tres dimensiones. Sigue relajado, con la mirada al frente, en estado de relajación y disfrutando de la película. Te has separado de tu realidad, pero eres capaz de apreciar tu realidad. Siente como todo fluye su curso normal como si tú no estuvieras presente. Aumente tu consciencia y fíjate en detalles que antes no te habías fijado, la forma de los edificios, el color de los coches, las personas caminando de un lado a otro, percibe olores, sensaciones. No juzgues tus pensamientos, ni trates de interpretar tus emociones y sensaciones. Simplemente, mira la película y deja que tu mente y tus instintos se dejen llevar por el hilo de la película. ¿Qué es lo próximo que va a pasar? ¿Cruzará la calle la mujer con su niño o se quedará mirando el escaparate? ¿Podrá llegar el coche a girar a la izquierda antes que se ponga rojo el semáforo? ¿Qué estarán discutiendo esas dos personas junto al árbol? ¿De dónde vino ese pájaro? ¿Qué nuevas cosas van a pasar ahora? Cuando lo consideres necesario, regresa a tu vida real y conviértete de nuevo en protagonista de esa película que estabas viendo. Este ejercicio te ayudará a reconectar con la realidad de cada momento. Lo único que en verdad tienes control es de cada segundo y minuto de tu presente. Eso es todo. No desperdicies tu tiempo analizando el pasado o soñando mucho con el futuro, pues te estarás perdiendo la mejor película jamás vista, la tuya.

2. Meditación de energía en movimiento

Este tipo de meditación la puedes practicar también siempre al principio de tus meditaciones más profundas pues ayudas a que la energía se mueva y pueda disolver cualquier tensión que tengas. Simplemente siéntate en una silla y coloca la espalda muy recta, como si estuvieras apoyado contra la pared o tuvieras el palo de una escoba en tu espalda. Pon los hombros hacia atrás y saca el pecho hacia afuera. No cruces las piernas y pon los dos pies en el suelo. Si puedes, hazlo descalzo para conectarte mejor con el suelo, con la madre tierra. Cierra tus ojos, respira despacio y profundamente, y cuenta del uno al diez. Imagina entonces un cordón dorado que va desde la base de tu espina dorsal, hasta llegar al suelo y luego penetrando el suelo como si se tratara de la raíz de un árbol. Puedes imaginarte esa raíz creciendo y extendiéndose dentro de la tierra, penetrando cada vez más abajo y haciéndose más fuerte. Ahora imagina que toda la energía de la tierra va a entrar por ese cordón, como una raíz absorbe el agua para crecer, y siente como fluye esa energía desde tus pies a cada rincón de tu cuerpo, empezando por los tobillos, luego las piernas, tu torso, los brazos, los hombros, el cuello y para terminar en la cabeza. Siente cómo te llenas de energía, de luz en cada parte de tu cuerpo. Ahora, imagina que abres la parte superior de tu cabeza como si abrieras una botella de champán y dejas fluir toda esa energía desbordante al exterior, al cielo. A través de tu cabeza entregas de nuevo al universo toda la energía de amor y paz que acabas de recibir de la madre tierra. Cuando termines de visualizar como la energía se ha fundido con el universo, vuelves a repetir el mismo ejercicio pero en sentido contrario. Ahora absorbes de nuevo, a través de esa misma abertura en tu cabeza, toda la energía del cielo, para que recorra todo tu cuerpo y finalmente regalársela de nuevo por tus pies y tus raíces a la tierra. Tu cuerpo es solo un instrumento transmisor de energía entre la tierra y el cielo, el cielo y la tierra. A medida que la energía va entrando y saliendo, va recorriendo y sanando todo tu cuerpo con luz y amor. Imagina toda la energía de las estrellas y del sol, toda la luz entrando por tu cabeza para iluminar todo tu cuerpo y luego regresando a la madre tierra como un manantial de agua. La energía fluye con tanta normalidad que se divierte dentro de tu cuerpo y se expande al mismo tiempo hacia la izquierda, hacia la derecha, hacia arriba y hacia abajo. Tú mismo te has convertido en una rueda en movimiento. Cuando tú decidas puedes parar esa rueda y regresar a tu realidad con mucha más energía de la que tenías al iniciar este ejercicio.

3. Meditación energética

Este tipo de meditación es ideal para realizar por las mañanas nada más te levantes o cuando necesites refrescarte de nuevo para tener más energía en tu cuerpo. Túmbate en el suelo, boca arriba, los brazos hacia los lados y las manos sobre tu estómago. Cierra los ojos y respira despacio y suavemente sintiendo como tu estómago sube y baja muy despacio como el vientre de un bebé. Una vez relajado después de unos minutos de respiración profunda y consciente, imagínate una esfera de luz dorada situada en la parte superior de tu cabeza. Respira tranquilo y sigue manteniendo la atención a esa esfera radiante de luz que tiene su propia energía y vida. Ahora imagina que esa esfera se mueve muy lento hasta colocarse en tu entrecejo o justo en el centro de tus dos cejas. Respira cinco veces profundamente y muy lentamente visualiza como la esfera de luz dorada llega a tu garganta, justo donde tienes la nuez. Tras los cinco segundos, la esfera sigue su camino de la garganta poco a poco hasta llegar justo en el centro de tu pecho, al corazón, y después de cinco respiraciones la esfera dorada sigue su camino hacia tu estómago, para después llegar a la zona pélvica y de ahí después a los pies. A medida que la esfera de luz va pasando muy despacio por todo tu cuerpo, esta esfera o burbuja de energía dorada va conectando uno por uno cada chakra de tu cuerpo. En los próximos capítulos hablaremos un poco más de estos centros energéticos.

Cuando hayas completado el viaje de la esfera desde la parte superior de tu cabeza a tus pies, entonces conecta esos siete puntos al mismo tiempo como si se tratase de siete soles o llamas encendidas a lo largo de todo tu cuerpo y visualiza a esas esferas expandirse y contraer como una llama de una vela. Siente la energía de todas esas velas encendidas al mismo tiempo proyectando luz y amor dentro de tu cuerpo. Con los ojos todavía cerrados, sigue respirando y empieza a sentir como cada esfera va creciendo y envolviendo todo el cuerpo y las esferas empiezan a ir en todas las direcciones, de un lado a otro, de arriba hacia abajo, terminando por fundirse en una sola gran esfera de luz dorada que envuelva todo tu cuerpo y donde tu estás justo en el centro.

4. Meditación de salud

Este tipo de meditación te puede ayudar a descubrir algún malestar interno y sanarlo tú mismo. Lo puedes hacer tanto tumbado como sentado. Cierra tus ojos y empieza a enfocarte en tu respiración. Al cabo de unos minutos de respiración profunda y rítmica, empieza por enfocarte con los ojos cerrados en cada parte de tu cuerpo como si fueras a hacer una radiografía. Puedes empezar por concentrar tu atención en tus pies y luego ir subiendo poco a poco por los gemelos para llegar a las rodillas, de ahí a tus muslos hasta cubrir todo tu cuerpo. A medida que pones atención en cada articulación y órgano de tu cuerpo envía un mensaje de amor y agradecimiento por la importante labor que hacen en tu vida, y pídeles que se relajen, que dejen ir todo tipo tensión y que se abandonen a la práctica de la meditación. Siente como la tensión se disuelve poco a poco en cada parte de tu cuerpo, empezando primero con los músculos, luego con tu piel y finalmente con cada uno de tus órganos. Siente como si fueras un gran globo de aire al que acaban de pinchar, o como si fueras el agua de tu bañera y acaban de abrir la tapadera. Disuélvete. Déjate llevar por la corriente. En ese estado de pura relajación, presta atención a las señales en alguna parte de tu cuerpo que puedan sentir algún tipo de molestia. Tu cuerpo te va a decir a través de imágenes o sensaciones la parte del cuerpo que necesitan de tu atención. Si has notado antes de empezar a hacer este ejercicio algún tipo malestar, dirige tu atención hacia esa parte de tu cuerpo, y cuando la localices y pregúntale si tiene algún un mensaje para ti, si hay algo que puedes hacer o que necesites entender en estos momentos para sanarlo y hacerlo sentir mejor. Sigue muy quieto, en silencio, respirando tranquila y suavemente por unos minutos prestando atención a las palabras, imágenes o sentimientos que puedas recibir como respuesta a tus preguntas. No trates de juzgar. Simplemente observa. Si recibes una respuesta haz todo lo posible para entenderla y seguirla. Si no recibes ninguna respuesta, continua con tu meditación. Puede ser que la respuesta llegue de repente en otro momento cuando sigas con tu vida normal. Lo importante es genuinamente pedir a tu cuerpo que te envíe las señales para poder tomar las mejores decisiones y poder sanarlo. Cuando hayas terminado de esperar o analizar la respuesta, envía un mensaje de amor, de luz y de sanación hacia esa parte de tu cuerpo y pídele a la energía universal que haga su proceso de curación. Puedes incluso activar de nuevo los centros energéticos, como te he enseñado en la meditación anterior, para que la energía vuelva a fluir y al mismo tiempo sanar esa parte de tu cuerpo. Mientras estés meditando, imagínate que el problema se está disolviendo y que ahora tienes una salud perfecta. Este tipo de meditación también puedes hacerlo enfocado en otra persona y enviando un canal de energía de sanación hacia el malestar de la otra persona.

5. Meditando ideas

Este ejercicio es perfecto si te encuentras en el trabajo o frente a un problema donde no encuentres la solución. Ya has tratado todos los caminos posibles, pero no encuentras la salida. En un lugar donde estés tranquilo, cierra los ojos y respira profundamente. Relaja tu cuerpo, concéntrate en la respiración y cuando estés completamente relajado, visualiza la intención que tienes y al mismo tiempo su solución. Imagínate que ya tienes esa idea o solución que estabas buscando, cómo te sientes al saber que has podido lograr alcanzar tu objetivo. Aunque dentro de ti no sabes la solución, para hacer este ejercicio tienes que imaginarte que lo has conseguido y visualizar que lo has superado. En resumidas cuentas, vas a tener que utilizar toda la información sobre la visualización creativa que ya tratamos en un capítulo anterior. Es exactamente lo mismo, pero en lugar de visualizar con los ojos abiertos y con plenas facultades de tu mente, ahora lo vas a visualizar en estado de relajación, sin la participación de la mente y deseando que tu ser te guíe con su sabiduría. Con tus ojos cerrados y visualizando tu intención, toma esa idea y métela dentro de una burbuja de color rosado, como las burbujas que dibujan en los cuentos de los niños. El color rosado es el color del corazón. Una vez tienes a tu idea o intención dentro de tu burbuja, deja que la burbuja se vaya por los aires como si se tratara de un globo con tu sueño adentro. Este paso simboliza que ya has manifestado tu intención, tu deseo, y que emocionalmente lo has dejado ir. Ya has hecho todo lo que es posible de tu parte. Ahora está en manos del universo que termine el trabajo y te conceda la solución en el momento adecuado. En estado de meditación, cuando estás dejando ir la burbuja es un buen momento también para practicar la invocación. La invocación consiste en pedir que una cualidad o tipo de energía venga a ti en tu ayuda para resolver una necesidad o un problema. Puedes invocar el poder del amor, puedes invocar compasión en tu vida, o sabiduría. También puedes invocar la ayuda de un maestro, como Cristo, Buda, la Virgen María, o los ángeles para ayudarte y que te iluminen. Regresa a tu vida normal y cuanto menos te lo esperes, ahí, delante tuyo, encontrarás la solución que tanto estabas buscando.

6. Meditación con mantras

Existen ciertos sonidos cuya vibración, combinada con el ritmo al pronunciarlas y su significado, puede ayudarte a conectarte con tu ser interior para tu crecimiento personal. A esos sonidos sagrados se les conoce con el nombre de "mantras". Existen muchos tipos de mantras, los más efectivos son de una o dos sílabas, como la palabra "om" que es el sonido de la creación y el nombre de Dios en las religiones hinduistas y budistas, pero también pueden existir mantras más largos dependiendo de tu religión, creencia o maestros. Uno de los mantras que yo practico todos los días es el mantra budista "Nam-Myoho-Renge-Kyo" que representa la ley mística que rige la vida eternamente en el universo de causa y efecto. El resultado de practicar meditaciones con mantras es un aumento de la fuerza vital, de la sabiduría interna, la misericordia y la buena fortuna para enfrentar cualquier desafío que se te presente con éxito. Cuando recitas un mantra continuamente y en estado de relajación, promueves la armonía en todos los niveles y aumentas tu propia energía interna. Lo puedes hacer con los ojos abiertos o cerrados, pronunciando las sílabas o palabras en voz alta o en tu mente en silencio, o incluso utilizando objetos como un rosario o una collar de semillas para ayudarte con las repeticiones. Los pensamientos pueden tratar de bloquearte de nuevo esta actividad, pero tú ya sabes qué hacer. No los juzgues y concéntrate en la pronunciación de tu mantra, tu respiración y muy pronto sentirás un profundo relajamiento y cambio que procede desde lo más interior de tu ser.

Cuando te encuentres en cualquier tipo de meditación siempre es el mejor momento para agradecer. Di "gracias" y di "te quiero" a cada parte de tu cuerpo, a tu niño interno, a las personas que tienes en tu vida, a las plantas, a las mascotas, al aire que recibes, a tu propia casa, al aire que respiras. Agradece todas tus bendiciones, la familia, los amigos, el trabajo. Incluso agradece los obstáculos y las dificultades que estás viviendo, pues sabes que éstas son en realidad tus oportunidades para crecer y mejorar. La meditación es la forma que tienes de experimentar lo que los cinco sentidos nunca van a poder detectar. Cuando conectas con tu ser interior, conectas con la sabiduría infinita. Uno de los momentos que más disfruto cuando medito es cuando puedo sentir el poder del silencio. Te lo creas o no, el silencio también tiene un sonido muy especial que lo envuelve todo. Es muy difícil de explicar en palabras lo que significa hasta que tu mismo lo hayas podido sentir. En un libro recientemente leí que cuando estás en silencio estás entrando contacto directo con Dios. Y es verdad, porque si te encuentras completamente relajado, tienes la menta tranquila y el corazón abierto, cualquier pregunta que tengas será contestada.

Hasta aquí hemos cubierto todo lo que teníamos que ver en el segundo destino de nuestro gran viaje. Tienes que sentirte muy orgulloso y feliz de todo este camino que hemos recorrido juntos. En verdad te digo que toma mucho valor y fuerza de voluntad poder sentarse a leer este libro y enfrentarte a todos tus miedos. Estoy seguro de que muchos de los consejos que has leído te van a servir en la toma de decisiones y a conocer tu mente un poco mejor. Recuerda que siempre puedes volver a releer diferentes partes del libro, pues con cada lectura puedes encontrar nuevos significados.

Ya estamos llegando a nuestro tercer y último destino para vivir la vida de tus sueños, un lugar donde descubrirás el verdadero tesoro de este largo viaje y la razón de tu existencia. Cuando hayas descansado un poco y estés listo, acompáñame al destino más especial, mágico y maravilloso que vas a tener la oportunidad de visitar conmigo. Pero antes, practica cinco minutos de tu meditación favorita que acabas de leer, y en un estado de paz y relajación, despierta todos tus sentidos y abre tu corazón para recibir la luz de tu espíritu.

Resumen

1. La meditación es un ejercicio mental que tienes a tu disposición para encontrar paz y tranquilidad en tu vida, descubrir tu ser interior, cambiar de actitud, pensar mejor e incluso sanar física y emocionalmente.

2. Todo el mundo puede practicar la meditación siempre y cuando sea voluntaria y libre de expectativas. Tan solo necesitas estar en una posición cómoda, enfocarte en una respiración profunda y consistente, y mandar una orden a tu cuerpo y tu mente para que se relajen.

3. Al igual que puedes hacer ejercicio regularmente o comer sano

para ocuparte de tu salud física, la meditación es una técnica que tienes a tu disposición para ocuparte de tu salud mental.

4. Crea tu propia técnica de meditación. Para descubrirla lo mejor que puedes hacer es experimentar diferentes tipos y dejarte sorprende por sus efectos sobre tu ser. Cuando estés meditando siempre desarrolla el acto de agradecer.

TERCER DESTINO

EL ESPÍRITU

CAPÍTULO 11

LA VERDAD TE HARÁ LIBRE

Bienvenido al destino final de nuestro viaje. Juntos hemos aprendido cómo cuidar y mejorar nuestro cuerpo físico que por naturaleza es sano y perfecto, y cómo aprovechar la inteligencia y los poderes de la mente para encontrar el camino hacia nuestros sueños. Ahora vamos a descubrir por qué lo hacemos y cuál es el propósito de nuestra vida. Para poder encontrar las respuestas tenemos que ir más allá de la mente y entrar en contacto con nuestro espíritu. A medida que avanzamos en nuestro viaje, te habrás dado cuenta de que cada destino es un poco más difícil que el anterior. Ha llegado el momento de descubrir la verdad, de encajar todas las piezas de tu gran puzle como te había prometido al principio, y de encontrar el final feliz a la historia de tu vida. La mejor manera de poder conectar con tu espíritu, es dejándote llevar. No trates de entender o racionalizar, simplemente deja que las palabras penetren a través de tus ojos y de tu mente, a lo más profundo de tu interior para que encuentren su hogar y desde allí te ayuden a descubrir tu verdad. ¿Te acuerdas del cuento del mendigo sentando sobre una caja que llevaba dentro una bolsa de monedas de oro? Ha llegado el momento de abrir el cofre de los tesoros que tú llevas en tu interior y despertar todo tu potencial.

Antes de profundizar en esta última sección del libro, quiero dejar claro que cuando hago referencia al término de "espíritu" no lo estoy asociando a ningún tipo religión en particular, sino a la energía que existe en el interior de todas las personas, que nos da la vida y nos impulsa a actuar de determinadas maneras, comunicándose con nosotros a través de la intuición. En realidad utilizo muchas otras palabras para referirme al espíritu, como "verdad", "luz", "energía", "Dios", "esencia", "ser", pero en el fondo todas son lo mismo. No importa si eres católico, judío, musulmán, budista o de cualquier otra religión, si eres ateo y vives de acuerdo a tus valores éticos, o si tienes tus propias creencias. Al final, tanto si practicas o no una religión el objetivo siempre es el mismo: descubrir la verdad para saber de dónde venimos y quiénes somos; ayudarnos a separar lo que es correcto y bueno de lo que es incorrecto y malo; y encontrar la paz y la felicidad en nuestras vidas.

En las creencias occidentales hemos creído erróneamente que al tener la presencia de Dios en nuestras vidas tenemos la garantía de tener una vida cómoda y libre de dolor y sufrimiento. Medimos su poder de acuerdo a si nuestras oraciones fueron o no escuchadas. Sin embargo, este concepto es falso. No ha existido ningún Dios o líder espiritual en todo el mundo que haya prometido y garantizado una vida libre de dolor. Todo lo contrario. Todas las grandes enseñanzas espirituales en el mundo entero promueven la superación de los problemas como oportunidades y lecciones para la iluminación y la salvación.

La verdad es universal. Detrás de todos los dioses de todas las religiones existe un mismo Dios. La esencia es la misma. Al igual que agua es agua en cualquier país del mundo, lo mismo ocurre con la verdad. Es la misma para todos. Nuestra responsabilidad, como seres humanos dotados de inteligencia es encontrar el camino para conectar nuestro cuerpo físico con nuestro espíritu para descubrir la razón de nuestra existencia. La mente humana, al contrario de la mente del mundo animal, tiene una característica que la hace especial: el poder de elección. Puedes elegir vivir una vida sin sentido, reaccionando ante cada situación que la vida te presente y sufrir en el proceso, o puedes elegir vivir la vida de tus sueños, crear tu destino y ser feliz. Es tu elección.

¿Te has preguntado alguna vez por qué estás aquí? ¿Cuál es tu verdadero propósito? Es muy importante que te hagas este tipo de preguntas para encontrar el sentido a tu vida y disfrutarla al máximo. Si prestas atención, tanto tu cuerpo, como tu mente y tu espíritu tienen funciones innatas que están contigo desde que naciste. El cuerpo se rige por los instintos para un correcto funcionamiento del organismo, la mente por su intelecto para poder tomar decisiones y actuar, y tu espíritu por la intuición que todos hemos sentido en algún momento de la vida. ¿De dónde vienen esos poderes tan especiales? Las respuestas las podemos encontrar solo a través de nuestro espíritu, pues es la única parte de nosotros que está en contacto directo con la sabiduría universal. Mientras que tu mundo físico y mental es un mundo de conflictos y caos donde predominan las reglas de competencia y comparación, tu mundo espiritual solo se rige por la verdad. Descubrir esa verdad es la forma de liberarte del sufrimiento de los otros dos mundos. Aquí tienes un ejemplo de cómo funciona. ¿Cuántas veces en tu vida has sentido que cuando has dicho una mentira tenías un peso muy pesado sobre tus hombros, pero cuando has encontrado el valor de decir la verdad te liberaste al instante de esa carga pesada? La mentira es como un veneno que te corrompe, te limita y te enferma, mientras que la verdad es luz, te fortalece y te da salud. Así funciona tu espíritu. Todo lo que dice es verdad, todo es luz, todo es sabiduría, todo es sanación.

Personalmente, creo que mucha gente, a pesar de que no quiera admitirlo, tiene muchos deseos de conectar con esa luz y esencia que lleva dentro, pero por no enfrentarse a la realidad y ver cara a cara las razones de su dolor o sufrimiento, prefiere vivir en un mundo de ilusiones y fantasías sin descubrir su verdadero potencial. Cuando decides enfocar tu atención hacia tu interior, hacia el mundo del espíritu, surge ante ti una nueva realidad que te permite ver con mucha mayor claridad todo lo que la mente no podía ver. En tu interior se encuentra siempre la respuesta y la solución a cualquier problema. Al tomar un compromiso diario para cuidar y conocer tu espíritu podrás ayudar a tu mente a conocer dichas soluciones y así tomar las mejores decisiones posibles por tu propio bienestar y felicidad.

La vida es difícil para todos. No te voy a mentir. Todos vivimos experiencias muy bonitas, pero también experiencias muy difíciles. Nadie pueda escaparse de las situaciones agradables o desagradables que la vida tiene preparadas para cada persona. Desde la sensación más hermosa de enamorarnos a tener un hijo, a la sensación más dolorosa de una pérdida de un ser querido. Es imposible que puedas predecir qué va a pasar mañana. ¿Una enfermedad? ¿Un accidente? ¿Una tragedia? ¿Una catástrofe natural? Los problemas, y también las sorpresas, son inevitables para todos. Quiero que entiendas que no estoy siendo para nada pesimista, sino realista. Nosotros no podemos controlar el futuro, no somos dioses. Pero sí podemos tomar control de cómo reaccionamos ante esos momentos difíciles, cómo prevenir que peores cosas nos sucedan, y cómo hacer que mayores sorpresas positivas venga a nuestras vidas. Si te ocupas lo mejor que puedes de las cosas sobre las cuales sí tienes control, como lo es tu salud física o el poder de elegir cómo quieres actuar, estarás mucho más preparado para afrontar los momentos difíciles con éxito, y disfrutar de los momento felices al máximo. Con el paso del tiempo, y si estás conectado con tu espíritu, puedes llegar entender cómo lo que tú considerabas los momentos más difíciles en tu vida son en realidad los mejores momentos de tu vida, pues gracias a ellos te has convertido en la persona que eres hoy. Si no pudiéramos experimentar pasar por situaciones difíciles y descubrir cómo salir de ella, no seríamos conscientes de lo afortunados que somos realmente.

Cuando experimentas en tu propia piel lo que significa vencer un obstáculo difícil, tu vida cobra al instante un nuevo sentido, un sentido que no tendría si no hubieras tenido esa oportunidad. El valor para poder hacer frente a todas esas situaciones, la fuerza de voluntad para tener esperanza que todo va a salir bien, solo lo puedes conseguir a través de tu espíritu, de tu energía interna. A lo largo de los próximos capítulos vamos a describir ejercicios y técnicas para que puedas entrar en contacto con espíritu; al igual que cuidas tu cuerpo con los mejores alimentos y cuidas tu mente con la meditación, para que ese espíritu esté siempre lo más fuerte posible, tienes que poder vencer todas las tempestades que tengas para poder llegar con éxito a tu destino final.

Tienes dos opciones. Aceptar que durante toda tu vida vas a tener momentos buenos y momentos difíciles, hacer todo lo posible para tomar siempre las mejores decisiones y mantener siempre una actitud positiva, o no aceptar que la realidad sea igual para todos, pensar que todo lo malo siempre te pasa a ti y usar esta razón como justificación de tus decisiones. Si eres una persona que decide escuchar su interior y cuidar su energía interna encontrarás siempre paz y armonía sin importar los problemas que tengas. Pero si eres una persona adicta a la ilusión del ego, pensarás que todo pasa a tu favor o en tu contra y vivirás siempre en un estado de ansiedad y sufrimiento. De nuevo, la elección es tuya.

Cuanto más practiques el ejercicio de problema-solución en tu vida, más pronto sentirás que dentro de ti siempre hay una vocecita, muy difícil de percibir, que te dice qué camino tomar. Esa vocecita tiene un nombre, se llama "intuición". Con la experiencia, reconocerás el poder de esta vocecita, pues siempre que la sigues tiene toda la razón. Para usar la intuición correctamente solo tienes que hacer dos cosas: primero prestar mucha atención para escuchar lo que dice; y segundo lugar, hacerle caso y tener el valor de actuar de acuerdo a lo que te ha dicho. Si te enfocas en cuidar la salud de tu cuerpo al igual que tu salud mental, encontrarás un equilibrio entre cuerpo y mente que te permitirá escuchar más fácilmente esa intuición, ya sea a través de sensaciones en tu cuerpo o imágenes y pensamientos que simplemente aparezcan. A medida que profundices en la meditación, podrás escucharla con más fuerza y claridad.

ERES UN DIAMANTE

Para seguir descubriendo esa fuerza que hay en tu interior tienes que ser consciente de que tú eres mucho más que tu mundo físico. Recientemente leí una frase hermosa que decía: "Si fuéramos capaces de romper todo nuestro cuerpo en millones de trocitos terminaríamos dándonos cuenta de que somos simplemente luz". Para mí, eso define lo que es el espíritu, la esencia que queda una vez que el cuerpo ya no existe. Todos podemos ver esa luz si despertamos nuestra conciencia y así recibir el conocimiento universal. Según el diccionario, la palabra "conciencia" se define como el conocimiento que el ser humano posee sobre sí mismo, su existencia y su relación con el mundo. La mente no es la única manera de encontrar el conocimiento. La información que realmente buscamos va más allá de lo que la mente puede entender y ver, proviene de la sabiduría universal que está en nuestro cuerpo y en todo lo que nos rodea. Pero no es tan fácil ver este gran conocimiento como parece. Para escuchar y apreciar la verdad, tenemos que ver más allá de lo que es aparente, agudizar todos nuestros sentidos y alimentar el espíritu.

El camino directo para despertar la conciencia es purificando primero tu cuerpo y tu mente, y eliminar todo lo que haya de tóxico dentro de cada uno de ellos, para conectar con tu estado natural, puro y perfecto. Una vez estés tomando las mejores decisiones por tu cuerpo y controlando positivamente tu mente, florecerán en ti tus mejores cualidades, las que son auténticas y representan tu verdadera esencia. Cualidades que tú mismo puedes aprender al observar la naturaleza, como la firmeza y fuerza de una roca, la flexibilidad de una palmera, la fragancia de una flor.

Si eres una persona espiritual es el momento de demostrarlo tomando responsabilidad de tus decisiones y actuando de acuerdo a tus principios. ¿Conoces el dicho que dice que "el hábito no hace al monje"? No importa todo el conocimiento que tengas o cuántas horas al día estés orando o entregando tu tiempo por el bien de los demás, de nada sirven todo tus esfuerzos si no los puedes aplicar a tu propia vida. La verdad de las cosas no la puedes descubrir en el conocimiento sino en la experiencia gracias a la acción. La verdadera fe no reside en las palabras que usas o tu intención solamente, sino en cómo actúas día a día. Si tienes esperanza de que tu vida puede ser mejor, ahora es tu momento para demostrarlo y ponerte en acción. Más allá de tus hermosos deseos y palabras, tienen que hablar de la calidad de tus acciones.

Por naturaleza ya eres un ser perfecto. Un verdadero diamante en bruto. Si no te lo han dicho antes, créeme cuando te lo digo. En todas las transformaciones de imagen que hago en la televisión siempre digo que el verdadero secreto de la belleza reside no en cómo luzcas con tu ropa, tus accesorios, maquillaje y peinado, sino en cómo brillas por dentro. Cuanto más reconozcas tu diamante, más bello te verás. Al igual que un diamante no necesita de un precio para demostrar su valor, tú tampoco necesitas ropa o accesorios para reconocer tu verdadero potencial. Al igual que el diamante, tú puedes brillar intensamente solo por la calidad de lo que haces y dices. No tienes que demostrar nada a nadie, solo tienes la responsabilidad de brillar lo más posible como el diamante que ya eres. No cometas la equivocación de vivir solo enfocado en tu aspecto externo, tus bienes materiales, tu fama y reputación, pues aunque acumules todas las riquezas del mundo, todavía tendrías una vida vacía si no prestas atención a tu esencia. Cada día recibimos muchas distracciones y tentaciones, a veces externas y a veces creadas por nosotros mismos, que nos hacen enfocarnos solo en nuestro mundo físico, haciéndonos olvidar de nuestro mundo interno. Si deseas vivir la vida de tus sueños no es suficiente con cuidar tu cuerpo y tu mente, tienes que tomar un compromiso personal y diario para cuidar también tu espíritu. Al tomar ese compromiso, tu vida se convierte en un ejemplo de inspiración para los demás.

El mayor servicio que puedes prestarle al mundo es tomar responsabilidad de ti mismo, de tus relaciones y de tu entorno. El mundo del espíritu te va a demostrar que todo está conectado y forma parte de la misma fuente, de la misma energía. La vida te enviará muchas oportunidades en forma de pruebas para que puedas entrenar a tu mente y entrar en contacto con el poder de tu espíritu. Tu responsabilidad es encontrar en tu interior la mejor solución para un mejor y mayor impacto positivo en ti mismo y los demás. Cuando te des cuenta realmente de tu verdadero potencial y de la hermosa energía que hay en tu interior esperando a que la descubras, tu vida ya no será la misma de antes. Cada sufrimiento, temor, dolor o ansiedad creado por tu propia mente desaparecerá ante el conocimiento y el poder de tu espíritu. Cada cosa que hagas, desde la forma en que caminas, las palabras con las que te expresas, el trabajo que realizas o tu relación con tu familia, pasará a convertirse en un reflejo de fe y devoción, en un acto de entrega al poder del universo.

La única persona que puede tomar la decisión de cambiar, de dar el gran salto, de buscar la iluminación, eres tú. Nadie puede tomar esa decisión por ti. Solo tú eres responsable por tu vida. Para tomar las mejores decisiones y vivir en realidad vida de tus sueños, y no la de otras personas, tienes que aprender a no tener miedo de la soledad, pues es a través del silencio cuando puedes ser en verdad honesto contigo mismo, aceptar la realidad, y escuchar la voz de tu espíritu. Mucha gente le teme al silencio porque sabe que en él encontrará a sus fantasmas y peores enemigos, encontrará la verdad que no quiere oír y la solución que no quiere ver. Si tu deseo es mejorar tu vida, tienes que aceptar tarde o temprano un debate honesto con tu ser interno. Hasta que no consigas tener un serio diálogo interno y una buena relación contigo mismo, no vas a poder tener una buena relación con los demás. Es necesario estar solo para poder dejar caer su armadura y mostrarse desnudo ante la realidad.

Las relaciones que tienes con el mundo, con tu pareja, familia, amigos o compañeros en el trabajo, están determinadas primero por la relación que tienes contigo mismo. Si te sientes bien, tendrás buenas relaciones. Si te sientes mal, tendrás malas relaciones. Esta relación interna contigo mismo, ha sido influenciada por las relaciones que de niño tuviste con los adultos. Por eso es muy importante si tienes niños pequeños en la casa, que tengas con ellos la mejor relación posible, pues de mayores terminarán siendo todo lo que han aprendido de ti. Cuando tengas un problema con tu pareja, en el trabajo, con un amigo o un familiar, y ves algo que no te gusta en ellos, es también una buena señal para mirar hacia adentro y descubrir tus propios defectos, pues lo que ves en ellos no es más que un fiel reflejo de ti mismo. Es como mirarse en un espejo. Fíjate bien: a menudo los rasgos que más nos molestan o exasperan de otra persona se debe a que nosotros tenemos los mismos rasgos pero todavía no hemos podido enfrentarnos personalmente a ellos y preferimos tomar el camino más fácil: enfocarnos en los demás.

Si te fijas, cuando vives un momento de intensa alegría o de un profundo dolor, en realidad no importa cuántas personas tengas a tu alrededor en esos momentos. A pesar de que es bueno poder compartir las buenas noticias, o apoyarse mutuamente en los momentos difíciles con otras persona, tanto la felicidad como el dolor son emociones que solo tú puedes sentir, y aunque las expreses los demás nunca lo podrán sentir como tú lo sientes en tu propia piel. Cuando tomas una decisión importante en tu vida, no importa todas las opiniones que hayas recibido, al final la tomas tú solito y desde ese momento solo tú eres responsable de tu propia decisión.

Siempre que he tenido un fuerte cambio en mi vida, como cuando fui a estudiar mi carrera profesional de mi pueblecito a Madrid, o cuando llegué por primera vez a Miami a trabajar, o cuando me mudé a Los Ángeles para seguir mis sueños, sentí miedo a no tomar la decisión correcta, miedo al fracaso y miedo a quedarme solo. Pero con el paso de los años, con cada nuevo reto que tomaba y con cada nueva experiencia, me fui dando cuenta que yo era el director de mi propia vida y a pesar de que mis padres, mis amigos o mi familia desearan otra cosa para mí, siempre le fui fiel a mi corazón. Al final, gracias a mi felicidad por vencer mis miedos todos salimos ganando y hoy te puedo asegurar que me siento no solo más cercano a mis familiares y amigos que nunca, sino más cercano a mí mismo. Cuando te haces amigo de ti mismo, de tu espíritu, nunca te sentirás solo y siempre estarás acompañado, desde que te levantas, hasta que te acuestas. Si necesito algo se lo pido a mi ser interior, si me siento triste entonces medito y encuentro paz, si me siento feliz lo celebro. Tú puedes hacer lo mismo. Conviértete en tu mejor amigo y estarás más cerca de vivir la vida de tus sueños. Tú eres tu mejor acompañante en esta vida.

Todos nosotros tenemos una vida, solo una, para sacarle el mejor partido. Tú decides cómo la quieres vivir, en quién te quieres convertir y qué deseas conseguir. La vida no contiene promesas sino posibilidades que tú tienes que aprender a tomar de acuerdo a tus decisiones. El verdadero viaje de tu vida empieza cuando decides tomar control de tus decisiones y acciones, cuando haces uso de todo tu potencial y cuando actúas de acuerdo al poder de tu corazón.

Al igual que necesitas de la comida para poder transformarla en energía para tu cuerpo físico, necesitas del silencio y la contemplación para entrar en contacto con tu espíritu. No es necesario estar solo para sentir la presencia de tu espíritu, pero es mucho más fácil si te encuentras solo y en silencio, pues tienes menos distracciones. A través del silencio, de la oración, de la meditación, la contemplación de la naturaleza, dibujando, escribiendo o escuchando música puedes conseguir entrar en comunión con tu ser y tu energía. No busques estar solo por obligación, sino enfócate más bien en disfrutar de ese momento, de tu tiempo, para cuidar y alimentar tu espíritu. Trata de pasar varios minutos a lo largo de todo el día para estar en contacto con tu espíritu pues esa conexión hará que seas más perceptivo a sus direcciones cuando regreses a tus actividades diarias.

Cuando te asalten las dudas, los miedos o el sufrimiento emocional tienes que poner en práctica todas las técnicas que has aprendido en este libro para eliminar todos esos fantasmas que solo quieren desviarte de tu camino. Cuando hayas realizado el esfuerzo de tener un pensamiento positivo, una palabra positiva y una acción positiva motivado por querer estar en paz contigo mismo, tu vida cambiará. Eso, te lo aseguro. Puede ser que el resultado no lo veas al instante, pero tu vida ya habrá cambiado. No dejes que el tiempo y los años pasen sin hacer nada al respecto, conformándote con lo que tienes, y reaccionando solo cuando sea necesario. Recuerda que siempre debes ser proactivo y adelantártele a la vida antes de que tu entorno se las arregle para tomar decisiones por ti. El propósito de tu vida es muy sencillo: siempre cambiar, siempre mejorar, buscar tu iluminación y despertar todo tu potencial. Lo importante es que no le temas al cambio y que pongas siempre todo tu amor en cada decisión y acción que tomes. Si has estado alguna vez de tu vida enamorado de verdad, ya sea de tu pareja, de tus hijos, o de tus mascotas, sabrás lo que significa dar de verdad sin esperar nada a cambio. En el momento en que te enamores de ti mismo, lo des todo y no esperes nada de la vida, te aseguro que el universo recompensará todo ese amor puro con una lluvia de bendiciones.

En el caso que la vida te presente con una situación muy difícil en cual ya has puesto todo lo que puedes de tu parte, y a pesar de haberlo intentando todo, aún así te sientes oprimido por lo sucedido, todavía tienes una última opción donde le puedes pedir a tu espíritu ayuda: la oración. Desde un punto de vista religioso la oración está encaminada normalmente hacia un dios externo, pero cuando me refiero a la oración en esta parte del libro, estoy dirigiéndome al dios que todos llevamos dentro de nosotros, pidiéndole ayuda a nuestro espíritu para que nos guíe en nuestro camino y decisiones. Si prefieres llamarle profunda meditación, oración, o plegaria esa es tu propia elección. En cierto modo, la oración tiene un poder muy similar al poder de la intención que hablamos durante el capítulo de la mente. Cuando rezas, oras, meditas de verdad, entras en contacto con las vibraciones universales cuyo poder está más allá de tus limitaciones en el mundo físico. Al orar, en voz alta o en silencio, expresas y dejas salir tus más profundos sentimientos, abres tu corazón y tu mente voluntariamente, teniendo fe y esperanza que tu plegaria será escuchada. Para ser efectiva la oración tiene que ser sincera y siempre positiva, sin obligaciones ni compromisos. Una vez abres tu corazón y depositas tus deseos en Dios, la energía, el espíritu tomas refugio en esa hermosa sensación de saber que has sido escuchado y que ahora está en manos de Dios la responsabilidad de guiarte en el camino y escuchar tus plegarias cómo y cuándo sea necesario.

Tu corazón y el amor es lo más importante de todo. Es sólo a través del corazón cuando puedes realmente descubrir la verdad y deshacerte de todos los miedos, preocupaciones y negatividad. Lo que es esencial y puro es invisible al ojo humano. Por lo tanto, no te guíes sólo por tus sentidos, por lo que ves u oyes, a la hora de tomar decisiones o actuar de una determinada manera, sino déjate guiar por tu corazón para descubrir todo lo que es genuino, auténtico y verdadero.

Resumen

1. Mientras que tu mundo físico y mental es un mundo de conflictos y caos donde predominan las reglas de competencia y comparación, tu mundo espiritual solo se rige por la verdad y la luz. Descubrir esa verdad es la forma de liberarte del sufrimiento de los otros dos mundos.

2. Cuando decides enfocar tu atención hacia tu interior, hacia el mundo del espíritu, surge ante ti una nueva realidad que te permite ver con mucha mayor claridad todo lo que la mente no podía ver. En tu interior se encuentra siempre la respuesta y la solución a cualquier problema.

3. Al igual que el cuerpo tiene su lenguaje a través del instinto, y la mente tiene el lenguaje del intelecto, el espíritu se comunica con nosotros a través del instinto.

4. No importa todo el conocimiento que tengas o cuántas horas al día estés orando o entregando tu tiempo por el bien de los demás, de nada sirven todo tus esfuerzos si no los puedes aplicar a tu propia vida. La verdad de las cosas no la puedes descubrir en el conocimiento, sino en la experiencia gracias a la acción. La verdadera fe no reside en las palabras que usas o tu intención solamente, sino en cómo actúas día a día.

CAPÍTULO 12
LA ARMONÍA DEL PRESENTE

Más allá de lo bueno y lo malo, más allá de la felicidad o la infelicidad, está la paz. Cuando vives con la actitud de aceptar lo que es como es, todo lo bueno y lo malo carece de importancia. En la vida no se trata de ser feliz o infeliz, sino de estar en paz. Por ejemplo, si alguna persona cercana a ti fallece, obviamente no vas a tener una actitud de felicidad sino de tristeza, pero también puedes sentir al mismo tiempo una paz interna cuando aceptas la realidad como es. Puedes estar triste, llorar, lamentar la pérdida de tu ser querido, pero al aceptar la realidad como es, también puedes encontrar serenidad, paz y amor. Si en el dolor te quedas atrapado en el pasado, en qué hubiera hecho o dicho, en cómo hubieras actuado diferente, el sufrimiento nunca desaparecerá. Solo encontrarás paz en tu corazón cuando aceptes la realidad. Este ejemplo lo puedes usar ante cualquier situación difícil que la vida te pueda presentar. Después de la reacción normal de sorpresa, de dolor, de rabia, de impotencia, tras ese golpe tan fuerte, lo primero que tienes que hacer para encontrar paz es aceptar la realidad, y esa aceptación hará posible encontrar la luz de la esperanza que te llevará a salir de esa situación difícil.

Cuando te entregas de lleno a tu vida te sientes más ligero, te siente paz, en un estado de gracia. Dejas de estar atado a las cosas, a las personas, y hasta a tus propios pensamientos. Al eliminar tu apego, dejas que la vida tome su propio curso, aceptando que las cosas son como son, y lo único que puedes hacer es dejarte llevar y guiar por tu espíritu, por tu intuición. Al lograr ese estado de desapego, la vida te ofrece lo que tanto has soñado vivir, porque te pone en una situación en la que estás listo para apreciar todos sus regalos. Esa paz interna que sientes cuando fluyes en la vida, como una pluma en el aire o una hojita sobre la superficie del agua en el río, es quizás más valiosa que la felicidad. El mejor vehículo que tienes a tu disposición para conseguir este estado es a través de la práctica de la meditación, el último escalón que une tu mente con tu espíritu.

Hasta que no practicas la rendición total, la entrega total a lo que es tu realidad, es muy difícil que llegues a conocer tu verdadera dimensión espiritual. Para descubrir la profundidad del espíritu vamos a tener que aprender correctamente cómo manejar e interpretar la mente. Este capítulo que vas a leer a continuación fue la pieza que me faltaba en mi puzle para que todas mis piezas encajaran y pudiera vivir la vida de mis sueños. En mi caso, cuando descubrí 'el poder del ahora', todo cobró un nuevo sentido y tuve la oportunidad de conocer directamente a mi espíritu, del cual me siento ciegamente enamorado. Espero que mi experiencia, pueda convertirse en una luz que te permita a ti también descubrir la fuerza de su espíritu.

El primer y más importante paso que tienes que tomar es poner toda tu atención al momento presente, al ahora. Me imagino que en este momento estás sentado en algún lugar leyendo el libro, o a través de la computadora, o tumbado en la cama con tu iPad o *notebook*. Estés donde estés, siempre di un "sí" muy alto al presente, toma consciencia de lo que estás haciendo, usa todos tus sentidos, ábrete a tus emociones y pensamientos, di "sí" a la realidad, y percibe todo lo que está sucediendo en tu cuerpo y en tu entorno, hasta que llegue un momento el que te sientas completamente embriagado de la realidad que tienes ante ti. Eso es el poder de estar conectado en el "ahora".

Cada vez que trates de despertar tu consciencia a la realidad, verás como la vida empieza a trabajar a tu favor, en lugar de en tu contra. Donde estés en cualquier momento, siempre da lo mejor de ti y entrégate a la realidad. Si no estás feliz donde estás en estos momentos, primero acepta tu situación, y luego decide cambiarla o alejarte del lugar donde estás. Cualquier tipo de acción que tomes es mejor que no actuar, especialmente en situaciones difíciles. No te quedes paralizado. Haz algo. Si tienes miedo, reconócelo, acéptalo, pon toda tu atención y verás como su poder sobre ti desaparece por arte de magia. Aceptar la realidad no es un signo de debilidad, sino una prueba de la fuerza de tu espíritu.

PASADO, PRESENTE Y FUTURO

El tiempo y la mente son inseparables. Uno no puede vivir sin el otro. Ya hemos hablado de cómo la mente le encanta vivir de los recuerdos y experiencias del pasado para imaginar cómo va a ser el futuro. A nuestra mente le gusta jugar a ser Dios. Estar identificado con la mente, con tus pensamientos, es vivir atrapado en el tiempo. Vives en el recuerdo de lo que pasó o la anticipación de lo que puede suceder. Tú mismo puedes hacer un ejercicio para comprobar que es verdad. Deja de leer por un momento el libro y observarás como tu mente está procesando lo que acaba de leer, recordando algo que hiciste o pensando en algo que vas a hacer. Si quieres parar de pensar no vas a poder, a no ser que lo hagas conscientemente y uses las técnicas que te enseñé de la respiración y la meditación. Pero el ejercicio en estos momentos es todo lo contrario. Déjate sorprender por tus propios pensamientos. ¿A dónde te están llevando? Sonríeles. No juzgues. Es un buen juego para conocerte mejor. Ahora tú eres el observador y estás disfrutando del ir y venir de tus propios pensamientos. Después de entretenerte un poco con las ocurrencias de tu mente, enfoca toda tu atención en la respiración profunda para acallar tu mente y entrar en meditación para disfrutar de tu silencio, de la paz, de tu energía en su estado más puro. Eso que sientes, es tu verdadero ser, tu espíritu, al que tienes que prestar atención, y no a tus pensamientos.

Increíble, ¿verdad? Esto te demuestra lo poco que sabemos de nosotros mismos, y qué poco control tenemos de nuestros pensamientos. La mejor manera de acallarlos es a través de la meditación o entrando en contacto directo con todos tus sentidos con la realidad, con el presente. Este preciso momento es lo único que tienes. Por eso, la palabra "presente" tiene otro significado muy especial y se puede usar para decir "regalo". El presente es lo más preciado que puedas recibir de la vida, ese es el regalo que tienes que abrir todos los días. Es todo lo que es y todo lo que hay. Estos momentos. Este libro en tus manos, este momento en que estás leyendo estas palabras, la posición de tu cuerpo, el lugar donde te encuentres, la ropa que llevas, la luz, la sensación de paz. Levanta la vista y mira a tu alrededor. Eso es el presente. Eso es tu vida. Observa qué dichoso eres de tener este momento, de poder reconocerlo y recibirlo con todo tu corazón, de sentir paz. El presente es una bendición, y todo lo que en realidad, necesitas para vivir. Cuando te sientas perdido, regresa a tomar consciencia del presente para recibir el regalo que tienes ante ti esperando a que lo puedas abrir y disfrutar. Cuanto más conectado estés con la realidad, y más consciente seas del poder del presente, más podrás saborear y disfrutar los regalos que la vida tiene para ti en cada instante.

Lo único que importa es el presente. En estos momentos estás respirando, tu cuerpo está funcionando y estás vivo. Dentro de unos instantes puede ser que te vayas a preparar la comida, o ir a recoger los niños a la escuela, y entonces, eso es lo único que tendrás, ese momento. Nada ocurrió nunca en el pasado, ni nada va a ocurrir en el futuro. Todo sucede siempre en el presente. Lo que estás pensando del pasado no es más que una memoria que tienes almacenada en tu mente y que en su momento fue tu realidad. Posiblemente fuiste consciente de ella en esos momentos, o posiblemente la viviste sin ser consciente. ¡Qué importa! Ya no es tu realidad. Eventualmente, este momento dentro de unos instantes ya se habrá convertido en pasado, y pasará a formar parte de tu memoria. Con el futuro sucede exactamente lo mismo. El futuro no es más que una imaginación. Puedes soñar todo lo que quieras, nunca tendrás la seguridad de lo que pueda pasar. No está en tus manos. Y es que cuando por fin llega el futuro será entonces tu presente. Y ese será el momento de enfocarte en ese instante. No antes.

Cuando digo que el pasado y el futuro no tienen importancia comparado con el presente no estoy quitando el valor que tienen las memorias o los sueños en nuestras vidas, pues de las primeras podemos aprender y revivir hermosos recuerdos, y de las segundas, visualizar nuestras metas. Pero es importante que te des cuenta que de nada sirve vivir de los recuerdos o de los sueños si dejamos a un lado lo más importante, el presente. Al igual que la luna no tiene luz por su propia cuenta, pero todas las noches la podemos ver iluminada gracias al efecto del sol sobre ella, lo mismo ocurre con el pasado y el futuro en nuestras vidas, no son más que el reflejo del eterno presente.

Tenemos que aprender a manejar el tiempo y regresar al presente para usarlo a nuestro favor. Pero no lo hagas solo para tomar una decisión, sino para disfrutar también del maravilloso regalo de la vida. Cuando te conectas con el presente tienes la posibilidad de disfrutar de pequeñas cosas que siempre pasan desapercibidas. No esperes a echar de menos un día hermoso en el parque, jugar con tus hijos o tener una buena conversación con un amigo. Muchas personas solo tienen la posibilidad de conectarse con el presente cuando viven una situación límite o se encuentran entre la vida y la muerte. Entonces todos reaccionamos de la única manera que es posible, viviendo cada segundo al máximo, pues es lo único que tenemos. Esta sensación también le pasa a las personas que elijen actividades peligrosas o al límite en sus vidas pues están en contacto directo con el momento actual, y eso les hace sentir vivos. Ante una situación difícil e inesperada, tu mente se para y se convierte en tu mejor aliado, siempre encuentra una solución. Todos en algún momento lo hemos experimentado y luego nos hemos preguntado cómo hemos sido capaces de salir de esa situación. Tu mente en realidad cumple con la tarea que está destinada a hacer y puede tomar las mejores decisiones cuando te encuentras 100 por ciento en el momento presente.

De ahora en adelante presta más atención, toma más conciencia, de cada situación que suceda en tu vida mientras está sucediendo. Por ejemplo, en estos momentos estoy escribiendo. Toda mi atención y todos mis sentidos están enfocados en escuchar mis pensamientos, y a través de mi espíritu, plasmarlos en palabras para que tú puedas leerlos. Todo mi entorno está orientado a poder escribir para poder dar lo mejor mientras lo hago. Tengo una vela encendida a mi izquierda, un vaso de agua a mi derecha, libros alrededor, una música relajante en el fondo, la luz de mi lámpara, estoy sentado cómodamente en una silla con cojín, tengo otro en mi espalda, mis mascotas están durmiendo a mi lado. Esa es mi realidad, ese es mi momento. Es posible que pronto mis pensamientos cambien, mi cuerpo decida moverse, el teléfono suene o mis perros se despierten. Entonces, pasaré a disfrutar de otra hermosa realidad. De otro hermoso presente.

CONÉCTATE

La mejor manera de poder conectar con el presente es usando tu mente para mandar una orden a todo tu cuerpo para que se conecte con el "ahora". Al principio puede resultar difícil, pero si te dejas guiar por tu intuición y experimentas conectarte con el momento presente, entonces descubrirás un nuevo sentido a la vida que hasta ahora no habías percibido. Puede ser que estés caminando y veas un pájaro de un color especial, o una flor que te llama la atención, o te quedes maravillado con el color del cielo, estas son señales para conectarte y disfrutar del regalo del presente, de tu realidad. Al principio cuesta un poco. Al igual que cuando comienzas a hacer ejercicio, comer bien o mantener una buena higiene, tendrás que aplicarte y no darte por vencido. Pero una vez lo vayas practicando, perfeccionando tus habilidades y descubriendo por tu propia cuenta los beneficios, el acto de estar presente se convertirá también en un buen hábito, en realidad, el hábito más importante en tu vida.

El mayor obstáculo en tu vida para conectarte con la realidad siempre serán tus propios pensamientos que tratarán de distraerte. A continuación tienes algunas opciones muy sencillas para conectarte con tu realidad:

1. Empieza por escuchar la voz que habla constantemente en nuestra cabeza. Trata de empezar a prestarle un poco más atención y fíjate si tienes pensamientos repetitivos y empiezas a sonar como un disco rallado, repitiendo la misma historia una y otra vez. Simplemente sé consciente de que existen y no trates de juzgarlos. Al hacerlo te darás cuenta de que hay dos entidades, por un lado están tus pensamientos y por el otro estás tú, observando esos pensamientos. Paradójicamente si usamos nuestra mente para analizar esta observación, llegamos a la conclusión de que si los pensamientos son parte de la mente, ¿entonces quiénes somos en realidad? Buena pregunta, ¿verdad? Tú eres mucho más que tu cuerpo y tu mente. Eres espíritu.

2. Otro ejercicio que puedes hacer para estar conectado es prestar atención a tus actos, en lugar de tus pensamientos. Por ejemplo, si estás lavándote las manos, siente el agua fría o tibia entrando en contacto con la piel de tus dedos, la suavidad del jabón deslizándose en tus manos, el aroma de fresco y limpio del jabón, el tacto de la toalla al secarte. Si estás comiendo siente el olor de los alimentos, fíjate en el color y la forma del manjar que tienes frente a ti, la textura de ellos en tu boca al masticar, el ruido que produce tu mordiscos, el

primer sabor que recibes, la sensación de tu cuerpo de satisfacción al recibirlos. Mientras estás leyendo este libro, siente su peso y la consistencia del libro en tus manos, su temperatura, la textura del papel, el ruido al pasar las hojas, la calidad de la impresión de la letra, el lugar donde estás sentado, la postura de tu cuerpo, la luz con la que estás leyendo.

3. La respiración y la meditación es otro ejercicio para entrar en contacto con una realidad más profunda. Cierra los ojos, respira profundamente, y como hemos aprendido anteriormente, déjate ir. Relájate. Penetra poco a poco gracias a la respiración a lo más profundo de ti, hasta que te encuentres un lugar donde estés en paz, libre de todas preocupaciones, rodeado de luz y amor, sintiendo el hermoso sonido del silencio y la presencia de tu espíritu.

4. Toma conciencia de cada momento sin interpretar su significado. Trata solo de observar y ver cómo tu cuerpo y tu mente siempre están en funcionamiento. Siempre estás respirando, moviendo alguna parte de tu cuerpo, pensando. La vida es siempre acción. No hay nada que puedas hacer para no comer cuando llega la hora de comer, o no dormir cuando llega la hora de dormir. Si presta atención a cada momento, te das cuenta que en realidad no necesitas más de lo que tienes en este momento. Trata de no hacer nada y descubrir lo que pasa con tu cuerpo, con tus pensamientos, con tu entorno. No hacer nada es una buena técnica para tomar conciencia de tu realidad, del milagro de la vida. Cuando no sabes lo que estás buscando, las respuestas aparecen para transformar tu vida.

Si al practicar alguno de estos ejercicios te sientes bien haciéndolo, es una buena señal de que lo estás haciendo correctamente. Cuando aprendes a no identificarte con tu mente y tus pensamientos, y aceptas tu presente como tu vida, estarás caminando hacia la luz. Haz de tu presente el centro de tu vida, y visita solo de vez en cuando el pasado o el futuro, pero siempre regresando a tu única verdad, tú presente. Mucha gente puede decir que el presente a veces es difícil y doloroso, y es mejor evitarlo. Amigos, el presente es el presente. Es lo que es. Cuanto más tardes en aceptar tu realidad, más vas a prolongar tu dolor y sufrimiento. Acepta primero, y después actúa y haz algo. Convierte tu dolor y el sufrimiento en tus amigos, no tus enemigos, y serás testigo de un milagro, la transformación del dolor en felicidad.

VIVIENDO EN ARMONÍA

Uno de mis autores favoritos en los últimos años es Byron Katie quién publicó un libro titulado *El trabajo* cuyo enfoque es eliminar las causas del sufrimiento en el mundo y encontrar la paz interna. Katie sufrió una severa depresión después de cumplir los treinta años que le duró diez años, durante los cuales llegó hasta el punto de no poder salir de su cama y se obsesionó con la idea del suicidio. De repente una mañana, desde las profundidades de su depresión, tuvo una revelación que transformó su vida por completo. Katie comprendió que cuando creía que algo debería ser diferente de cómo la realidad era, por ejemplo "mi marido debería quererme más" o "mis hijos deberían apreciarme por todo el esfuerzo que hago", solo ella sufría, y cuando dejaba de tener esos pensamientos, entonces se sentía en paz. Katie puedo entender finalmente que la causa de su depresión no era el mundo que había a su alrededor, sino lo que ella creía que tenía que ser ese mundo.

En un repentino despertar interior, Katie entendió que nuestro esfuerzo por encontrar la felicidad está completamente enrevesado: en vez de intentar, inútilmente, cambiar el mundo para ajustarlo a nuestra idea de cómo "debería ser", podemos cuestionar estos pensamientos y, mediante el encuentro con la realidad, experimentar gran liberación y paz interior. Ante este gran descubrimiento, Katie desarrolló un método de cuatro preguntas muy sencillas para encontrar la verdad y así realizar una verdadera transformación interna. Como resultado, una mujer deprimida y con tendencias suicidas se llenó de amor por todo lo que la vida le aporta y se convirtió en inspiración para millones de personas en el mundo entero. Katie descubrió que la raíz de todos sus sufrimientos estaba en creer que sus pensamientos eran la realidad, que sus pensamientos eran la única verdad. Pero en el momento en que dejó de creer en sus pensamientos, su sufrimiento desapareció y encontró una gran paz interna y un gran amor.

El método de Katie se basa en cuatro preguntas muy sencillas para descubrir la verdad detrás del pensamiento y eliminar el sufrimiento. Estas cuatro preguntas son:

1. ¿Es verdadero el pensamiento?
2. ¿Puedes tener la absoluta certeza que ese pensamiento es verdadero y la única verdad?
3. ¿Cómo reaccionas cuando crees que tu pensamiento es la verdad?
4. ¿Cómo te sentirías si no tuvieras ese pensamiento?

En un estado relajado, preferiblemente después de practicar la meditación, puedes hacerte estas cuatro preguntas ante cualquier pensamiento o emoción que te haga sufrir, para descubrir la verdad de ese pensamiento y sentirte en paz. El objetivo no es cambiar tus pensamientos, sino tomar consciencia de la respuesta que va a llegar desde tu interior cuando te formulas tú mismo la pregunta. Cuando hayas encontrado la iluminación que buscabas, trata de cerrar el ejercicio creando afirmaciones opuestas al pensamiento original. Si deseas profundizar en esta técnica y ver unos ejemplos en español de cómo funciona visita www.thework.com/espanol.

En el momento en que una persona se cuestiona un pensamiento y trata de ver su raíz, de dónde viene, esta automáticamente pierde su fuerza. Cuando dejas las emociones a un lado y te cuestionas sin juzgar objetivamente la realidad de un pensamiento, te das cuenta que este pensamiento no existe pues no consigues una respuesta firme, y al no estar seguro de la validez de ese pensamiento, entonces pierde la fuerza. Si no estás seguro de que el pensamiento es verdadero, por qué decides creértelo y vivir en sufrimiento. Tu mundo será mucho más fácil cuando dejes de creer todo lo que piensas todo el tiempo. El pensamiento solo trae caos, confusión y sufrimiento si decides tomarlo al pie de la letra. Puedes tener pensamientos positivos y negativos, pero lo importante es no aferrarte a ellos como la auténtica realidad en tu vida. No vale la pena, pues terminas viviendo una fantasía en lugar de tu realidad. El estado natural de la mente es un estado de paz y tranquilidad, el cual lo consigues cuando estás conectado con el presente o meditando. Pero en el momento en que te dejas llevar de nuevo por los pensamientos, la tranquilidad desaparece y te subes sin darte cuenta de regreso a la gran montaña rusa que le gusta tanto a tu mente llevarte.

Sin la historia que tu propia mente crea todo el tiempo, tu mundo es más hermoso y perfecto. No te estreses por las cosas que puedan pasar en el futuro, pues el futuro nunca va a llegar. Tampoco vivas actuando con la intención de cambiar el pasado o vivirlo de nuevo, pues nunca lograrás repetirlo. No te sigas mintiendo con la ilusión del futuro y del pasado que tu mente quiere vivir, y enfócate en lo único que tienes control y seguridad de que existe: tu presente. Todo lo que consideras que es un problema en tu vida es en verdad tu mayor oportunidad para crecer y mejorar. Nada pasa por casualidad. Si hay un problema en tu vida, te aseguro que también hay una solución que tú mismo tienes que descubrir. Siempre recibiremos lo que vamos a necesitar en el momento, no lo que pensamos que necesitamos.

Tenemos que ser honestos. Vaciar la mente de pensamientos es una tarea imposible. Es como si quisiéramos vaciar el agua del mar. Los pensamientos son una parte de nuestro cerebro, como el aire que respiramos. No podemos dejar de pensar y no podemos dejar de respirar. Si no me crees, trata de mantenerte unos minutos sin pensar o respirar. Ahora que lo has comprobado, tu mejor opción es adoptar una actitud positiva y aprovechar el poder de tu mente y tus pensamientos como tu oportunidad para entender tu realidad, tomar buenas decisiones y empezar a descubrir el camino hacia tu espíritu, el mayor tesoro que tienes a tu alcance todos los días. En realidad la vida no es tan difícil como parece, sino son tus pensamientos los que terminan complicándolo todo. Ahí está la base de nuestra felicidad o de nuestra miseria. Solo hay dos maneras de estar de pie: cómoda o incómodamente. Si no te gusta dónde estás ahora en tu vida, quizás este sea el mejor momento para evaluar dónde te encuentras y dónde te gustaría estar. Si lo haces, te felicito de todo corazón, porque toma mucho valor y coraje querer profundizar en el interior de uno mismo para encontrar la solución a lo que tú consideras problemas. Con el tiempo, te darás cuenta que todas las cosas que te pasan en la vida son para tu propio bien y crecimiento, en lugar de para complicarte la vida. Todo pasa justo en el momento que tiene que pasar, ni antes, ni después. El control de las cosas que pasan no está en tus manos por mucho que desearías tenerlo. No eres Dios. El único control que realmente tienes es en lo que respecta a las decisiones y actitud que tomes con respecto a tu cuerpo, mente y espíritu en el aquí, y en el ahora, que es el único lugar donde realmente puedes hacer una diferencia, y escribir la historia de tu vida. La felicidad no la vas a encontrar cuando consigues esto o aquello, sino solo la puedes encontrar y sentir cuando creas tu propio camino.

Resumen

1. Vivir en el presente te permite descubrir la fuente ilimitada de posibilidades que existe dentro de ti y a tu alrededor, dejando a un lado las preocupaciones del pasado y las ansiedades del futuro.
2. Cuando actúas en el "ahora" das lo mejor de ti en cada instante, aceptando la realidad como es y encontrando siempre una solución armoniosa a cualquier situación.
3. Conectarse con el presente es siempre cuestión de elección. Al hacerlo te conectas con la verdad de tu ser y en cada momento puedes vivir libre de límites pasados.

4. Lo único que existe de verdad siempre es tu presente. No vivas anclado en los recuerdo ni proyectando deseos en el futuro. Toma las lecciones del pasado, visualiza lo que deseas en el
futuro, pero actúa y vive siempre en el presente.

CAPÍTULO 13
ENERGÍA INTUITIVA

Después de conocer qué es el espíritu y cómo conectarnos con el mundo donde vivimos, el presente, pasemos ahora a conocer un poco más sobre el cuerpo del espíritu. Al igual que tu cuerpo físico está formado de huesos, órganos y músculos, el cuerpo espiritual está formado por energía.

En realidad, tu cuerpo físico no es más que una manifestación externa de tu espíritu, una energía que está al servicio de la energía divina de la creación. Todo lo que está vivo, desde un árbol, a un animal, una planta e incluso tu cuerpo, tiene una energía que le da la vida. En tu caso, tu energía es como un gran centro de información que está siempre en comunicación directa con todo lo que está pasando a tu alrededor y permite que tu cuerpo reaccione instintivamente y que tu mente procese toda esta información. Tanto tu cuerpo, como tu mente, pueden estar en funcionamiento gracias a tu energía.

Recuerda lo que hablamos anteriormente sobre el poder de la atracción. Aquello donde pones tu mayor atención será lo que atraerás a tu vida, pues el universo no entiende de energías buenas o energías malas, sino simplemente en darte más de las energías que estás emitiendo todo el tiempo. Por ellos, tienes que tener mucho cuidado con el estrés, la depresión o el cansancio emocional pues son síntomas de energía negativa que si no te cuidas, puede afectar seriamente tu salud física, especialmente si has tomado consciencia de tu problema, pero a pesar de aceptarlo, no haces nada para solucionarlo. Este tipo de actitud envía una señal al universo de que aceptas la energía que tienes, y por lo tanto, recibirás más de lo mismo. Cambia conscientemente con el poder de tu mente y tu fuerza de voluntad a una actitud positiva, y al instante tu energía será positiva.

El campo energético de cada persona se crea a través de las energías emocionales creadas a través de las experiencias, tanto internas como externas. Un simple pensamiento negativo puede tener efectos negativos directos en la salud y bienestar, al igual que un pensamiento positivo puede aumentar y expandir el bienestar. Veamos cuatro ejemplos de cómo podemos apreciar la realidad de las energías en nuestras vidas.

1. Todo el mundo ha podido experimentar en algún momento de su vida la sensación de percibir buenas o malas energías en cierto tipo de personas. Si la energía es muy intensa, tanto en uno como en otro extremo, se puede percibir más fácilmente. El impacto de esas energías puede ser tan poderosa, que aunque la persona no se encuentre ya en la misma habitación, todavía puedas sentir su presencia por la energía que se respira en el ambiente.

2. Tú mismo puedes sentir cómo tu nivel de energía cambia a lo largo del día. Si te tomas una ducha, al igual que si haces ejercicio, sentirás una mayor energía en tu cuerpo. O por el contrario, si te saltas la hora del almuerzo o has trabajado intensamente sin descanso por un par de horas, tu energía baja.

3. La energía nunca miente, siempre dice la verdad. Por eso, si alguien no dice la verdad o te dice una mentira, su nivel energético, aunque no lo quiera, le delatará.

4. Otro tipo de energía que habrás podido experimentar en tu vida es la energía intuitiva. Muchas veces percibimos algo y no sabemos por qué. Esa percepción que es difícil de expresar con palabras, nos avisa de que algo no está normal y nos prepara para actuar. Si tu intuición te está avisando que algo no anda bien, y muchas veces puedes incluso sentir una reacción física como sentir un frío repentino, un golpe en el pecho o los pelitos de tu brazo o tu nunca se te paran, entonces tu deber es escuchar estas señales para corregirlas y evitar daños contra tu salud física, mental o incluso espiritual. Pero la intuición también puede ser positiva ante ciertas situaciones y en ese caso tu deber es sacarle el mejor partido pues es una señal que está alienado con tu propósito en la vida. Si sientes algo, una corazonada, una impresión, una sensación, siempre hazle caso.

LA INTUICIÓN

Cuando recibes algún tipo de intuición, quédate siempre con la primera imagen o palabra mental que recibas. Aunque no te guste lo que ves o presientes, esa primera impresión es siempre la que cuenta. No trates de evadir la verdad, pues cuanto menos lo quieras ver, más afectará negativamente tu bienestar y tu felicidad. Si le pierdes el temor a lo desconocido, a tus inseguridades y estás conectado contigo mismo, más fácil te será descifrar el mensaje de tu intuición. El mayor peligro de no escuchar o hacer caso a tu intuición no es el daño inmediato que puedas recibir, sino el daño a largo plazo.

Imagínate que sientes que tu pareja te engaña. Tu intuición te dice que algo no está bien. A pesar de recibir ese sentimiento en numerosas ocasiones, sigues sin hacer caso a tu presentimiento porque no quieres imaginarte tu vida sin él o qué pasaría con los niños si te separaras de tu pareja. Los años pasan y las cosas van para peor en la relación. Con el tiempo pasas de ser de una persona feliz, alegre y positiva, a ser una persona depresiva, negativa y de mal humor. Eventualmente descubres la verdad y te das cuenta que no estabas equivocada. Durante todo ese tiempo la energía negativa iba creciendo en tu interior y ahora explota al exterior con furia, dolor, odio y mucho sufrimiento. Por un lado se debe a que has descubierto finalmente la verdad, pero por otro, esa energía negativa terminará yendo en tu contra porque sabes que tú fuiste responsable por saber lo que pasaba pero no hacer nada al respecto. El principal problema todavía no se ha materializado a pesar de que ya tienes todas las cartas en la mesa. Al cabo de unos meses o unos años, te diagnostica un tipo de cáncer. Tenemos que tener mucho cuidado con las energías y emociones negativas, pues al final pueden tener un impacto negativo en tu cuerpo físico.

Si eres, sin embargo, una persona que estás conectada con su espíritu, y sabes cómo recibir y descodificar el mensaje de la intuición, entonces puedes hacer frente a cualquier dificultad que la vida te presente.

La intuición la puedes desarrollar a través de la práctica de la meditación o de la maestría de una cualidad especial que tengas, ya sea pintando, escribiendo, esculpiendo o a través de la música. Normalmente la intuición la puedes desarrollar en el lado más creativo de tu pasión. Pero el camino más fácil y directo es a través de un estilo de vida sano. Cuanto más respetes la información que estás recibiendo, más clara será tu intuición.

El poder personal, o también conocido como fuerza de voluntad, es la llave que comunica tu mundo interior con tu mundo exterior y te permite pasar de la decisión a la acción. Una de tus más importantes responsabilidades es encontrar ese poder personal y descubrir cuál es tu fuente de poder. ¿Quién o qué tiene el verdadero poder y tiene la última palabra antes de hacer algo? ¿El trabajo? ¿La fama? ¿El dinero? ¿La autoridad? ¿Tus hijos? ¿La belleza? No es lo mismo decir que tú tienes el poder de tu vida, cuando en realidad las decisiones las tomas de acuerdo a tus hijos, o de acuerdo al trabajo. Por ejemplo, si no haces ejercicio porque no tienes tiempo durante el día y tu excusa es el trabajo, si estás de mal humor porque has tenido un mal día en el trabajo, si tu nivel de estrés te causa migraña por culpa del trabajo, si tienes insomnio y no puedes dormir porque piensas en el trabajo, obviamente el poder de tu vida y de tus decisiones no está en tus manos, sino en el trabajo. Cuanto más entregues tu poder a situaciones o personas externas a ti, menos conectado estarás con tu energía y tu intuición.

Vivir la vida de tus sueños es posible siempre y cuando tomes la decisión de comprometerte contigo mismo y uses a tu mejor aliado en este viaje de la vida y que acabas de conocer, tu intuición. Para que puedas interpretar mejor estos mensajes de tu espíritu, a continuación tienes un método que te puede ayuda a analizar la información que recibes y tomar mejores decisiones en tu vida.

1. La primera tarea que tienes que hacer es interpretar todo lo que te ha tocado vivir hasta estos momentos. Encuentra un significado a todo lo que te está pasando. Trata de descubrir la conexión entre tu salud física y tus problemas, tus miedos y tus inseguridades con el lugar donde te encuentras hoy en día en tu vida. Toma conciencia de cómo reacciona tu mente y tu actitud ante estos mismos problemas y cuáles son tus reacciones. Busca comprender qué está pasando dentro de ti, de dónde vienen esas emociones, cómo llegaste a esas conclusiones. No preguntes a los demás. Enfócate en ti mismo y no tengas miedo a preguntarte lo que realmente deseas, ni tampoco miedo a la respuesta que recibas. La primera respuesta que venga a tu mente puede ser un pensamiento, puede ser una imagen, una corazonada. No trates de juzgar. Esa sensación de respuesta que viene hacia ti, ese primer instante donde sucede, eso es la intuición.

2. Una vez empieces a entender mejor que pasa en tu interior y cuál es tu verdadera realidad, por difícil que sea reconocerla,

acepta que tú eres mucho más que un cuerpo físico y una mente con pensamientos. Eres también un ser energético que transmite y guarda todos tus pensamientos y acciones en energías, las cuales pertenecen al mundo del espíritu. Todos y todo tiene energía. Cada vez que puedas, trata de evaluar y observar, sin ningún tipo de agenda personal, la gente que tienes a tu alrededor y te darás cuenta de cómo su campo energético tiene un impacto en tu vida. Lo mismo sucede con objetos. A medida que despiertas tu conciencia notarás cómo sientes más fácilmente la energía en todas las cosas, desde una planta, a un alimento para comer, desde un niño a un objeto decorativo.

3. Realiza ejercicios de autoevaluación y observación todos los días para tomar conciencia de las cosas que te motivan, por qué, de donde vienen, cuál es tu poder personal, cuál es la información que recibes a través de tu intuición. Cuando hablo de este tipo de ejercicios me refiero al hecho de buscar conscientemente el tiempo para profundizar en los misterios del espíritu. Para poder hacerlo tienes que encontrarte en un lugar tranquilo, no tener distracciones, estar cómodo y relajado, y cerrar tus ojos. Después de respirar profundamente por varios minutos, hazte la pregunta que deseas, fácil o difícil, y pide a tu espíritu una respuesta. Llegará seguro, pero sólo tú puedes decidir si quieres escucharla o no, pues muchas veces la respuesta que vas a recibir no es la que buscas o esperas.

4. Cuando descubras la respuesta, tienes que enfocarte en descubrir por dónde estás perdiendo tu energía con el fin de enfocarte para poder recuperarla de regreso. La mejor manera de hacerlo es entrando en contacto directo con tu propia realidad. Al convertirte en un observador o testigo del presente, siempre sales automáticamente del mundo ilusorio de tu mente que muchas veces trata de engañarte para crear su propia interpretación de los hechos, y puedes ver con más

claridad tu verdadera situación. De ese modo, podrás analizar más objetivamente y mejor la información que has tomado consciencia, y así tomar las mejores soluciones por tu propio bienestar.

5. A continuación identifica cuál es la razón por la que estás perdiendo poder y energías. No te enfoques en quién o qué te está quitando energía, sino en qué está pasando y por qué. Recuerda, que esa persona o cosa que piensas que te está quitando la energía no es más que un reflejo de algo que hay en ti. Por ejemplo, si estás celoso de alguien, el problema para ti no es si esa persona te da o no razones para estar celoso, sino tener en cuenta la sombra de esa energía de los celos que estás sintiendo y que por lo tanto, existe en tu interior. Si sientes la energía de los celos es porque en verdad eres vulnerable a ser infiel. Desde este punto de vista, esta persona que creías responsable de tus desgracias y problemas, en realidad se convierte en tu maestro para corregir algo de existe en ti. Enfocar todas tus energías en la persona no va a solucionar el problema. La vida te dará una y otra vez más personas de las cuales te sentirás siempre celoso. Tu tarea es descubrir la lección que el maestro tiene para ti, en lugar de resentir al maestro. Si llegas a la conclusión que una persona es responsable de la situación en la que te encuentras, entonces estás evadiendo enfrentarte a la verdadera realidad. Una vez decidas enfrentarte con valor a estas grandes lecciones de autoconocimiento, descubrirás que la solución solo está cuando pases la prueba.

6. Antes de ejecutar la solución que has tomado, organízate, investiga y planifica. Finalmente cuando creas tener todo lo que necesitas para ser responsable de la decisión que tomes, actúa consecuentemente. No te quedes en la herida, sánala, y así previene futuras heridas. De nada sirve tapar tu herida con un parche, si no saques de raíz la infección. No tiene

sentido que sigas siendo una víctima pues ya sabes cómo dejar de serlo. Comprométete a hacer los cambios necesarios para transformar tu vida, a nivel físico, mental y espiritual, tanto por ti como por los demás. Al transformarte crearás un impacto positivo en tu familia, amigos, en el trabajo y la sociedad. Decir que quieres hacer cambios, meditar una o dos veces al mes, comer sanamente de lunes a viernes o tener una membrecía en un gimnasio, no es actuar. Si realmente quieres vivir la vida de tus sueños, tener bienestar, éxito y felicidad la única solución es un compromiso diario de fe, estudio y práctica.

La vida es más simple de lo que crees. Nosotros la hemos complicado. Para poder evolucionar tienes que atreverte al cambio, y el cambio lo puedes hacer en cualquier momento que lo quieras hacer. Recuerda que la felicidad es interna y no depende de nada, ni de nadie, para tenerla. No pongas tu atención en otras personas o cosas para ser feliz. La felicidad es una actitud personal de la cual solo tú eres responsable y la vida es tu escuela para descubrirla. En cada situación, en cada prueba, en cada relación encontrarás un nuevo aprendizaje. Todo depende de la actitud con la que mires las cosas y de la manera como decidas vivir una vez has descubierto la verdad.

LOS SIETE CENTROS ENERGÉTICOS

Al igual que existe un cuerpo físico, también existe un cuerpo del espíritu conocido como cuerpo etérico. Tanto el cuerpo físico como el cuerpo etérico están siempre en continuo contacto a través de la corriente de energía.

En este cuerpo espiritual, según la filosofía de los vedas —que fue una civilización que vivió hace miles de años en la India— la energía se canaliza gracias a un sistema de siete poderes o centros energéticos repartidos por todo el cuerpo que se encuentran ubicadas justo en el mismo lugar donde tenemos glándulas endocrinas. El cuerpo espiritual o etérico es capaz de absorber los niveles más sensibles energía de nuestro entorno y transmitirlos a través de los chakras al cuerpo físico por medio de las glándulas endocrinas.

En las religiones orientales nos enseñan que el cuerpo humano tiene siete chakras. Cada centro encierra una lección universal y espiritual que debemos aprender para elevar nuestra conciencia, revitalizar nuestro cuerpo y conectar con el mundo espiritual. Esta información te puede resultar familiar, o la puedes descubrir si practicas yoga, pues en las clases se hablan mucho de los chakras al iniciar o finalizar la práctica. Además en el capítulo dedicado a la meditación, hablamos un poco de los chakras en la sección sobre la meditación energética. Los siete chakras están alienados en una línea vertical que va desde la base de la columna dorsal hasta la parte superior de la cabeza, sugiriendo que a medida que avanzamos por cada uno de los siete centros, de abajo hacia arriba, conectamos gradualmente con nuestra esencia divina pues conectamos con la sabiduría universal. Simbólicamente se representa cada chakra con la figura de una flor de loto, dentro de un círculo en continuo movimiento, y donde cada uno tiene color diferente del arco iris que al visualizarlo intensifica su poder.

Casi todas las dolencias físicas como hemos visto empiezan en el mundo emocional. Cuando ignoramos las señales que nuestros miedos, tristezas, estrés o angustias nos dan, los signos de este desbalance tarde o temprano se manifiestan en el cuerpo físico a través de enfermedades. Dependiendo de donde están localizadas tus dolencias físicas, puedes encontrar el chakra que existe en ese lugar y así encontrar las razones que causaron ese malestar. Por ejemplo, los dolores de estómago, las úlceras, garganta son el resultado de un desbalance energético como consecuencia de un chakra que está cerrado, lento o bloqueado. El conocimiento del lenguaje de los chakras puede ayudarte a provocar grandes cambios positivos en tu salud, pues enfocando la energía del amor hacia los chakras expande tu energía positiva, y consecuentemente, tiene un efecto positivo y sanador en tu cuerpo físico.

Cada chakra puede funcionar independientemente de los otros. Por ejemplo, nos podemos sentir muy conectados con el mundo exterior y con nuestra fuerza de voluntad, lo cual hace referencia a una muy buena energía en el chakra del plexo solar localizado en el estómago, pero tenemos problemas de comunicación en el trabajo y en casa, el cual tiene que ver con el chakra de la garganta. Si existe una interferencia en el funcionamiento de uno de los chakras, tu energía baja y por lo tanto también lo hace tu conexión con el mundo espiritual. La buena noticia es tú que mismo puedes reactivar los centros energéticos a través de la meditación con chakras y conociendo sus funciones.

◆ PRIMER CHAKRA

El primer chakra o conocido por su nombre original como *muladhara* se encuentra en la base de la columna vertebral. Las glándulas y órganos afectados por este chakra son los riñones, la vejiga, la espina dorsal, el colon, las piernas y los huesos. Su color es rojo y su elemento es la tierra. En este chakra podemos encontrar las lecciones relacionadas con el mundo material pues está asociado con la supervivencia, la vitalidad física y el poder económico. Sus principales cualidades son sentido de lealtad, de honor y de justicia. Las frases que puedes visualizar o decir para conectar con esta energía son "Estoy aquí", "Yo soy la inocencia, la pureza, la sabiduría, y la alegría del niño", "Yo soy la expansión natural del pensamiento", "Soy un ser espontáneo". La palabra clave es *ser*.

◆ SEGUNDO CHAKRA

El segundo chakra o conocido por su nombre original como *svadisthana* se encuentra en la pelvis o abdomen. Las glándulas y órganos afectados por este chakra son los genitales, los ovarios, los testículos, la próstata, el bazo, el vientre y la vejiga. Su color es naranja y su elemento es el agua. En este chakra podemos encontrar todo lo que tiene que ver con el mundo sexual y los deseos físicos, también los relacionados con el trabajo. Sus principales cualidades son el poder de las relaciones, el poder de la elección, dar y recibir, y la energía creativa. Las frases que puedes visualizar o decir para conectar con esta energía son "Puedo sentir", "Yo soy la esencia de la creatividad", "Yo soy el conocimiento de la pura verdad". La palabra clave es *sentir*.

◆ TERCER CHAKRA

El tercer chakra o conocido por su nombre original como *manipura* se encuentra en estómago o plexo solar. Las glándulas y órganos afectados por este chakra son el estómago, el hígado, la vesícula biliar, el sistema nervioso y los músculos. Su color es amarillo y su elemento es el fuego. En este chakra podemos encontrar todo lo que tiene que ver con el ego, la personalidad y la autoestima. Sus principales cualidades son el poder intuitivo, la fuerza de voluntad y el sentido de transformación. Las frases clave que puedes visualizar o decir para conectar con esta energía son "Puedo hacer y actuar", "Yo soy un ser satisfecho", "Yo soy mi propio maestro". La palabra clave es *realizar*.

◆ CUARTO CHAKRA

El cuarto chakra o conocido por su nombre original como *anahata* se encuentra en el pecho. Las glándulas y órganos afectados por este chakra son el corazón, el sistema circulatorio, los brazos, las manos y los pulmones. Su color es verde y su elemento es el aire. En este chakra podemos encontrar todo lo que tiene que ver con el amor, el perdón y la compasión. Sus principales cualidades son el poder de la energía emocional y la sanación a través del amor. Las frases que puedes visualizar o decir para conectar con esta energía son "Amo y soy amado", "Yo soy un centro de amor puro", "Me amo a mí mismo y a todo el mundo sin condiciones". La palabra clave es *querer*.

◆ QUINTO CHAKRA

El quinto chakra o conocido por su nombre original como *vishuddha* se encuentra en la garganta. Las glándulas y órganos afectados por este chakra son la garganta, los pulmones, la tiroides, el hipotálamo, las cuerdas vocales, las anginas y la boca. Su color es el azul y su elemento es el sonido. En este chakra podemos encontrar las lecciones relacionadas con la voluntad, la expresión y la comunicación. Sus principales cualidades son la honestidad, amabilidad, conocimiento y sabiduría. También al ser el punto de unión entre el corazón y la cabeza es considerado un centro energético para cultivar la fe. Las frases que puedes visualizar o decir para conectar con esta energía son "Hablo y soy escuchado", "Yo soy un ser libre de toda culpa". La palabra clave *escuchar*.

◆ SEXTO CHAKRA

El sexto chakra o conocido por su nombre original como *ajna* se encuentra en el entrecejo o tercer ojo. Las glándulas y órganos afectados por este chakra son el sistema nervioso, el hipotálamo, la glándula pituitaria, la glándula pineal, los ojos, la nariz y las orejas. Su color es índigo (morado) y su elemento es la luz. En este chakra podemos encontrar las lecciones relacionadas con la mente, la intuición y la sabiduría. Sus principales cualidades son el poder de las clarividencias y la imaginación. Las frases que puedes visualizar o decir para conectar con esta energía son "Puedo ver", "Yo soy el perdón", "Perdono a todo el mundo y me perdono a mí mismo". La palabra clave es *ver*.

✦ SÉPTIMO CHAKRA

El séptimo chakra o conocido por su nombre original como *sahasrara* se encuentra en la coronilla o parte superior de la cabeza. Las glándulas y órganos afectados por este chakra son el sistema endocrino, la corteza cerebral, el sistema nervioso central, los ojos. Su color es violeta y su elemento es el pensamiento. En este chakra podemos encontrar todo lo que está relacionado con el mundo espiritual. Sus principales cualidades son el conocimiento, la comprensión y la iluminación. Este chakra está relacionado con la conciencia y el ser superior, la energía universal. Las frases que puedes visualizar o decir para conectar con esta energía son "Yo soy el ser integrado con todo el universo" "Soy energía y espíritu", "Responsable de mi existencia, destino, y felicidad". Las dos palabras que puedes visualizar o decir para conectar con esta energía es *ser* y *saber*.

Ahora que ya tienes un pequeño resumen de los siete chakras, te propongo realizar un ejercicio de meditación y, enfocándote en el lugar donde se encuentra cada centro energético, visualizar el color que correspondo en forma de una esfera girando en el sentido de las agujas del reloj, y al mismo tiempo decir las afirmaciones, frases o palabras claves para cada una de ellas. Te recomiendo hacer esta meditación al menos una vez al día por una semana. Recuerda que la clave para el éxito es la perseverancia. Si es necesario puedes crear un dibujo pequeño, con unas anotaciones, para acordarte de cada chakra, pero eventualmente tienes que hacerlo con tu mente sin necesidad de mirar nada.

Siéntate cómodamente con la espalda recta, cierra los ojos y enfócate en una respiración profunda. Es recomendable no tener los brazos, ni las piernas cruzadas, y con las palmas de las manos hacia arriba. Con cada respiración envía orden a tu mente para acallar los pensamientos y a tu cuerpo para relajar cada músculo, cada órgano, cada articulación. Relaja todo tu cuerpo. Si sientes alguna tensión en cierta parte de tu cuerpo, trata de recordarlo para hacer énfasis en el chakra que se encuentra en ese mismo lugar.

Entonces, con el cuerpo completamente relajado, cuenta de 10 a 1 muy despacio y empieza a enfocarte en el primer chakra y sube poco a poco por tu cuerpo hasta completar los siete chakras. Cuando termines sigue unos minutos en ese estado profundo de relajación, pide lo que necesites a tu ser, espera la respuesta, y da gracias. Ahora, deja el libro a un lado, y trata de hacer tú mismo este ejercicio para poner en práctica esta técnica y poder experimentar en tu ser la energía de tu cuerpo. No te preocupes si crees que no lo vas a hacer bien, ni tampoco juzgues. Haz la prueba sin expectativas. Deja que la luz de tu espíritu te ilumine.

La energía es vida. Tu cuerpo no puede funcionar sin ella. Solo tú puedes tomar la responsabilidad de cuidar y alimentar tu energía. Aléjate de las malas energías y de las malas influencias. Corrige cualquier emoción negativa que sientas en tu cuerpo y sácala de raíz. A la hora de tomar decisiones en cualquier aspecto de tu vida, guíate siempre por aquella decisión que vaya a darte más energías positivas. Evalúa todas tus acciones diarias y fíjate si pierdes o ganas energía a través de ellos. Rodéate de gente que tiene un gran aura y actitud positiva pues su energía tendrá un gran efecto sobre la tuya. Y por último, entra en contacto con tu energía a través de la meditación y el silencio, pues cada segundo de atención, de toma de consciencia con tu energía, es iluminación y tu energía se expande.

Resumen

1. Todo lo que está vivo, desde un árbol, a un animal, una planta e incluso tu cuerpo, tiene una energía que le da la vida. En tu caso, tu energía es como un gran centro de información que está siempre en comunicación directa con todo lo que está pasando a tu alrededor y permite que tu cuerpo reac-

cione instintivamente y que tu mente procese toda esta información.

2. Escuchar tu intuición es un compromiso personal que haces para dejarte guiar por tu voz interna, quien te da siempre la mejor solución para tu propio bienestar. Al prestar atención a tu ser, dejas de escuchar la voz de tu ego que te señala tus limitaciones y temores, y tu mente puede trabajar proactivamente a tu favor.

3. Para desarrollar tu intuición y tu campo energético tienes que tener un estilo de vida sano y positivo, y practicar en lo posible la meditación. Al mantener una comunicación directa con tu espíritu reconoces que más allá de las apariencias se encuentra un propósito por el cual atraviesas cada experiencia.

4. El cuerpo humano tiene siete centros energéticos o chakras que encierran una lección universal y espiritual que debemos aprender para elevar nuestra conciencia, revitalizar nuestro cuerpo y conectar con el mundo espiritual.

CAPÍTULO 14

EL PODER DEL AMOR

El amor es la máxima expresión de tu energía. Si en algún momento de tu vida has sentido amor, ya sabes exactamente lo que es la fuerza de tu espíritu. El propósito de nuestra vida, todo lo que hacemos, tiene como meta descubrir ese amor para llegar a su punto más alto y más puro, para conectar de nuevo con ese lugar de donde todos venimos.

Ya nos falta muy poquito para terminar este gran viaje que hemos emprendido. Posiblemente, a medida que has ido leyendo este libro, en algún momento has sentido la presencia del amor cerca de ti o en tu interior. Si has tenido una iluminación al leer algo especial que te ha cautivado el corazón, eso ha sido una señal de amor de tu espíritu para que despertaras a la verdad. Si has sentido de repente una nueva energía en ti, un cambio de actitud hacia lo positivo, esa es la energía del amor expandiéndose en tu interior. Si tu cuerpo físico ha reaccionado al entrar en contacto con algo que has intuido que es verdadero, eso es el amor diciéndote que estás en el camino correcto. El amor lo puedes sentir siempre que quieras en cada segundo de tu día. Está dentro de ti, está fuera de ti. El amor es energía. Desde que te despiertas hasta que te quedas dormido, puedes sentir amor. Cuando respiras, cuando lloras, cuando sonríes, cuando saludas, cuando caminas, cuando hablas... todo es amor.

Para vivir la vida de tus sueños tienes que despertar y conocer la verdadera naturaleza del amor. Tienes que impregnarte de su fragancia y empaparte de amor para que sea la fuerza de energía que guíe todas y cada una de las decisiones que tomes en tu vida. Hasta ahora hemos visto qué tenemos que hacer para elegir el camino correcto y lograr hacer realidad nuestros sueños, ahora ha llegado el momento de descubrir cuál es esa fuerza de voluntad, ese poder personal, que nos impulsa a pasar de la decisión a la acción, y entregarnos en cuerpo y alma a todo lo que nos propongamos hacer. Esa fuerza de voluntad que muchas veces hemos creído perder, y que es la que hace posible que puedas comprometerte con tus decisiones y llevarlas a cabo, es el amor.

Para que entiendas el papel del amor en tu vida, el amor es como la electricidad que ayudaría a una computadora, a un televisor o una radio funcionar, con la diferencia que nunca hay apagones, la electricidad no se puede agotar. Por naturaleza, tú ya eres un ser de amor puro, y esa es la razón por la que tu cuerpo y tu mente pueden funcionar independientemente de ti. El amor de todo tu ser, esa energía del espíritu, hace que puedas seguir respirando sin darte cuenta que lo haces durante el día o cuando duermes, que tu cuerpo pueda crecer y cambiar con el paso de los años, que tu mente pueda encontrar soluciones hasta en los problemas más difíciles. La energía del amor tu cuerpo y tu mente ya la están usando para su funcionamiento. Pero ahora, imagínate por un momento, todo lo que serías capaz de lograr en la vida si pudieras usar conscientemente esa energía del amor que ya tienes en cada decisión y en cada acción que tú hagas. Entonces, te aseguro que la vida de tus sueños deja de ser una fantasía para convertirse en una realidad. Esa energía inagotable, infinita, ya la tienes dentro de ti esperando a que la pongas en buen uso, pero para hacerlo, primero tienes que entregarte a la energía del amor para poder dejarte guiar por ella.

¿Cómo entregarte al amor?

Muy fácil. Solo tienes que demostrar que entiendes lo que es amor. El amor no entiende de barreras, límites, expectativas. El amor es libre y puro. Cuando sientes amor, no hay excusa que valga, pues todo es posible. Por lo tanto, para abrir el cofre del amor y descubrir todos sus tesoros, para tener la mayor energía positiva que jamás hayas imaginado en tu vida, lo primero que tienes que hacer es amar con toda entrega e intensidad todo lo que tienes en este momento, empezando por tu propio cuerpo. El verdadero amor no se demuestra solo con palabras, sino a través de tus emociones, pensamientos y acciones. Amar tu cuerpo significa tomar responsabilidad de tus decisiones y hacer todo lo posible para mantenerlo sano y fuerte. Amar tu cuerpo significa alcanzar las metas que te fijaste en el primer destino del viaje. De esa manera el amor puro, tu espíritu, tendrá el mejor vehículo para expresarse al mundo exterior. La segunda manera de demostrar tu amor, es enfocando tu atención en el presente y eliminando todos los pensamientos y las emociones negativas de tu mente, pues cada una de ellas, se convierte en un polo opuesto al amor. Cuando consigas la paz mental, entonces tu amor se podrá expandir a través de cada una de tus acciones. Enamórate de ti mismo, ama tu espíritu, y todo lo que te propongas en la vida lo podrás alcanzar.

Muchas personas creen que para recibir amor necesitan tener y sentir el amor de alguien. Su vida no es completa sin una persona a su lado. El amor es la cualidad innata de todos los seres humanos, es la semilla de donde todos venimos, es nuestra verdadera esencia, la energía del espíritu. Por lo tanto, no necesitas de nada, ni de nadie, para sentir ese amor puro, pero para conocerlo tiene que venir libremente desde lo más profundo de tu ser, sin compromisos, ni condiciones de tu parte. Cuando te rindas al poder del amor y lo recibas con los brazos abiertos, descubrirás el verdadero poder que el amor tiene en tu vida. El amor es sanación, el amor es juventud, el amor es belleza, el amor es inspiración, el amor es creatividad, el amor es pasión, el amor es creación. Todas esas cualidades que necesitas para vivir la vida de tus sueños están a tu alcance si lo deseas gracias al amor.

Para mucha gente la experiencia del amor a hacia un hijo o familiar, y el amor romántico son las primeras experiencias que tienen de contacto con el mundo espiritual, a pesar de que no se den cuenta de ello. Una persona que se encuentre enamorada está llena de ilusiones, está abierta a lo que sea necesario para seguir siendo ese amor, se siente renovada y llena de energías, es más espontánea y aventurera, nada es importante salvo estar con esa persona. Todas las cualidades que acabo de mencionar, son cualidades espirituales. Ahora que ya sabes que tienes la energía del amor en tu vida, y has usado en algún momento este lenguaje de tu espíritu, pasemos a conocer de qué está compuesto el amor.

LAS LEYES DEL AMOR

Las siete leyes espirituales del amor te sirven para conocer la máxima expresión del amor en todas tus relaciónes y en todo lo que te propongas. Estas leyes, cuyo objetivo es conectarte con la divinidad en su esencia más pura, te ayudarán a tener una mejor relación contigo mismo, al igual que con tu familia, tu pareja, en el trabajo, tu relación con la naturaleza o los animales, incluso en tu relación con Dios.

1. La ley de la atracción

Para atraer el amor a tu vida tienes que ser auténtico y natural. Cuando eres una persona que está segura de sí misma, cómoda en su propia piel, alguien que acepta que por dentro lleva dos tipos de energías opuestas, la energía de lo bueno y la energía de lo malo y que todos tenemos un lado positivo y un lado negativo, entonces te conviertes en una persona segura y atractiva.

El primer paso para abrirte al amor es la aceptación de la realidad y aceptar que Dios nos ha creado así, con nuestras fuerzas y debilidades, con nuestros puntos positivos y negativos. Gracias a esta dualidad interna, tu vida al mismo tiempo es interesante. Al aceptar tus puntos más negativos, la parte de ti que menos te gusta, las debilidades desaparecen para convertirte en una persona segura de quien eres. Al aceptar tu realidad ya no estás atado al diálogo interno que tu ego crea en tu mente para compararte con una realidad que no existe. Esa seguridad te convierte al mismo tiempo en una persona atractiva e interesante. No necesitas de la aprobación de nada ni de nadie para sentirte especial y hermoso. Todas las falsedades creadas por tu mente como "no soy lo suficiente bello", "no soy bueno en lo que hago", "no soy delgado", carecen de sentido pues reconoces que eres lo que eres y más. Ese poder de aceptación interno es muy poderoso y te convierten en la persona más atractiva del mundo.

Otra cualidad importante de la gente que es segura de sí misma es que no tienen problemas en expresar el amor ni con recibirlo de regreso, ya sea a través de un abrazo, el brillo en los ojos de alguien, la sonrisa de un niño, un buen apretón de manos o un simple cumplido. Reciben esas señales de amor con los brazos bien abiertos, y entonces encontrarás, su oportunidad para devolver al mismo tiempo el amor que has recibido de regreso.

2. La ley del amor ciego

Cuando te enamoras ciegamente de alguien o de algo en particular abres la puerta a una nueva realidad más profunda y mágica. Seguro que tú mismo habrás experimentado alguna vez, o has conocido a alguien, que siente un amor ciego por otra persona, un objeto o una causa. El amor ciego significa que puedes ver más allá de lo que el resto del mundo puede ver con sus propios ojos, pues puedes ver lo extraordinario que nadie puede percibir. La realidad cobra una nueva visión para ti, y todo es nuevo y maravilloso.

Al amar ciegamente, sin esperar nada a cambio, volvemos a nacer, pues pasamos del mundo ordinario que percibimos por los sentidos y sujeto al cambio del tiempo, al mundo trascendental que va más allá de lo material. Todo lo que estaba separado vuelve de nuevo a estar unido. El amor ciego abre las puertas al mundo del espíritu y te permite ver más allá de las apariencias, a un mundo que no tiene fronteras, ni límites.

Para poder ver este mundo con más claridad necesitas primero enfocar tu atención en el mundo físico y después en el mundo mágico.

Todos en algún momento nos hemos sentido a caballo entre estos dos mundos, quizás la gran mayoría de las veces sin darnos cuenta. Por ejemplo, alguna vez podrás haber sentido que estabas una situación difícil o de peligro, pero por alguna razón que no puedes explicar te has sentido al mismo tiempo completamente seguro de donde estabas y bajo control. Estabas entre lo que yo llamo el mundo físico y el mundo mágico. O quizás te hayas encontrado en una situación de mucho estrés en el trabajo con tus compañeros para terminar un gran proyecto y todo el mundo sentía que el mundo se terminaría, pero en medio de ese caos que existía a tu alrededor, tú te sentías completamente en paz y seguro de que ibas a encontrar una solución al problema y terminar con éxito el proyecto. ¿Cómo explicas que una persona con una enfermedad terminal a la que le dicen que le queda un par de semanas o meses para vivir pueda sanarse completamente? ¿Cómo explicas la intuición, esa vocecita que proviene desde un lugar en tu interior, tenga la mejor solución a la decisión que vayas a tomar a pesar de que la lógica diga lo contrario? Estos casos son algunos ejemplos de cómo nos podemos mover entre dos mundos, uno real y otro mágico. El amor ciego te permite ver lo que los demás no ven, encontrar solución donde tu mente o los demás no la pueden encontrar, tener una visión completa de tu vida en lugar de solo un capítulo.

Si quieres experimentar esta sensación del amor ciego en tu vida y poder conocer ese mundo de tus sueños, busca lo extraordinario en lo ordinario, aprende a ir más allá de las apariencias, busca los actos milagrosos que suceden a tu alrededor en cada momento, presta una nueva atención a todas las cosas. Cada vez que veas una flor que te llame la atención, mírala de nuevo, fíjate hasta que veas luz, el agua, los colores, el polvo, hasta que puedas sentir la esencia, la fragancia y la energía de esa flor, siente la perfección y la magnitud de la creación en esa simple flor.

3. La ley de la comunión

Comunión, significa unión y confianza. La comunión entre dos personas sucede cuando el alma entra en contacto con otra alma, y

EL PODER DEL AMOR

una energía se une a otra energía. Para que se produzca una verdadera comunión no puede existir el ego, no puede haber intereses creados. Si el ego gana, quiere decir que los miedos del pasado han regresado al presente a través de la memoria y han regresado las barreras. La unión es imposible sin antes despojarse de las defensas.

El mayor beneficio que podemos recibir de la ley de la comunión es tomar aquellas cualidades positivas y buenas que vemos en las otras personas o en las cosas, como las cualidades de compasión, entrega, dedicación, y luego hacerlas nuestras. Sin embargo, la unión tiene que ser muy profunda, pues de lo contrario estaremos imponiendo nuestras creencias en la otra persona a través de proyecciones. El amor que proviene de la "comunión" parece fácil pero no lo es. Por ejemplo, si tú eres una persona que muchas veces te encuentras terminando las frases de otras personas, o has actuado a la defensiva antes de ser acusado por alguien, o caes fácilmente en hacer estereotipos, o pides la opinión de otras personas y luego te enfadas porque no es la opinión que esperabas, entonces estás proyectando, en lugar de amando de verdad. Detrás de cada situación que acabo de mencionar, existe un sentimiento de culpa que no quieres reconocer personalmente. Para liberarte de esa emoción negativa en tu vida, tu única salida es reconocerla antes de que exista, y luego cambiando tu manera de pensar y actuar para dar espacio a la energía del amor entrar con todo su poder a tu vida.

Las tres cualidades que necesitas para dejar de juzgar son tener un sentido de igualdad. Todos venimos del mismo lugar y no hay seres superiores a otro, tener sensibilidad y sentir por lo que la otra persona está pasando a pesar de la complejidad de las emociones; y tener una comunicación real sin necesidad de no tener siempre razón, el control de las cosas, o tus propias necesidades.

4. La ley de la intimidad

La intimidad es el punto de unión entre el cuerpo y el espíritu. Cuando sentimos un momento de intimidad significa que estamos tan unidos a la otra persona que podemos sentir cómo se siente, podemos leer sus pensamientos, emociones y tenemos una conexión especial. Pero para poder sentir la intimidad tenemos que abrirnos completamente para dejar al desnudo la realidad sin ningún tipo de pudor, ni miedo a que descubran nuestros secretos, inseguridades o miedos. Por ello, en el amor físico se habla de la intimidad en pareja.

Si en algún momento sientes atracción, pasión, interés, inspiración, creatividad o entusiasmo hacia alguien o hacia algo, trata de prestar atención y tomar consciencia de cual es la fuente de esa energía, pues esta proviene directamente de tu espíritu. Abandona todas tus expectativas y déjate llevar hacia donde tu espíritu te diga que esta energía es positiva. Si pones resistencia por miedo a lo desconocido vas a limitar el potencial de entrar en contacto con un mundo de posibilidades. Pero ir hacia los extremos como consecuencia de una emoción reprimida puede ser también peligroso. Por ello, para que puedas viajar entre tu mundo físico y el mundo divino necesitas tener unos fuertes valores y respetarlos para no comprometer tu espíritu.

5. La ley del amor incondicional

Mientras que en la cualidad del amor ciego solo ves lo mejor, la cualidad del amor incondicional es que no esperas nada a cambio de tu amor. Cuando amas incondicionalmente, abres la puerta a los milagros. Para amar no puedes estar apegado a alguien o las cosas. El apego se crea como consecuencia del miedo, y el miedo es lo opuesto al amor. El apego siempre busca el control, mientras que el amor es libre.

Para que el amor entre en tu vida, tienes que dejar la necesidad de controlar, convencer, insistir, manipular, seducir o suplicar en la vida. Al hacerlo, abandonas el miedo, y tienes la fe y la seguridad de que el universo siempre está a tu lado. Cuando el amor es incondicional, creamos nuestros deseos desde lo más profundo del corazón y ponemos la energía del amor en todas las decisiones y acciones que tomas. Amor incondicional es una de las cualidades más importante para vivir la vida de tus sueños. Al entregar todo tu amor sin esperar nada a cambio reconoces que no necesitas aprobación externa para hacer lo que sabes que es mejor para ti, entiendes que todo tu esfuerzo tendrá una recompensa y que todo en la vida es simplemente perfecto y bello.

6. La ley de la pasión

La ley de la pasión es la unión de lo masculino y lo femenino en un mismo ser. La pasión es un poder positivo. Con pasión puedes tener la inspiración para crear todo lo que quieras y alcanzar todo lo que te propongas. Para que puedas experimentar la pasión en tu vida tienes que desarrollar tu energía masculina y tu energía femenina. Todas las personas tenemos ambas energías, obviamente algunas más desarrollada que otras. Pero si eres hombre, y desarrollas tu energía femenina, serás capaz de llevar a cabo grandes proyectos en el ámbito de lo creativo. Es en la unión de tu energía racional con tu creatividad cuando se produce la chispa de la pasión que lo hace todo posible. Lo mismo ocurre si la mujer entra en contacto con su energía masculina, más objetiva y racional. Tu deber es desarrollar ambos tipos de energía para encontrar la pasión de tu vida.

Las energías masculinas están orientadas a la creación y protección, y por ellos sus principales cualidades son el valor, la disciplina, la decisión, la fuerza y la predisposición. En cambio, las energías femeninas desarrolla más el conocimiento, la memoria y la acción y sus principales cualidades son la belleza, la intuición, la protección, el cariño y el amor. No importa si eres hombre o mujer, tienes que aprender de las cualidades que no tienes desarrolladas para que se despierte en ti la chispa de la pasión por la vida.

7. La ley del éxtasis

Cuando se habla de la ley del éxtasis asociada al amor se le identifica como el estado original de donde todos venimos, el estado de gracia donde un día regresaremos. Es la intimidad más profunda que se puede tener con el espíritu. La satisfacción, la belleza, la felicidad no son más que sombras al lado del estado de éxtasis. Todo cobra sentido pues todo se une para convertirse en un amor puro, incondicional y simple.

Para poder despertar este amor tan profundo tenemos que empezar primero a reconocer el amor en todas las cosas del mundo físico y reconocer que Dios ha creado todo para que lo podamos disfrutar al máximo a través de todos los sentidos. Después tenemos que reconocer que dentro de nosotros tenemos un gran Dios para entrar en contacto con nuestra energía. Y por último, a través de nuestra energía entrar en contacto directo con la energía universal, con Dios, para llegar donde todo empieza, donde eres completo, un ser divino.

Para poder amar de verdad a tus hijos, a tu pareja, a tus familiares o amigos, primero tienes que amarte a ti mismo. No puedes esperar y desear un cambio positivo en los demás, si primero no puedes amarte a ti mismo. Como dijo Gandhi: "Conviértete en el cambio que quieres ver en este mundo". Si quieres que tus hijos crezcan sanos y saludables, empieza por tener tú mismo una mejor salud. Si quieres que tu pareja te ame incondicionalmente, primero tienes que aprender a amar a tu pareja y a ti mismo incondicionalmente. Si quieres amar y entregar lo mejor de ti a los demás, primero tienes que descubrir y desarrollar tus mejores cualidades y convertirte en un ejemplo de amor. Todo empieza con uno mismo. Al descubrir tu camino interno y convertirte en un buen ejemplo estarás abriendo el camino a otras personas, especialmente el de tus hijos.

EL PERDÓN

La máxima expresión del amor en tu vida es el acto del perdón, pero no como un acto de superioridad, sino como un acto de aceptación y búsqueda de solución. El perdón para ser verdadero tiene que ser un acto voluntario, personal y consciente, que no nace de tu debilidad como persona, como mucha gente puede pensar, sino de tu fortaleza espiritual para enfrentarte con valor a los problemas, el dolor y los sufrimientos que puedas sentir. Al perdonar estás reconociendo la parte de responsabilidad que puedas tener por lo que ha ocurrido, y estás aceptando la realidad, con el fin de provocar un cambio positivo en tu vida. Ya hemos visto cómo la aceptación es tu primer paso para encontrar una salida y seguir con el curso de tu vida. Si no perdonas, vivirás siempre anclado en el pasado. Pero no es tan fácil perdonar como parece. No basta con simplemente decir "Vale, te perdono" o "Me perdono", si en verdad no lo sientes de corazón.

Para que el amor pueda surtir su efecto purificador para liberarte de las emociones y los pensamientos negativos que estás sintiendo contra alguien, contra algo o contra ti mismo, tienes que aceptar primero todo el sufrimiento, dolor, ira, rencor y odio que puedas sentir. De nada sirve hacer la vista gorda o ignorar el dolor como si nunca hubiera pasado. Al igual que sucedería con cualquier tipo de enfermedad, un parche o un medicamento no te van a poder curar hasta que no encuentres la raíz de tu malestar. El dolor y el sufrimiento son heridas muy profundas que continuarán creciendo hasta realmente hacerte caer enfermo de verdad. El resentimiento es como un veneno muy poderoso que tú mismo te estás tomando voluntariamente de poquito a poquito. El mayor problema es que ese veneno no solo te afecta a ti, sino también tiene un impacto negativo en la vida de las personas que te rodean. Los sentimientos como el odio, el rencor y la venganza pueden destruir tu familia, tu trabajo, tus amigos y tu vida mucho más que los efectos de la causa original de esos sentimientos. Tu mejor y única cura para rehacer tu vida es el perdón.

Para poder recuperar la felicidad tienes que desear sanar la herida que existe en tu alma. Alguien o algo ha conseguido tocar tu espíritu, pero tú estás dejando la brecha abierta, y como un cáncer expandirse por todo tu cuerpo espiritual primero, para después afectar tu cuerpo mental y físico. A través del silencio, de la meditación o de una oración sincera puedes encontrar la fuerza interna que necesitas, conectar con el amor puro que vive en tu interior, para que el amor transforme, a través del perdón, el sufrimiento en felicidad. Tomar la decisión de perdonar te ayuda a dejar de estar anclado en el pasado y en lo negativo, para vivir positivo en el presente.

Si decides que no quieres perdonar, ten en cuenta que es un acto de debilidad de tu parte por tener miedo de enfrentarte a la realidad y a tomar responsabilidad de tus pensamientos y emociones. El único afectado eres tú. De nada te sirve seguir cargar con un sufrimiento a lo largo de toda la vida que no te sirva para nada, más que para no vivir la vida de tus sueños. Solo enfrentándote directamente a las causas de tu dolor, por muy difícil que sea, podrás encontrar la raíz de tu dolor y liberarte de esa carga tan pesada que llevas encima todos los días y que te impide moverte en alguna dirección.

Muchas personas creen que el perdonar es de cobardes pues significa la aceptación de una derrota. Y otras muchas personas perdonan para sentirse que son mejores y están por encima de las otras personas. Estés del lado que estés, ambos puntos de vista son incorrectos. Nadie tiene el derecho moral de juzgarse superior a otra persona. La mejor manera de actuar ante una situación en la cual existen emociones negativas es a través de una observación sincera para descubrir la verdad. ¿Qué ganas con tener el sentimiento de venganza contra la otra persona? ¿Puedes regresar al pasado y recuperar lo que has perdido? ¿Aporta algo positivo a tu vida sentir odio y deseos de venganza? ¿Qué tiene de positivo desear que algo malo suceda a esa persona que te ha causado tanto dolor?

Perdonar no significa tampoco soportar cualquier situación en la vida sin hacer nada al respecto, o dejar de ver la culpa que tiene la otra persona por lo que ha hecho, sino encontrar una solución al problema. La gran mayoría de las veces, las personas con las cuales estamos ofendidos, no saben ni siquiera lo que estamos sintiendo. Ellos ya han seguido adelante con sus vidas y se han olvidado por completo de lo que pasó. A veces, es posible conseguir una reconciliación, y en otras no lo es, y es posible que el primer paso lo tengas que dar tú. Si terminan por sentirse culpables, tampoco puedes aprovecharte de su debilidad para sentirte mejor pues no es una buena cualidad la de sentirse superior a nadie. Pero, por si alguna razón, la persona no quiere aceptar su parte de responsabilidad en el problema y porque cree que no ha hecho nada malo, entonces tú tienes que aceptar la realidad, y que las cosas son como son, para poder seguir con tu vida. Para perdonar no tienes que esperar a que la otra persona te lo pida, o que en caso de que tú se lo des lo acepte. Cada ser humano tiene su propio nivel de conciencia. Aprender a aceptar las limitaciones de otras personas también es un acto de perdón.

Puede ser que mientras estás leyendo estas páginas estés pensando si tienes a alguien a quién perdonar por algo. La mejor manera de saberlo es a través de tus emociones. Si te sientes bien y feliz en todos los aspectos, no tienes nada por lo que preocuparte. Pero si dentro de ti tienes un sufrimiento, una emoción negativa, entonces sí tienes algo que perdonar. Puede ser que sea una tercera persona, o puede ser que tengas que perdonarte algo a ti mismo que no eres consciente, o puede ser que tengas que perdonar a Dios. A veces el sufrimiento y el dolor lo tenemos por tanto tiempo que se han convertido en algo natural, en parte de ti. Si eres una persona negativa, ahí tienes un claro ejemplo de que en tu vida todavía tienes cosas pendientes que solucionar y perdonar. Hasta que no lo hagas, no será posible convertirte en una persona positiva.

Ahora ha llegado el momento de hacer una parada en la lectura y poner en práctica a través de un ejercicio de meditación los pensamientos que acabas de leer. Colócate en una posición cómoda, respira profundamente y trata de imaginar una situación de dolor que tengas en tu vida en estos momentos. Puede ser que alguien te ha ofendido recientemente, que estés enfadado contigo mismo por algo en particular que hiciste, estés enojado por algo que paso hace tiempo, o te sientes víctima de una circunstancia en particular. Visualiza primero en tu mente todo lo que pasó, cuáles fueron las razones para este dolor y sufrimiento. Toma un trozo de papel y escribe tus experiencias, tus sentimientos y emociones. Trata de recordar cuál o qué fue su origen y luego pregúntate si todavía vale la penar vivir con ese dolor. Escribe con detalle cómo te sientes y luego escribe cómo te sentirías si no tuvieras ese dolor en tu vida.

Otro buen ejercicio es confesarle a alguien de confianza lo que estás sintiendo mientras tratas de encontrarle sentido a esas emociones. Muchas veces al hablar, escribir o expresar nuestros sentimientos encontramos la raíz del problema y lo podemos traer a la luz. ¿Cuántas veces no nos hemos sentido mejor después de contar a alguien cómo nos sentimos por dentro? Es como si nos confesáramos. Aquí sucede lo mismo. Busca a alguien de confianza, una persona o incluso grupo que haya vivido alguna experiencia similar a la tuya.

Una vez llegues a la conclusión que de verdad puedes perdonar, lo has meditado y has encontrado la paz en tu interior, el siguiente paso es perdonar y entrar en contacto con esa persona que te ha ofendido o causado el dolor. Si tu deseo es una reconciliación se lo puedes comunicar por carta, teléfono o en persona de una manera sincera y abierta, pero si tu vida puede estar en peligro porque tienes que perdonar a una persona con problemas emocionales o una persona que ha cometido un acto criminal, o simplemente no desees entrar en contacto con esa persona, también puedes encontrar el poder del perdón a través de la oración o la meditación, enviando tu amor a través de la energía de tu espíritu a esa persona y diciendo adiós a todo el dolor y los malos sentimientos. Una vez lo hagas, y perdones de verdad, sentirás dentro de ti una nueva energía y una gran transformación.

Si el daño ha sido muy grave, como por ejemplo alguien causa la muerte de una persona cercana a ti o te causa un daño físico irreparable, es normal que puedas sentirte impotente y que la vida es injusta. La única manera de pasar por un momento tan difícil es entrando en contacto directo con lo único que te puede dar paz y amor: tu espíritu. Tarde o temprano tendrás que aceptar la nueva realidad si deseas seguir viviendo. Nadie tiene poder sobre la vida, solo Dios o la energía universal saben por qué pasan las cosas y cuál es el plan divino. Las leyes físicas nos dicen que si das algo a cambio de nada, tú pierdes. Pero si das, tienes compasión y perdonas sin esperar nada a cambio, tú ganas. Ya has tratado de vivir con ese dolor por mucho tiempo. No pierdes nada por intentar un nuevo camino, el camino de la redención, y a cambio ganar tu vida de regreso.

Imagínate que vas caminando de noche por un sendero y estás rodeado de una niebla muy espesa. Apenas puedes ver nada, pero tienes
una linterna que te permite ver claramente un pequeño espacio frente
a ti. En esta visión, la niebla es la situación difícil que estás viviendo en
estos momentos, que incluye los miedos y temores, el pasado y el futuro, el dolor y el sufrimiento. La linterna simboliza tu presencia consciente, tu seguridad, el espacio claro y de luz del ahora, del momento
donde estás situado de pie. Cuanto menos aceptes la realidad que estás
viviendo, más inseguro te vas a sentir. La niebla se convierte en mons-
truos ficticios que quieren atacarte, que están ahí para destruirte y
como tienes tanto miedo, te quedas paralizado en medio de la niebla
sin poder dar un paso hacia adelante o hacia atrás para salir de esa
niebla tan espesa que te rodea. Estás paralizado. Y ahí te quedas por
años y años. Después de tanta frustración y dolor dominado por el
miedo y el cansancio, empiezas a atacar contra la niebla, pero al no
saber que es lo que realmente estás atacando, terminas todavía más
cansado y perdido. Ya no te acuerdas, ni a dónde ibas, ni de dónde
venías. De vez en cuando, sientes una pequeña luz en tu interior, pero
prefieres ignorarla. Hasta que un día, decides que no pierdes nada al
buscar de dónde viene esa lucecita, y sin saber lo que es esa luz, empiezas a ver dónde estás parado y qué ha pasado. Esa pequeña luz te ayuda a regresar a tu realidad, y poco a poco empiezas a descubrir que no
tiene sentido enfrentarte más a la niebla pues lo único que consigues es
dejar pasar el tiempo y no llegar a ningún lado. Esa aceptación te
permite poco a poco a ver todo con más claridad y la luz se hace de
repente un poco más intensa. Al instante la niebla no es tan espesa
como parecía y puedes ver con más facilidad. Eso te permite buscar
fuerzas en tu interior para al menos dar un primer paso. Y aceptando
la realidad, conectándote con fuerza a esa luz, y tomando pasos pequeños consigues salir de la niebla para encontrar la luz del sol.

Cuando reconozcas tu paz interna como tu meta más importante en
el viaje de tu vida, descubrirás que el perdón se convierte en una acti-

vidad diaria de aceptación. Y solo a través del hábito de perdonar encontrarás el camino hacia tu felicidad. Perdonar se convierte en tu verdadera prueba de amor incondicional. El perdón te libera de tus ataduras, te regresa tu salud, te ayuda a no juzgar, a abandonar el pasado y te libera del miedo al futuro, convirtiendo esa circunstancia que te ha tocado vivir en tu oportunidad de crecimiento. Uno de los beneficios de perdonar es que te permite vivir al máximo el momento presente, pues tu energía ya no está enfocada en algo que pasó, sino en lo que estás viviendo ahora. Con el tiempo, también te vas a dar cuenta de que el perdón te hace más tolerante ante muchas situaciones y que puedes controlar mejor tus emociones. Eres más generoso y tienes más compasión. Por ello, como tarea en tu crecimiento y viaje espiritual, tómate un poco de tiempo para descubrir esos pliegues de dolor, sufrimiento, rencor, venganza e ira que todavía tienes dentro de ti y sácalos a la luz. Una vez identificados, conecta con tu energía interna, y haz que el amor disuelva estas emociones de tu vida a través del perdón.

Resumen

1. El amor es la máximo expresión de tu espíritu. El amor no entiende de barreras, límites, expectativas. El amor es libre y puro. Cuando sientes amor, no hay excusa que valga, pues todo es posible.

2. Amar tu cuerpo significa tomar responsabilidad de tus decisiones y hacer todo lo posible para mantenerlo sano y fuerte. Amar tu mente significa enfocarte en los pensamientos positivos en lugar de los negativos. Amar tu espíritu es dar, entregarte a los demás, perdonar.

3. Las siete leyes espirituales del amor te sirven para conocer la máxima expresión del amor en todas tus relaciones y en todo lo que te propongas. Estas leyes, cuyo objetivo es conectarte con la divinidad en su esencia más pura, te ayudarán a tener una mejor relación contigo mismo, al igual que con tu familia,

tu pareja, en el trabajo, tu relación con la naturaleza o los animales, incluso en tu relación con Dios.

4. La máxima expresión del amor en tu vida es el acto del perdón, pero para ser verdadero tiene que nacer del corazón y ser un acto voluntario, personal y consciente, sin esperar nada a cambio.

CAPÍTULO 15
EL ARTE DE SER FELIZ

Ser feliz es aprender a vivir.

El propósito de la vida es buscar la felicidad, y sentirte en paz contigo mismo. No importa si crees o no en una religión, si creas o no en la existencia de Dios, todo el mundo, ricos y pobres, desean siempre una vida mejor, una vida con salud y prosperidad y una vida con paz. Aunque una persona tenga todas las comodidades que la vida pueda ofrecer, esa persona también puede ser infeliz cuando tiene que hacer frente a una situación difícil en su vida. Las comodidades del mundo físico no impiden que exista sufrimiento y dolor en el interior de cada persona. Por ello, es muy fácil ver como muchas personas que han acumulado las mayores riquezas del mundo, aún así, son infelices. Cuantas más riquezas tengan, más ansiedad sienten en sus vidas. Por otro lado, aquellas personas que no tengan una vida llena de riquezas, pueden tener una vida llena de compasión y felicidad si toman la decisión de valorar lo que tienen y la disciplina de enfocarse no solo en el mundo material, sino especialmente en descubrir los misterios de la mente y la sabiduría del mundo espiritual. Aunque estas personas se encuentren con situaciones difíciles en la vida, todavía pueden seguir siendo felices.

Aprender a ser feliz significa que tenemos que reconocer que cada uno de nosotros somos seres compuestos de tres partes. Un cuerpo físico, un cuerpo mental y un cuerpo espiritual. Para encontrar la felicidad y vivir la vida de tus sueños es necesario ocuparte por igual de los tres cuerpos, y tomar una responsabilidad consciente y un compromiso personal para tomar siempre las mejores decisiones. Por ello, yo distingo tres tipos de felicidad: la felicidad física, la felicidad mental y la felicidad espiritual.

1. La felicidad física es la felicidad que sentimos dentro del mundo físico cuando conectamos con la esencia de nuestro espíritu. Por ejemplo, cuando nace un hijo, cuando se logra alcanzar un gran logro después de mucho esfuerzo y dedicación, cuando estás enamorado, cuando entras en contacto con la naturaleza, cuando puedes dar lo mejor de ti a los demás, cuando te dan una gran alegría.

2. La felicidad mental es más importante que todas las comodidades que puedas llegar a tener, pues las cosas materiales nunca podrán darte la paz mental que buscas. Felicidad mental significa sentirte en paz contigo mismo, sin sufrimientos, sin dolores, sin pensamientos o emociones negativas. Cuando estás descontento quieres más de todo y tus deseos nunca se van a poder ver satisfechos, pero cuando tu mente valora lo que tienes, entonces te das cuenta que no necesitas nada más.

3. La felicidad espiritual es la felicidad que todos tendemos a buscar, es la máxima expresión de la felicidad, el estado de éxtasis, donde podemos sentir el amor más puro y encontrar el propósito a nuestras vidas. Para llegar a esta felicidad, primero tienes que sentir la felicidad en el mundo físico y el mundo mental. Es como una escalera donde cada peldaño te acerca más a tu meta. Es la máxima expresión de la felicidad. Un estado de éxtasis continuo.

El camino más directo hacia la felicidad es a través del bienestar. A lo largo de todo el libro has recibido muchos ejemplos y recomendaciones para encontrar ese equilibrio natural entre el cuerpo, la mente y el espíritu. Si realmente deseas ser feliz, el camino ya lo tienes marcado, lo tienes delante de ti, lo tienes en tus manos. Pero para llegar a ese destino, solo tú puedes empezar a caminar. Solo tú puedes elegir hacerlo y dar el primer paso. Si así lo decides, cada paso que des en el camino de tu bienestar te hará sentir más fuerte, más completo, más seguro. Ese gozo que sientes al saber que estás en el camino correcto, es la felicidad.

Todas las personas tienen la posibilidad de entrar en contacto con la esencia de la felicidad a través de la respiración. El aire es vida y al respirar conscientemente puedes eliminar los pensamientos de tu mente. El aire de tu respiración te permite dejar de sufrir, dejar de pesar, y entrar en contacto con la consciencia de tu ser, de tu cuerpo, de tu espíritu. A través de una respiración consciente, o meditación profunda como hemos visto en los capítulos anteriores, puedes entrar en contacto con tus ojos, reconocer el regalo de la vista, y así apreciar la belleza de lo que ves. Ahí afuera en el mundo hay un paraíso de formas y colores esperando que tu vista lo descubra y gracias a tus ojos tienes la fortuna de ver ese paraíso. Cuando tomas consciencia de lo afortunado que eres en ese momento, entonces tocas las puertas de la felicidad, y estas se abren ante ti para recibirte con los brazos abiertos.

Este mismo ejercicio lo puedes hacer con cada parte de tu cuerpo. Respirando entra en contacto con tu corazón, y siente la entrega de amor incondicional que el corazón te entrega segundo a segundo durante toda la vida para que tú puedas vivir; entra en contacto con tus manos, para que puedas sentir el milagro de poder tocar, acariciar y crear; descubre el poder de tus piernas, que te permiten llegar donde desees llegar; y a través de la respiración, agradece cada parte de tu cuerpo por permitirte apreciar la verdad y ser la puerta de entrada para recibir la felicidad. Para experimentar este sentimiento de amor que el cuerpo te puede regalar necesitas el poder de atención para traer tu mente a tu cuerpo y conectar con la realidad del momento. Si estás completamente presente, solo necesitas dar un paso o tomar un buen respiro para entrar en contacto con el mundo de Dios. Y cuando estás en ese lugar, no necesitas de nada, no necesitas la fama, el poder, el placer o el dinero. Simplemente sientes paz. Solo felicidad.

Imagínate que estás tomando una taza de té caliente. Mientras estás tomando la taza en tus manos, posiblemente quieras respirar el aroma del té y sentir el calor de la taza en tus manos. En esos momentos que estás disfrutando de una taza de té estás conectándote con la realidad, con el presente. Todo lo que importa, aunque sea por unos instantes, está en ese momento donde estás saboreando y disfrutando con todos tus sentidos un té caliente. Cierras los ojos, hueles el té, sientes la agradable sensación del calor en tus manos y la explosión de sabor en tu boca. En ese momento, por unos instantes, no existe pasado, ni futuro, no existe sufrimientos, ni preocupaciones. En ese momento, eres feliz.

Cualquier actividad que hagas, aunque sea limpiarte los dientes por dos minutos, puede ser tu oportunidad para sentir felicidad y paz en tu vida si te enfocas con toda tu atención en el aquí y el ahora. Si eres capaz de cepillarte los dientes sin tener distracciones de tu mente, entonces también podrás disfrutar de tu tiempo cuando te tomes una ducha, cuando prepares el desayuno o tomes una simple taza de té. Cada momento se convierte en una gran oportunidad para ser feliz. La clave para pode entrar en contacto con la realidad reside en la actitud que tengas para enfocar tu mente y estar presente en todo lo que hagas en la vida, desde hacer ejercicio, a conversar con tus hijos, desde el esfuerzo que le pongas en tu trabajo, al empeño que pongas en leer este libro y tomar responsabilidad de tu vida.

EL CAMINO DE LA FELICIDAD

Lo primero que tienes que hacer para vivir en paz y ser feliz es creer en la vida y que tú estás en esta vida por un gran propósito, y que por ello, te mereces solo lo mejor. Muchas personas han perdido su fe en la felicidad porque se han llegado a creer la historia de que la felicidad tan solo es cuento o fantasía de niños y que solo unos pocos afortunados en la vida han sido los elegidos. Normalmente, este tipo de gente piensa que las cosas materiales o la belleza externa son la fuente de la felicidad, cuando en realidad es todo lo opuesto. En lugar de enfrentarse con la realidad y vencer los miedos o inseguridades que puedan tener, es más fácil adoptar una actitud conformista, y reaccionar ante las situaciones de la vida a medida que se vayan presentado. La paz, la prosperidad y el amor son estados naturales que por derecho propio todas las personas al nacer pueden alcanzar y experimentar en sus vidas. No importa en qué familia o país hayas nacido, en qué parte del mundo o de que nacionalidad seas, todas las personas tienen derecho a ser felices.

Si deseas vivir la vida de tus sueños, primero tienes que creer en ellos. Una vez lo hagas y lo sientes en cada célula de tu cuerpo, te aseguro que vas a poder alcanzar más cosas de las que tu mismo te imaginas, porque todas tus decisiones y acciones estarán guiadas por ese propósito, y pase lo que pase, podrás vencer todos los obstáculos que se presenten en el camino, aprendiendo al final, que esos retos forman parte de lo que es tu destino y tu felicidad. Por último, aquí tienes cinco pasos que te ayudarán a enfocarte en tu misión y hacer realidad la vida de tus sueños:

1. La búsqueda del tesoro

Visualiza lo que significa la verdadera felicidad para ti en estos momentos. No me refiero a cosas materiales que quieres, como un nuevo coche, ganarte la lotería o tener un mejor trabajo, sino cuándo, cómo y dónde eres realmente feliz. Por ejemplo, en mi caso soy feliz cuando puedo tumbarme a jugar con mis perritos en un campo de césped, cuando estoy entregado completamente a un proyecto difícil y consigo encontrar la solución con éxito, cuando doy a los demás sin esperar nada a cambia, cuando me cuido y hago cosas por mi propio bien, cuando estoy con mi familia. Todo esto me hace sentir bien y en paz conmigo mismo. A cualquier persona que le preguntes qué es la felicidad van a poder describirlo como un estado tranquilo, de paz y de serenidad que experimentaron en ciertos momentos, pero que es difícil de mantener por mucho tiempo. Para que tú puedas mantener esos estados por más tiempo, tienes este libro en tus manos. Todo depende de ti, de tu actitud y de tu visión ante la vida.

La búsqueda del tesoro siempre creímos que estaba en algún lugar fuera de nosotros, pero en realidad, el tesoro lo llevamos todos dentro, está en nuestro interior. Cuanto más te ocupes de tu salud física y de tu paz mental, más fácil te resultará encontrar el camino y descubrir todo tu potencial. La clave es muy sencilla. Todos los días trata de ocuparte en lo posible de hacer cosas positivas por tu salud física, tu salud mental y tu salud espiritual. A lo largo de todas estas páginas he compartido contigo muchas de las técnicas que yo personalmente utilizo a diario para ocuparme de mi ser. Por experiencia, te aseguro que cuanto más enfocado estoy en encontrar un balance y armonía entre las tres partes, más feliz y en paz conmigo mismo estoy. Todo cobra un nuevo sentido.

2. Diseña la vida de tus sueños

Para vivir la vida de tus sueños, tienes que buscar tiempo para pensar seriamente en cómo quieres vivir tu vida y cómo la estás viviendo en este momento. Cuanto más planifiques, mejor te sentirás y más feliz serás. Tú mismo lo has experimentado cuando has planificado algo y has conseguido lo que te has propuesto, ya sea unas vacaciones, la compra de una nueva casa o un traje que te ha gustado mucho. Si quieres algo de verdad, tarde o temprano sabes que lo puedes conseguir, pero tienes que planificar tu vida, comprometerte a algunas cosas en el camino y actuar para conseguir lo que te propones. Una vez obtienes lo que deseaste, te sientes muy bien sabiendo que lo pudiste lograr, y todo fue gracias a que primero diseñaste lo que querías hacer. Cuando le preguntas a la gente cuánto tiempo pasan haciendo actividades que no le gusta, muchas personas se ponen a llorar pues se dan cuenta que la gran mayoría del tiempo están haciendo cosas por hacer en lugar de cosas que les gustan. La felicidad es algo que tú mismo puedes diseñar y puedes conseguir si primero te lo propones conseguir. Es cuestión de elección, actitud y decisión.

Analizar la vida de una persona no es una tarea fácil, pues tienes que enfrentarte a suposiciones asumidas, miedos e inseguridades. Un trabajo de muy alto poder puede ser que no sea tan bueno como pensabas, o una relación para toda la vida puede convertirse en tu mayor obstáculo para ser feliz. Pero por muy difícil que sea la realidad, los sueños y el tesoro siguen ahí, y si aceptas tu realidad y te comprometes a un cambio positivo, podrás volver a diseñar una nueva vida para ti. Solo necesitas hacer pequeños cambios, de poco a poco, para empezar a descubrir rayos de la felicidad en tu vida, luz en tu camino. A medida que experimentes el gozo que produce un cambio positivo en tu vida, te vas a ir acostumbrando y deseando más. Para empezar, comprométete a sustituir al menos treinta minutos al día de cosas que no te gusta hacer por cosas que te gusta hacer. Lee un libro, da un paseo por el parque, tómate un buen baño, comparte tiempo con tus amigos, practica tu hobby favorito. La clave es ponerte en acción y muy pronto sentirás los resultados. No te conformes con la vida que tienes, los cambios son difíciles, pero muy positivos a largo plazo y garantizan tu felicidad.

3. Todo es posible

Para ser feliz tienes que tener fe. Nunca dudes de ti mismo y ni te encuentres en una situación donde te oigas decir "Si consiguiera...", "Si tuviera...", "Si pudiera...". Todo es posible, los límites los fijas tú. La gente más feliz no pierde su tiempo y su energía en suposiciones. Simplemente sabe que todo es posible y que la felicidad es un conjunto de elementos formado por relaciones, trabajo, hobbies, amor, salud, belleza, dinero. Si le preguntas a una persona qué la hace feliz, posiblemente te diga que sus hijos, o su trabajo, y luego se queda callada. La felicidad es mucho más que una parte de tu vida, la felicidad lo es todo, y lo puedes encontrar en cada actividad desde que te levantas hasta que te acuestas.

La vida tiene que ser una aventura constante hasta el día en que cerremos los ojos definitivamente. No te puedes conformar con lo que tienes, pues tarde o temprano vas a perder la ilusión y dejarás de apreciarlo. ¿Cuántas veces hemos deseado algo, lo hemos conseguido, y luego con el paso del tiempo nos hemos cansado de eso que tanto queríamos? Nos hace mucha ilusión un nuevo coche, una nueva casa, encontrar el amor, tener hijos, y luego cuando conseguimos todas estas cosas, con el tiempo perdemos la ilusión. Es normal. La ilusión es la fuerza que nos permite fijar metas y conseguirlas. Es como tirar una flecha. La ilusión es ese esfuerzo inicial. Si quieres sentir felicidad en tu vida constantemente no puedes perder esa ilusión y siempre tienes que fijarte nuevas metas. No me refiere a tener un coche mejor, una casa más grande, un nuevo marido o más hijos. Me refiero a tener ilusión por nuevas cosas, practicar yoga, viajar, volver a estudiar, escribir un libro. Siempre que sientas que no tienes ilusión para hacer algo, reinvéntate y busca un nuevo objetivo para lazar otra flecha. Conviértete en el mejor arquero profesional del mundo y ganarás muchos trofeos.

4. Tu mejor equipo

Para vivir la vida de tus sueños y alcanzar ese gran tesoro necesitas de un buen equipo. Hemos venido a este mundo no para estar solos, sino acompañados. Nadie puede vivir aislado del resto del mundo. Las relaciones pueden ser un dolor de cabeza, pero son también la fuente de tu felicidad. Tener relaciones saludables y positivas con tu entorno, con tu familia, con tus hijos, con tus amigos, con los compañeros en el trabajo, incluso con una persona que conoces por primera vez contribuye a encontrar tu propósito en la vida. La responsabilidad para tener una buena relación, no está solo en lo que haga la otra persona, sino en lo que hagas tú, y ambas tener respeto mutuo y desear lo mejor para tener una base sólida.

Para tener una buena relación y encontrar la felicidad, primero tienes que tener una buena relación contigo mismo. La felicidad no es una cosa que otra persona, por ejemplo tu pareja o tus hijos, pueden darte. La felicidad la tienes que conseguir tú mismo y la única manera de conseguirla es desarrollando tu personalidad y cualidades como ser humano. Las relaciones son al mismo tiempo la oportunidad que tenemos para seguir creciendo y mejorando, pues se convierten en nuestros mejores maestros. La calidad de vida depende de las relaciones y la compañía que tengas a tu lado.

5. Comprométete

Para ser feliz solo tienes que desearlo. Como hemos visto a lo largo de todo el libro no es suficiente con soñar o desear algo para poder alcanzarlo. Tienes que comprometerte. Ahora ha llegado el momento de decir en voz alta, de gritar, de cantar, de escribir: "Quiero ser y me merezco ser feliz". Dilo con seguridad y con el convencimiento de que vas a ser feliz. Olvida todo lo que te han dicho hasta ahora, que la felicidad es para unos pocos y que la vida no es cantar y bailar todo el tiempo, deja atrás todas las creencias y consejos que solo te han limitado para conformarte con lo que tienes, y escúchame atentamente: Sí se puede ser feliz.

Algunas personas pueden pensar que no es justo ser feliz con tantas injusticias y sufrimientos en el mundo. Y yo les contesto que la mejor manera de levantar esas injusticias y eliminar el sufrimiento es a través del amor, y cuando más feliz te encuentras, más amor podrás dar a los demás, más energía tendrás para hacer el bien, más actitud positiva para encontrar soluciones a los problemas. El poder del amor es infinito, pero primero lo tienes que enfocar hacia ti mismo para así transmitirlo a los demás. Y cuando seas capaz de dar lo mejor de ti a los demás sin esperar nada a cambio, entenderás finalmente lo que significa la verdadera felicidad.

MIS ÚLTIMOS CONSEJOS DE AMIGO

Aunque me resulte muy difícil decírtelo, después de todo lo que hemos compartido juntos hasta estos momentos, ha llegado la hora de emprender nuestros propios caminos y perseguir nuestros sueños por separado. El último tramo de la escalada a la gran montaña de la felicidad solo lo puedes subir tú. Me encantaría poder subirte a mis espaldas y llevarte personalmente a alcanzar todos y cada uno de tus sueños, pero no es posible, el resto del trayecto lo vas a hacer tú solito. Pero te puedo asegurar que el camino y el paisaje es lo más maravilloso que vas a experimentar en tu vida. Espero que te sientas más preparado para emprender esta gran aventura y con mucha ilusión para recibir todos los tesoros y regalos que vas a recibir.

A continuación te dejo mis últimos consejos personales para que puedas alcanzar con éxito tu destino final.

1. Aunque te tome mucho esfuerzo lograr tus metas no te olvides de disfrutar intensamente de cada momento. Diviértete y no tomes todo demasiado en serio y de una manera personal, pues no quieres dejar que la mente vuelva a jugar uno de sus jueguecitos para terminar completamente perdido en el camino haciéndote creer cosas que no son verdad. No trates de seguir a tu mente como si estuvieras tratando de capturar tu propia sombra. Deja que la mente sea tu sombra y te siga donde tú quieras ir guiado por tu energía interna, la energía del espíritu. Recuerda que la mente te va a ayudar a alcanzar lo que deseas, pero siempre está a tu servicio. No dejes que te domine. Para tomar el control de tu mente, enfócate en la realidad, en el presente, en lo que tienes delante de ti, en lo único que tienes con absoluta seguridad: el ahora.

2. Ser una persona positiva, con buena energía y un ser espiritual no son cualidades de las que tengas que estar avergonzado o tener miedo de expresar públicamente, pues son en realidad las más bellas cualidades que un ser humano pueda tener. Tienes que sentirte orgulloso, agradecido y honrado por tener la posibilidad de vivir una vida mejor y ser feliz. Eres un ser de luz, eres un ser bendecido. Si alguien se acerca a ti queriendo conocer más sobre tu verdad, puedes compartir tus conocimientos y experiencia. El amor atrae amor. La felicidad no es un secreto reservado solo para unos elegidos, sino un conocimiento universal para todos y para ser compartido. Pero si alguien con mente cerrada te ridiculiza o no aprueba la forma en que has decidido vivir tu vida, no tomes en cuenta sus opiniones, no dejes que tu mente se aproveche para crear inseguridades y fantasías, y simplemente sigue con tu camino. Tú tienes la opción de quedarte ahí para seguir recibiendo el abuso o volver hacia atrás, o también tienes la opción de seguir hacia adelante con fe, determinación, pasión y optimismo.

3. Es muy posible que en la búsqueda de tu felicidad encuentres la resistencia fuerte de personas que no desean que tomes ciertas decisiones importantes en tu vida. Muchas veces esta resistencia es muy difícil de vencer, especialmente si son de personas muy cercanas a ti, como familiares y amigos. Tienes que tener en cuenta que el motivo de esa resistencia es que están sintiendo que están perdiendo el control sobre ti, un control que en realidad nunca tuvieron, pues cada cual tiene el control de su propia vida y nada más. Si te sucede esto, conéctate con el poder de tu espíritu, y todo ese control ajeno, resistencias y miedos dejarán de tener sentido pues tú eres el único que puede elegir cómo vivir tu vida. Sus sufrimientos, miedos, temores o inseguridades ya no son las razones que te impiden tomar decisiones, pues sabes que no puedes hacer nada sobre lo por ellos, y que lo único que tienes control es tu propia vida. El mayor regalo que les puedes dar es a través del ejemplo, una vida donde todas tus decisiones y acciones tienen como fuente el amor.

4. Una vez has descubierto cuáles son tus verdaderas cualidades, te has conectado con tu energía interna y has encontrado el propósito de tu vida, tu responsabilidad es hacer todo lo que esté en tus manos para seguir creciendo, desarrollando y multiplicando tu potencial. No puedes quedarte sentado sin hacer nada pues todo lo que tienes puede desaparece al instante. Tu vida en realidad es como una casa que puedes renovar, decorar, mejorar o ampliar. Usa tu creatividad y la herramienta de la mente para hacer todas las transformaciones que quieras hacer. Tu cuerpo es la casa física. Para mantenerla en buen estado la tienes que cuidar, tener una base sólida, buenos cimientos, mantenerla limpia y organizada. Puedes decidir quién va a vivir contigo en la casa, quiénes van a ser tus vecinos, cuales van a ser las normas de la casa. Tu espíritu será la energía de la casa, el amor que se siente en su interior. Con los arreglos necesarios, los cambios, las transformaciones puedes tener una vida hermosa, con propósito y felicidad que poder disfrutar y vivir hermosas experiencias. Seguro que habrá momentos difíciles como en todas las obras, pero el resultado final valdrá la pena. Pero, si por otro lado, dejas que la casa se vuelva un desorden, no las cuidas como deberías, no le prestas atención a las grietas, es muy fácil que los vecinos y la gente con la que vivas se terminen por mudar, que la luz ya no entre por las ventanas y la casa termine por derrumbarse. Así es la vida. Si tienes un propósito claro, encontrarás la mejor solución para que tu casa se convierta de nuevo en un hermoso y feliz hogar.

5. Ante cualquier situación que se te presente en la vida mantén siempre una actitud positiva y encontrarás la solución. Si no sabes cual es la respuesta o qué hacer, no pierdas el control ni desesperes. No porque desconozcas la respuesta a algo, quiere decir que no exista. Hasta hace no mucho tiempo se pensaba que el mundo era completamente plano y que un teléfono servía solo para hacer llamadas. El conocimiento es poder. Todo en la vida tiene un significado y un propósito. Algunas significados los conoceremos y otros no, pero nuestro deber es siempre buscar esa luz, ese significado. No descartes algo simplemente porque no lo entiendas. Observa, analiza, investiga, pregunta, conéctate con tu energía. El conocimiento y el entendimiento son la clave para darte cuenta que todo está realmente conectado, que todo es energía y que todo tiene una función. Cuando estás conectado con esa energía a través de tu espíritu y tu realidad, no necesitas pensar, las soluciones a tus problemas y las respuestas vienen a través de ti, y tu maestro interno te guiará en el viaje de la vida.

6. Deja de esperar a que algo suceda en el futuro. No esperes más. Estamos acostumbrados a esperar todo el tiempo. Esperamos a que lleguen las vacaciones para descansar y luego hacemos de todo menos descansar. Esperamos a que llegue el nuevo año para empezar a las resoluciones y bajar de peso y luego no hacemos nada de lo que nos habíamos propuesto. Esperamos a que los tiempos sean mejores y nos pasamos la vida esperando. Deja de seguir esperando. El único perjudicado eres tú. Si estás siempre esperando algo, significa que no quieres lo que tienes y quieres lo que no tienes. ¿Tiene sentido? Hoy es tu gran día para comprometerte a no esperar más y empezar a vivir, a vivir el momento. No esperes a que pase algo muy fuerte en tu vida, para darte cuenta de lo afortunado que eres. Si realmente quieres vivir la vida de tus sueños tienes que cambiar tu manera de pensar, la manera de vivir y enfocarte en lo mejor que puedes hacer por ti mismo. A partir de hoy, si sientes que estás esperando algo, regresa de inmediato al presente. Si alguien que se iba a reunir contigo llega tarde y te dice, "Siento haberte hecho esperar", tu le puedes responder, "No te preocupes pues no te estaba esperando, estaba disfrutando de este momento conmigo mismo". Como ves, no hubieras conseguido nada con preocuparte, sentirte molesto o enfadarte con tu amigo, pues este no hubiera llegado antes. Llegó cuando tenía que llegar. Lo mismo ocurre con cualquier situación que te toque vivir. No pierdas el tiempo lamentándote, quejándote o evadiendo la realidad. Tú tienes la posibilidad de sacar el mejor partido a cada momento. Y ya conoces el dicho de "Al mal tiempo buena cara" y "Con limones haces limonada".

7. Hagas lo que hagas en la vida, actúa siempre con integridad y con honor en todas tus relaciones. Cuando no lo haces, tu propia salud física está en peligro. Todas las personas que hay a tu alrededor en estos momentos juegan un papel muy importante en tu vida, pero no te olvides que la prioridad más importante siempre es contigo mismo. No puedes amar si primero no te amas a ti mismo. ¿Quieres dar un buen ejemplo a tus hijos o a alguien a quien amas de verdad? Conviértete primero en ese ejemplo para que tu transformación sea el milagro que espera. Toma responsabilidad de la persona que deseas ser, aumenta tu autoestima, no te faltes al respeto y reconoce todas las bendiciones que tienes. Busca tiempo para ti, para descansar y para reconocer el ser tan especial, único y maravilloso que eres.

8. El amor es un poder divino y el único auténtico poder que existe. El cuerpo, la mente y el espíritu necesitan amor para sobrevivir. La energía es puro amor en acción. Si actúas con maldad, negatividad e ira, estás atrayendo el veneno a tu vida. El perdón es tu única curación para eliminar todas las emociones negativas de tu vida y recibir el amor de vuelta. Nuestro mayor enemigo no son las personas que nos ponen las cosas difíciles, sino nosotros mismos. Entrégate con amor incondicional a la voluntad divina. Todos tenemos dentro de nosotros la conciencia de nuestro propósito que no es más que una parte de un gran plan. Cuando surjan problemas, tienes que tener fe en que los obstáculos en tu camino son parte ese gran plan. Supéralos y estarás más cerca de Dios.

La felicidad es un viaje continuo, no un destino. Por mucho tiempo tenía el presentimiento de que mi vida verdadera estaba a punto de empezar, pero había siempre algún tipo de obstáculo en el camino, algo que tenía que solucionar primero, algún trabajo que tenía pendiente por terminar, algo que hacer, un compromiso que cumplir. Al final, me di cuenta que estos obstáculos eran mi vida, y esta nueva perspectiva, me ha ayudado a ver que no hay un camino hacia la felicidad, sino que la felicidad es el camino. Por ello, atesora cada momento que tengas y recuerda que el tiempo no espera a nadie.

Para vivir la vida de tus sueños la respuesta es muy simple, solo tienes que vivir tu vida y abrir la tapa de tu caja en la cual estás metido y descubrir todo un universo de posibilidades a tu alcance. Recuerda, tú tienes el poder de la elección. Escucha la voz de tu espíritu y descubre el verdadero diamante que ya eres, encárgate de pulirlo lo mejor que puedas, y brillarás de felicidad.

ÚLTIMAS PALABRAS
EL DESTINO FINAL

Y con la tristeza de las despedidas, llegó el momento de decir adiós y desearte todo lo mejor en el viaje de tu vida. Me siento muy feliz por haber compartido juntos estos momentos y haber abierto nuestros corazones. Espero que este libro te haya servido para levantar la tapa y salir de la caja donde llevabas tanto tiempo metido y recuperar una vez más la ilusión de soñar con el fin de descubrir tu verdadero potencial y un universo a tu alcance lleno de posibilidades. En la vida nunca hay accidentes. Todo siempre pasa por alguna razón. No es una coincidencia que nuestros caminos se hayan cruzado. Ese era nuestro destino.

En los últimos años, mucha gente me ha preguntado cuál ha sido el secreto para que pudiera hacer mis sueños realidad. Mi respuesta ha sido siempre la misma: "Nunca dejes de soñar, nunca pierdas la fe, nunca te dejes vencer, y siempre hazlo todo con pasión, optimismo y amor". El resto de los pasos los tienes ahora en este libro, pues todo lo que has leído, trato con mi mayor esfuerzo y corazón de llevarlo a la práctica diariamente. A lo largo de mi vida he tenido, y sigo teniendo, muchos sueños y espero poder alcanzarlos todos, o por lo menos la mayor parte posible. Nunca dejes de soñar pues para eso estamos vivos, para perseguir todo aquello que tanto deseamos. Hace veinte años mi sueño posiblemente hubiera sido "tener un show de televisión", pero ahora me doy cuenta, que solo era una pequeña parte de un propósito mucho mayor. Si me preguntas qué es lo que deseo en estos momentos de mi vida, mi contestación es diferente: "Seguir soñando, pues gracias a cada uno de esos nuevos sueños conseguiré sentirme más cerca de mí mismo y de mi destino, y poder compartir mis experiencias con la gente para motivar a que puedan también hacer sus sueños realidad y brillar con luz propia".

Te voy a resumir con una historia muy cortita que te puede ayudar a descubrir cuál es el propósito de tu vida.

Imagínate que eres una simple semilla enterrada en lo más profundo de la tierra. En esa oscuridad, se produce un gran milagro, una explosión que hacer germinar la semilla con toda la vida que lleva en su interior. Nadie puede oír o ver el momento justo donde se produce esa gran explosión, pero la semilla, impulsada por la esencia de ver la luz lucha con todas sus fuerzas para romper un día el caparazón, la cáscara de la semilla, y muy tímidamente empieza a germinar. Gracias a las propiedades de la tierra y al agua, la diminuta ramita empieza a crecer en la más profunda oscuridad siempre hacia arriba, guiada por su propio instinto en búsqueda de la luz. A pesar de no ver nada en la oscuridad, gracias a la esencia y la energía de la semilla, la ramita pequeñita que consiguió romperse del caparazón se hace más fuerte, esquivando poco a poco cualquier obstáculo que se encuentre en su camino, incluyendo las grandes rocas. La ramita consigue seguir adelante, y sigue creciendo siempre hacia arriba buscando alcanzar siempre su meta. Poco a poco, empieza a ver una diminuta claridad, y de repente, después de tanto esfuerzo en esa gran oscuridad, llega un momento en el cual rompe la barrera de la tierra con el cielo y entra por primera vez en contacto con el sol. La semilla ha visto la luz, ya llegada al lugar donde estaba predestinada a estar, pero guiado con esa luz tan intensa, desea seguir creciendo para estar más cerca de ella. Con el paso del tiempo, la luz se convierte en su principal guía para convertirse en una hermosa planta, y después transformarse en un bello árbol. A medida que iba creciendo, la semilla fue absorbiendo todo lo que ha aprendido en el camino, y gracias a lo que la naturaleza le dio, tierra, agua y luz, pudo convertirse en un árbol muy fuerte con enormes raíces, las cuáles siempre le han ayudado para vencer los malos tiempos. Finalmente, justo en el momento preciso, ni antes ni después, cuando la naturaleza lo decidió así, esa diminuta semilla que nadie pudo ver, explota de amor para entregar al mundo su verdadera esencia, primero a través de una flor y luego de sus frutos.

Todos venimos del mismo lugar. Podemos ser diferentes tipos de árboles o plantas, pero todos somos semillas, y tenemos que pasar por las mismas etapas para llegar a nuestro destino final y florecer. Por naturaleza, desde que naces y abres tus ojitos a la vida, tu esencia va a ser buscar la luz, la fuente de la felicidad. Tu instinto natural te va a convertir en la persona que fuiste, eres y serás, y tu inteligencia te va a ayudar esquivar todos los obstáculos que se presenten en tu camino. Pero será tu intuición, el lenguaje de la esencia, la energía que hay dentro de ti, quien hará posible que descubras la verdad y llegar a tu destino final. La única diferencia que existe entre tú y una pequeña semilla, es que la semilla necesita de la ayuda de una tierra en buenas condiciones y agua para crecer, mientras que tú tienes el poder de elegir dónde y cómo quieres crecer gracias al poder de tu mente. Tú tienes el poder de elección. En este sentido, tú tienes una pequeña ventaja frente a la semilla, pues puedes preparar mejor la tierra y buscar todas las propiedades que necesitas para crecer más fuerte y llegar más lejos de lo que jamás hubieras soñado. Si la esencia de una semilla es dar una flor y compartir su fragancia, tu esencia es ser feliz y compartir todo tu amor con el mundo. Y te preguntarás, ¿quién o qué es el sol? El sol es Dios, la fuente del universo, la energía más pura, el lugar que todos deseamos llegar, pero que solo lo haremos cuando dejemos de vivir. Para mí esto resume en lo que consiste el viaje de la vida.

Millones de personas en todo el mundo están sintiendo esta llamada hacia la luz, ahora ha llegado tu momento para dar el gran salto y transformarte en el hermoso diamante que eres, para brillar con toda intensidad, y a través de tu luz, dar lo mejor de ti al mundo. Eres un ser muy afortunado por tener la oportunidad de vivir y compartir a través de tu propia transformación el gran despertar de la humanidad a una nueva era de iluminación hacia el camino de la verdad. Solo tienes que empezar donde estás ahora.

Toma todos tus miedos, frustraciones, odios, deseos de venganza, tristezas, malestares, problemas sin solución, inseguridades, temores, ansiedades, y crea un gran fuego para quemar todo tu pasado. Ya no necesitas nada de eso para ser feliz. Despídete de todo lo malo, toma consciencia de tu realidad, de tu entorno, de tus relaciones, y haz que todas las decisiones y acciones que tomes durante el día sean guiadas solo por el amor y la energía positiva que sientes en tu interior. Si te equivocas no te preocupes, vuelve a intentarlo de nuevo con la seguridad de que cada vez estarás más cerca del éxito, porque ya sabes que tienes todo lo que realmente necesitas para lograrlo. Y deja que el amor, la luz y la felicidad fluya en tu vida, dentro ti y a tu alrededor.

Mi mayor deseo es que puedas sentirte tan completo y lleno de felicidad que nunca puedas sentirte extraño en tu propio cuerpo, pues el destino final de la vida de tus sueños, simplemente eres tú. Gracias a ti, el mundo ya es un mejor lugar para vivir.

> *Naciste con potencial*
> *Naciste con bondad y confianza*
> *Naciste con ideales y sueños*
> *Naciste con grandeza*
> *Naciste con alas*
> *No estás supuesto a arrastrarte, no lo hagas*
> *Tienes alas*
> *Aprende a usarlas y vuela.*
>
> Rumi – Siglo XIII – Poeta del Amor

AGRADECIMIENTOS

Quiero agradecer desde lo más profundo de mí ser el amor de todas las personas, maestros y amigos que a lo largo de mi vida me han apoyado en la búsqueda de mis sueños y me han enseñado como vivir. A mi agente literaria Diane Stockwell, a mi editora Andrea Montejo y a Erik Riesenberg y Carlos Azula de mi nueva casa editorial Penguin por creer en mí y ayudarme a hacer realidad un nuevo sueño. A todos ellos, muchas gracias y que la vida les colme de felicidad y bendiciones.

Quiero en especial dar las gracias desde el fondo de mi corazón a mis hermosos y bellos padres, Hannelore Zeidler y José Llorens, por haberme dado la vida y ofrecido la mejor educación que un niño pudiera desear. Mis sueños siempre se han mantenido vivos gracias a vosotros. Soy el fruto de todo vuestro esfuerzo y amor.

Gracias a cada uno de mis hermanos, Juan, Andrea y David, y a mis seis sobrinos, Alejandro, Martín, Corina, Izan, Inés y Marta por mantenerme bien conectado a mis raíces y por todas las experiencias que compartimos juntos. Os amo.

A mi gran geishita y amiga del alma Romie di Grillo por despertar la luz que había en mi interior y enseñarme cómo pulir mejor el diamante para que brille de verdad. Nuestros niños internos están jugando locos de alegría.

A mis dos guerreros portadores de la llama del amor incondicional, mi princesa Lola y mi campeón Bho, mis dos perritos que me han acompañado durante tantas horas mientras escribía este libro y me inspiraban a través de sus hermosos ronquidos.

Por último, quiero reconocer a las dos personas con las cuales mi vida cobró un mayor sentido y quienes me alientan constantemente a vivir la vida de mis sueños. Robert Andreas y Gaby Albán. Gracias Robertito por convertirte en el espejo al cual puedo mirarme todos los días para seguir creciendo y mejorando. Tú eres mi verdadera inspiración y me has ayudado a ver lo que yo no podía ver. Gracias, también a Gaby, mi fiel compañera de aventuras con la que he podido librar grandes batallas para lograr conseguir hacer realidad todas nuestras metas, deseos e ilusiones. Puedo tocar las estrellas más fácilmente gracias a ti. Espero poder ayudarte también a alcanzar todas tus estrellas.

Mis últimas palabras son para ti, mi amigo lector, compañero de viaje. Gracias desde lo más profundo de mi corazón por tu apoyo, cariño y confianza. Posiblemente pude abrir una luz en tu corazón, pero tú ya me has iluminando con todo tu amor.

LA FELICIDAD ES HACER LO QUE DESEAS,

DESEAR LO QUE HACES,

Y NO SOÑAR TU VIDA, SINO VIVIR TU SUEÑO.